علم اجتماع المرأة

دراسة تحليلية عن دور المرأة في المجتمع المعاصر

تأليف

الأستاذ الدكتور

إحسان محمد الحسن

دكتوراه علوم في علم الاجتماع من جامعة لندن بدرجة امتياز

حائز على جائزة نوبل في العلوم الاجتماعية

أستاذ علم الاجتماع في كلية الآداب بجامعة بغداد

الطبعة الأولى

٢٠٠٨

دار وائل للنشر

رقم الايداع لدى دائرة المكتبة الوطنية : (٢٠٠٧/١٢/٣٨١٦)
الحسن ، إحسان محمد
علم إجتماع المرأة: دراسة تحليلية عن دور المرأة في المجتمع المعاصر/ إحسان محمد الحسن. - عمان : دار وائل ، ٢٠٠٨ .
(٢٩٠) ص
ر.إ. : (٢٠٠٧/١٢/٣٨١٦)
الواصفات: المرأة / دور المرأة / حقوق المرأة / علم الاجتماع
* تم إعداد بيانات الفهرسة والتصنيف الأولية من قبل دائرة المكتبة الوطنية

****

رقم التصنيف العشري / ديوي : ٣٠٥.٤
ISBN ٩٧٨-٩٩٥٧-١١-٧٤٦-٧ (ردمك)

* علم اجتماع المـرأة
* الأستاذ الدكتور إحسان محمد الحسن
* الطبعـة الأولى ٢٠٠٨

* جميع الحقوق محفوظة للناشر

دار وائل للنشر والتوزيع
* الأردن - عمان - شارع الجمعية العلمية الملكية - مبنى الجامعة الاردنية الاستثماري رقم (٢) الطابق الثاني
هـاتف : ٠٠٩٦٢-٦-٥٣٣٨٤١٠ - فاكس : ٠٠٩٦٢-٦-٥٣٣١٦٦١ - ص. ب (١٦١٥ - الجبيهة)
* الأردن - عمـان - وسـط البـلد - مجمـع الفحيص التجـاري- هـاتف: ٠٠٩٦٢-٦-٤٦٢٧٦٢٧
www.darwael.com
E-Mail: Wael@Darwael.Com

المحتويات

المقدمـة

على الرغم من قلة وندرة كتب وابحاث علم اجتماع المرأة الا ان الموضوع يستأثر باهتمام القادة والمسؤولين ورجال الاجتماع والسياسة نظراً لتعاظم أهمية المرأة في المجتمع وازدياد المهام والمسؤوليات والواجبات التي تقوم بها في أجهزة الدولة والمجتمع. فالمرأة نتيجة للظروف والمعطيات التي يشهدها المجتمع والتحديات المفروضة عليه أخذت تحتل دورين اجتماعيين متكاملين هما دور ربة البيت ودور العاملة او الموظفة او العاملة خارج البيت. واحتلال المرأة لهذين الدورين المتكاملين قد سبب رفع مكانتها في المجتمع ومضاعفة الفعاليات والأنشطة التي تقوم بها. وقد إنعكس ذلك ايجابياً على وضعها في الدولة والمجتمع مما نتج في ظهور علم جديد خاص بالمرأة يطلق عليه علم اجتماع المرأة. ذلك العلم الذي يدرس الجذور الاجتماعية المؤثرة في المرأة وانشطتها وأثر ذلك في البناء الاجتماعي والفعاليات الاجتماعية التي تقوم بها المرأة. من هذا نخلص الى القول بان علم اجتماع المرأة يدرس الصلة المشتركة بين المرأة والمجتمع والبناء الاجتماعي.

لقد ظهر علم اجتماع المرأة ليؤدي خمس وظائف رئيسية هي ما يأتي:

١- ربط المرأة ككائن انساني بالمجتمع وحركة المجتمع لكي تتمكن المرأة من تفعيل المجتمع وتنمية حركته التي تهدف الى تحقيق اغراض سامية ومجيدة.

٢- افساح المجال للمرأة لكي تؤدي مهامها الأساسية المطلوبة منها كأخت وأم وزوجة في المجتمع.

٣- حل مشكلات المرأة والتصدي للتحديات التي تتعرض اليها ككائن فاعل في الكيان الاجتماعي.

٤- تدريب المرأة والأخذ بيدها لتشارك في عملية البناء واعادة البناء الاجتماعي التي يشهدها المجتمع .

٥- تفسير الاشكاليات والظواهر الاجتماعية والتربوية المعقدة والشائكة التي نشهدها المرأة في المجتمع المعاصر .

أما العوامل والقوى التي أدت الى نشوء علم اجتماع المرأة وتطوره فيمكن اجمالها بالنقاط الآتية :

١- وجود علم خاص بالمرأة يدافع عن حقوقها وينظم انشطتها وينمي واقعها وظروفها نحو الأحسن والأفضل .

٢- معرفة الجذور والمعطيات الاجتماعية التي تعيشها المرأة وأثر تلك في المجتمع والبناء الاجتماعي الذي تجد المرأة نفسها في وسطه .

٣- المشكلات والتحديات التي تواجه المرأة في حياتها الخاصة والعامة وما يمكن ان يؤديه العلم الجديد في مواجهتها وتطويق آثارها السلبية .

٤- انتشار الثقافة والتربية والتعليم بين جموع النساء ، ومثل هذا الانتشار حتم ظهور علم يمكن ان تكون وسيلته وغايته ، وهذا العلم هو علم اجتماع المرأة الذي يعدُّ كوسيلة تجسد احوال المرأة ومشكلاتها ويعالج في الوقت ذاته معاناة المرأة وهمومها في الأسرة والمجتمع .

٥- تنمية علم الاجتماع وتطوره وزيادة حقوله الدراسية الى درجة انه يدرس ويحلل جميع زوايا المجتمع ويحاول تنميتها وتطوير مفرداتها بضمنها مجال دراسة المرأة باعتبارها عنصراً أساسياً من عناصر نمو المجتمع وتقدمه .

٦- دراسة المرأة في جميع اوجه انشطتها ، ومثل هذه الدراسات كانت النواة الأساسية لبناء العلم الجديد وتكامل افكاره ومعلوماته ونظرياته بحيث أصبح يقف على صعيد واحد مع فروع وتخصصات علم الاجتماع الأخرى لاسيما علم اجتماع العائلة .

لقد ظهر علم اجتماع المرأة في العقود الثلاثة الأولى من القرن العشرين بعد تعاظم الحاجة اليه بزيادة عدد النساء العاملات والموظفات في أجهزة الدولة والمجتمع وبعد زيادة أهمية النساء في المجتمع بعد ان اثبتن قدراتهن على القيام بجميع المهام والواجبات التي يقوم بها الرجل ، وبعد ثقافة المرأة ونجاحها في الميادين الثقافية والعلمية والتي مكنتها من دخول شتى الأعمال الانتاجية والخدمية والاختصاصية التي لا يستطيع المجتمع الاستغناء عنها .

ان كتاب علم اجتماع المرأة (Sociology of Women) جاء ليحقق اربعة اهداف رئيسية هي ما يأتي :

١- توفر مصدر مهم ومتكامل يمكن ان يزود المرأة بمعلومات تتعلق بمكانتها الاجتماعية وادوارها الوظيفية واهميتها الاجتماعية المتعاظمة ومركزها الجديد في المجتمع ومشكلاتها والتحديات التي تتعرض لها لكي يصار الى معالجتها وتطويق آثارها لكي تتمكن المرأة من أخذ مكانها الطبيعي والفاعل والحساس في المجتمع .

٢- التعرف على مجالات التعاون بين المرأة والرجل لكي يتمكن الطرفان من المشاركة في بناء واعادة بناء المجتمع على أسس قويمة ومدروسة .

٣- دراسة وتشخيص أهم المشكلات والتحديات التي تعيق حركة المرأة في المجتمع لكي يصار الى معالجتها والتصدي لها .

٤- تحديد الأطر والمجالات المستقبلية التي يمكن ان تدخل فيها المرأة وتقوم بادوارها التي تنمي المجتمع وتطوره .

يتكون الكتاب من اثنا عشر فصلاً متكاملاً كل فصل يكمل الفصل الآخر ، وهذه الفصول متناسقة وعلى درجة عالية من التنسيق والتكامل. الفصل الأول من الكتاب يأخذ عنوان أساسيات في علم اجتماع المرأة ، وهذه الأساسيات تتناول بالدراسة والتحليل مفاهيم علم اجتماع المرأة ونشوئه وطبيعته واهدافه ومشكلاته واخيراً ابعاده العلمية والمنهجية . والفصل الثاني من الكتاب يهتم بدراسة نظرية

البروفسور فردريك ليبلاي عن التطور التأريخي لمكانة المرأة في المجتمع . وهذا الفصل يدرس أربعة مباحث رئيسية هي المرأة في العائلة المستقرة ، والمرأة في العائلة الفرعية او الانتقالية ، والمرأة في العائلة غير المستقرة ، واخيراً تطبيق نظرية البروفسور ليبلاي على واقع المرأة العربية .

والفصل الثالث من الكتاب يهتم بدراسة احوال المرأة ومشكلاتها في أقطار الخليج العربي . وهذا الفصل يحتوي على أربعة مباحث هي تغير الأحوال الاجتماعية للمرأة في أقطار الخليج العربي ، واحوال المرأة في العراق واحوال المرأة في الكويت ، واحوال المرأة في البحرين واخيراً مشكلات المرأة في منطقة الخليج العربي مع إشارة خاصة لمشكلات المرأة في البحرين . أما الفصل الرابع في الكتاب فيتناول بالدراسة والتحليل موضوع الأيمان والثقة بالنفس في تكامل شخصية الفتيات مع اشارة الى مشكلات الفتيات وسبل تذليلها . وهذا الفصل يدرس خمسة مباحث هي : مفهوم الايمان والثقة بالنفس ، والعوامل المسؤولة عن الايمان والثقة بالنفس عند الفتيات ، ودور الايمان والثقة بالنفس في بناء وتكامل شخصية الفتاة ، ودور الشخصية المتكاملة للفتاة في بناء المجتمع وتنميته واخيراً مشكلات الفتيات وكيفية تذليلها .

في حين يركز الفصل الخامس على موضوع أساليب التربية الاجتماعية للشابات في ضوء القيم والتعاليم العربية الاسلامية . وهذا الفصل يقع في خمسة مباحث هي : طبيعة الحرية التي نريدها للشابة ، وكيف نحافظ على الشابة ، وقنوات التربية الاجتماعية للشابات ، ودور العقيدة العربية الاسلامية في تربية الشابات والنساء ، واخيراً المرأة وقيمة الموازنة بين الواجبات والحقوق . أما الفصل السادس فيأخذ عنوان المغالاة في المهور وأثرها على مستقبل المرأة والأسرة العراقية. والفصل يتكون من أربعة محاور أساسية هي العلاقة بين المهر والزواج في المجتمع العراقي ، اسباب المغالاة في المهور ، الآثار السكانية والاجتماعية والاسرية للمهور العالية ، واخيراً المعالجات والتوصيات للحد من المهور العالية . والفصل السابع من الكتاب يدرس الطلاق : اسبابه وآثاره وطرق علاجه مع إشارة لآثار الطلاق على المرأة . ان الفصل يحتوي على أربعة

مباحث هـي : الاطـار النظري والمنهجـي للبحـث ، اسـباب الطلاق، آثـار الطـلاق ، التوصيات والمعالجات لمواجهة معضلة الطلاق .

والفصل الثامن يدرس المرأة العراقية المعاصرة بين المهام الانجابية والاسرية ومهام العمل خارج البيت . والبحث يحتوي على خمسة مباحث هـي : المهام الانجابيـة والاسرية للمرأة ، المهام الانتاجية والخدمية للمرأة العراقية خارج البيت ، وازدواجية دور المرأة العراقية المعاصرة في الانجاب والاعمال المنزلية وممارسة العمل خارج البيت، والمشكلات الناجمة عـن جمع المـرأة بـين مهام الانجاب والعمـل ، واخيراً التوصيات والمعالجات لحل التناقض بـين مستلزمات الانجاب ومستلزمات العمل . أما الفصل التاسع فيأخذ عنوان الاسلام والدفاع عن حقوق المرأة. وهذا الفصل يتكون مـن سبعة مباحث هـي : الاسلام ومساواة المرأة مع الرجل في الاعمال والنوايا والذنوب والحسـاب ، واحترام المرأة في الاسلام وحسن معاشرتها ، وحث الاسلام على زواج المرأة، والاسلام ونهي المرأة عن التبرج والمنكرات ، وكراهية الاسلام للطلاق، والاسلام وحق المـرأة في التملـك والميراث ، والاسلام وحق المرأة في طلب العلم .

في حين يدرس الفصل العـاشر موضوع المـرأة البحرينية . وهـذا الفصل يهتم بمعالجة تطور اوضاع المرأة لحد عام ٢٠٠٠ والاستنتاجات. ويهتم الفصل الحـادي عشر ـ بدراسة أثر التصنيع في المنزلة الاجتماعية للمرأة اليابانية . وهذا الفصل يدرس الاوضاع الاجتماعية للمرأة اليابانية خلال فتـرة التكاكاوا ، واوضاع المـرأة اليابانية في المجتمـع الصناعي التي تركز على (١) أثر التصنيع في تغير مركز المرأة في المجتمع الياباني(٢) وأثر التصنيع في تعلم وثقافة المرأة اليابانية (٣) وأثر التصنيع في عمل المرأة اليابانية (٤) أثر التصنيع في تغير مركز المرأة في العائلة اليابانية .

واخيراً هناك الفصل الثاني عشر الذي يدرس المرأة والصحة . والفصل يركـز علـى خمسة مباحث هـي الخدمات الصحية والاجتماعية والتربوية التـي تحتاجها المـرأة لتتمكن من بناء شخصـيتها وتفجير طاقاتها المبدعة والخلاّقة ، وضرورة رسم البرامج الوقائية التي تحتاجها المـرأة ، وضرورة العمل مـن أجل الصحة الجنسية والانجابية للمرأة

والتصدي للامراض التي قد تصيبها عن طريق الاتصال الجنسي ، ونشرـ الثقافة الصحية بين النساء وتعميق الوعي الصحي والطبي عندهن . واخيراً هناك المبحث الخامس الذي يأخذ عنوان رصد الأموال والطاقات البشريـة التي تضمن صحة المرأة وفاعليتها في المجتمع .

نأمل ان يكون الكتـاب مثمراً لطلبـة الاجتماع وعلـم النفس وطب المجتمع والطب والتأريخ وللاساتذة المعنيين بتدريس مادة علم اجتماع المرأة . فضلاً عـن أهميـة الكتاب للاتحادات والنقابات والجمعيات النسوية في العراق وخارجه واهميته للعوائـل كافة وللمواطنين والمواطنات . ان الكتاب يعتبر الأول مـن نوعـه لأنه يـزاوج بـين المرأة والمجتمع ، والله هو الموفق وبه نستعين .

المؤلف

الأستاذ الدكتور إحسان محمد الحسن

قسم الاجتماع - كلية الآداب

جامعة بغداد

الفصل الأول

أساسيات في علم اجتماع المرأة

المقدمــــة :

يعدُّ اختصاص علم اجتماع المرأة من الاختصاصات الفتية الذي ظهر في فترة ما بين الحربين العالميتين وذلك لتعاظم أهمية المرأة في الحياتين العامة والخاصة وزيادة عدد النساء العاملات خارج البيوت وقدرة المرأة على اشغال ادوار مهمة في ميدان الثقافة والتربية والتعليم وميدان الاقتصاد والمال والأعمال [١] . فضلاً عن أهمية وفاعلية الدور الذي تحتله المرأة في القطاع الحكومي والرسمي ، وبرهان المرأة على قدراتها الفائقة في أداء الأعمال التي يقوم بها الرجال وبخاصة الأعمال البيروقراطية والروتينية والادارية والتنظيمية . ناهيك عن المهام والمسؤوليات الخطيرة التي تضطلع بها المرأة في المنزل والأسرة وجمع المرأة بين الأعمال المنزلية والأعمال الوظيفية خارج البيت [٢] .

جميع هذه المهام التي تؤديها المرأة في الأسرة والمجتمع وغيرها الكثير أدى الى ظهور اختصاص علم اجتماع المرأة ، هذا الاختصاص الذي يهتم بدراسة الفعل ورد الفعل بين المرأة والمجتمع ، ويعالج في الوقت ذاته مشكلات المرأة الموضوعية والذاتية بعد تشخيصها وتحديد اسبابها وآثارها ومعالجتها على نحو هادف وبنّاء [٣] ، واخيراً يحاول الدفاع عن حقوق المرأة والمطالبة بمساواتها مع الرجل في الحقوق والواجبات الاجتماعية .

إن هذا الفصل التمهيدي يهتم بدراسة ستة مباحث رئيسية هي ما يأتي :

المبحث الأول: مفاهيم علم اجتماع المرأة .

المبحث الثاني: نشوء علم اجتماع المرأة كاختصاص مستقل .

المبحث الثالث : طبيعة علم اجتماع المرأة .

المبحث الرابع : أهداف علم اجتماع المرأة .

المبحث الخامس : مشكلات علم اجتماع المرأة .

المبحث السادس : أبعاد علم اجتماع المرأة .

والآن علينا دراسة هذه المباحث بشيء من التفصيل والتحليل .

المبحث الأول : مفاهيم علم اجتماع المرأة

(Definitions of Sociology of Woman)

هناك ثلاثة تعاريف مهمة وأساسية لعلم اجتماع المرأة علينا ذكرها أولاً ثم اختيار أحدها ودراسته وتحليل عناصره مفصلاً لكي نلم بماهية علم اجتماع المرأة كموضوع فتي ظهر لدراسة واقع المرأة ومشكلاتها واهدافها وطموحاتها . لعل من أهم تعاريف علم اجتماع المرأة التعريف الذي ينص على انه الموضوع الذي يدرس الجذور الاجتماعية لواقع المرأة ووجودها في المجتمع وأثر ذلك الواقع والوجود على المجتمع والبناء الاجتماعي (٤) . وقد ذكر هذا التعريف البروفسور وليم كوود في كتابه الموسوم " ثورة العالم ونماذج الأسرة " . أما الدكتورة فيولا كلين فقد عرّفت علم اجتماع المرأة بالموضوع الذي يدرس الصلة او العلاقة المتفاعلة بين المرأة والمجتمع (٥) . وقد جاء هذا التعريف في كتابها الموسوم " وظائف المرأة في المجتمع الصناعي " واخيراً عرّف البروفسور رونالد فليجر علم اجتماع المرأة بالعلم الذي يدرس الصلة بين المرأة والمؤسسات والنظم الاجتماعية التي تنتمي اليها ، علماً بان هذه الصلة او العلاقة بين المرأة ومؤسساتها قد تكون علاقة رسمية أو علاقة غير رسمية (٦) . وقد ورد هذا التعريف في كتاب البروفسور فليجر الموسوم " المرأة في القرن العشرين " .

بعد ذكر التعاريف الثلاثة نستطيع ان نأخذ أحد هذه التعاريف ونحلله على نحو علمي بنّاء . ان التعريف الذي نستطيع دراسته مفصلاً هو تعريف البروفسور وليم كوود الذي ينص على ان علم اجتماع المرأة هو العلم الذي يدرس الجذور الاجتماعية لواقع المرأة ووجودها في المجتمع وأثر الواقع والوجود في المجتمع والبناء الاجتماعي . يمكن تحليل هذا التعريف الى اربعة عناصر رئيسية هي ما يأتي :

١- الجذور الاجتماعية لواقع المرأة .

٢- الجذور الاجتماعية لوجود المرأة .

٣- أثر واقع المرأة ووجودها في المجتمع .

٤- أثر واقع المرأة ووجودها في البناء الاجتماعي .

نعني بالجذور الاجتماعية لواقع المرأة ظروفها ومعطياتها البنيوية والتأريخية . وبهذا نقصد احوالها الاقتصادية والاجتماعية وطبيعة افكارها واديولوجيتها التي تعتقد بها وتتمسك بمفرداتها ، وحياتها الدينية والسياسية والروحية ، واخلاقها وقيمها ، وخلفيتها الأسرية والقرابية ، وحالتها النفسية والشعورية (٧) . جميع هذه الخواص التي تتميز بها المرأة تحدد معالم شخصيتها التي تترك آثارها وبصماتها على البيئة أو الواقع الاجتماعي الذي تعيش فيه وتتفاعل معه . كما ان تأريخ المرأة والاحداث والقضايا التي مرت بها والخبر والتجارب التي اكتسبتها من محيطها تؤدي غالباً دورها الفاعل في طبيعة مكونات الشخصية التي تحملها (٨) .

ومن الجدير بالذكر ان شخصية المرأة التي هي نتاج مكوناتها الوراثية البايولوجية ونتاج عوامل البيئة الاجتماعية التي تأثرت فيها غالباً ما تترك آثارها وبصماتها على المجتمع والبناء الاجتماعي الذي تعيش فيه (٩) . فهي تستطيع ان تحول المجتمع نحو الأحسن والافضل من خلال زيادة انتاجيته وتحسين نوعية الانتاج او زيادة سكانه عن طريق انجاب الذرية . فضلاً عن دور المرأة في محاربة المشكلات والانحرافات السلوكية والقيمية والاخلاقية ، ودورها في ترسيخ القيم الحميدة والاخلاق الفاضلة في المجتمع . ناهيك عن المهام الجليلة التي يمكن ان تقوم بها المرأة في تسريع حركة التنمية والتقدم الاجتماعي إذ ينتقل المجتمع من مرحلة حضارية غير متطورة الى مرحلة حضارية تأريخية متطورة ومتقدمة (١٠) .

كما ان المرأة من خلال تعاونها وتكاتفها مع الرجل تستطيع تنمية عملية التنشئة الاجتماعية للجيل الجديد الى درجة يكون هذا الجيل قادراً على أداء الأعباء والمسؤوليات الاجتماعية والحضارية الملقاة على عاتقه. واخيراً يمكن ان تسهم المرأة ذات الشخصية القوية والمؤثرة في ادارة وتنظيم العديد من المؤسسات الانتاجية والخدمية، الأمر الذي يساعد على توسع الطاقة الانتاجية ورفع نوعية الخدمات التي تقدمها المؤسسات لجموع المواطنين . وهذا ما يدفع مسيرة المجتمع التنموية الى الأمام .

المبحث الثاني: نشوء علم اجتماع المرأة

The Rise of Woman Sociology

ظهر علم اجتماع المرأة كعلم مستقل عـن علم الاجتماع العام وعـن فروع
وتخصصات علم الاجتماع كعلم الاجتماع العائلي وعلم الاجتماع الحضري وعلم الاجتماع
الريفي وعلم الاجتماع الصناعي وعلم اجتماع القـانون وعلـم الاجتماع الـديني وعلـم
الاجتماع السياسي وعلم الاجتماع العسكري خلال فترة مـا بـين الحربين العالميتين الاولى
والثانية ^(١١). وظهوره يعني استقلاليته عن علم الاجتماع العـام حيث ان علـم اجتماع
المرأة هو فرع من فروع علم الاجتماع العام . وقد استقل علم اجتماع المرأة عـن علـم
الاجتماع العام وتمكن من أحراز منزلة علمية لا بأس بها وذلك بعد فشل علم الاجتماع
العام بدراسة قضايا المرأة ومشكلاتها وواقعها والمهام الجديدة التي يمكن ان تضطلع بها
وتأريخها والاحـداث التـي شهدتها وتـدني مكانتها بالنسـبة لمكانـة الرجـل والضغوط
والمضايقات التي كانت تتعرض لها .

ان استقلالية علم اجتماع المرأة عن علم الاجتماع العـام ونشـوء علـم اجتماع
المرأة كعلم مستقل لا يختلف كثيراً عن العلوم الاجتماعيـة الأخرى التـي استقلت عـن
علم الاجتماع منذ بداية القرن العشرين كان يرجع الى عدة عوامل أساسـية في مقدمتها
ما يأتي :

١- فشل علم الاجتماع العام بدراسة قضايا المرأة ومشكلاتها وظروفها ومعطياتها عـلى
    نحو وافٍ ومفصل مما حدا بالعلماء والمختصين الى اكتشاف علـم جديد ذلك هـو
    علم اجتماع المرأة الذي يدرس الصلة المتبادلة بين المرأة والمجتمع ^(١٢).

٢- تأليف ونشر وتداول العديد من مؤلفات علم اجتماع المرأة في العديد مـن الـدول
    الاوربية والولايات المتحدة الامريكية ، ككتاب ثورة العالم ونماذج الأسرة للبروفسـور
    وليم كوود الذي ظهر عام ١٩٤١ ، وكتاب " وظائف المرأة في المجتمـع " للـدكتورة
    فيولا كيلين الذي ظهر عام ١٩٤٥ ، وكتاب المرأة في القرن العشرين

للبروفسور رونالد فليجر . إضافة الى كتاب المرأة والزواج للبروفسور او. ميكريكر الذي ظهر عام ١٩٤٧ [١٣] . كذلك كتاب " المرأة وتربية الأبناء " للبروفسور فليمنك الذي ظهر عام ١٩٥١ [١٤] . واخيراً هناك كتاب علم اجتماع المرأة للبروفسور دونالد كيريك الذي ظهر عام ١٩٥٢ [١٥] . جميع هذه المؤلفات وغيرها قد مهّدت السبيل الى ظهور وبلورة اختصاص علم اجتماع المرأة الذي راح يعالج قضايا المرأة وهمومها وسبل تحريرها من القيود والمظالم .

٣- ظهور اقسام علمية في الكليات والجامعات الاوربية والامريكية تتخصص بدراسة علم اجتماع المرأة . ومثل هذه الاقسام والكليات المتخصصة بموضوع علم اجتماع المرأة راحت تخرّج الكوادر والملاكات العلمية المتخصصة بالموضوع وراحت تنشر وتوزع المطبوعات والابحاث والكتب حول هذا الموضوع الفتي مما ساعد على انتشار العلم وبلورته في العديد من الجامعات والمراكز العلمية [١٦] .

٤- بروز اساتذة متخصصين في عدة اقطار في ميدان علم اجتماع المرأة . ولهؤلاء الاساتذة ابحاث ودراسات ومؤلفات بالموضوع. ومن أشهر هؤلاء البروفسورة ماركريت هويت في انكلترا والبروفسور باتريك كابلان في امريكا والبروفسور جيفري ديميزدية في فرنسا والبروفسور السكندر صولوي في المجر والبروفسور بيترماندج في يوغسلافيا وغيرهم [١٧] .

٥- تعاظم الحاجة لاختصاص علم اجتماع المرأة وذلك بعد زيادة عدد النساء العاملات والموظفات في المؤسسات الانتاجية والخدمية التابعة للقطاعين العام والخاص ، وبعد تنامي الخدمات العديدة التي تقدمها المرأة للمجتمع لاسيما بعد ان ايقن الرجال بان المرأة نصف المجتمع ، وفي حالة عدم استفادة المجتمع من طاقاتها المبدعة والخلاّقة فان المجتمع يضيع ويهدر نصف طاقاته وقواه العاملة [١٨] . لهذا اصبح اختصاص علم اجتماع المرأة اختصاصاً فاعلاً ومهماً نتيجة الخدمات والوظائف الأساسية التي يمكن ان يسديها للمجتمع .

المبحث الثالث : طبيعة علم اجتماع المرأة

(Nature of Woman Sociology)

نعني بطبيعة علم اجتماع المرأة الدرجة العلمية التي يتمتع بها ، أي هـل ان علم اجتماع المرأة هو موضوع علمي كالفيزياء والرياضيات والكيمياء وعلـم الفلـك ام انه موضوع أدبي كالفلسفة والادب والدين والتأريخ والانثروبولوجيا [١٩]. ان علم اجتماع المرأة هو علم مشتق من علم الاجتماع العـام . ولما كان كـذلك فان منزلتـه العلميـة شبيهة الى حد كبير بمنزلة علم الاجتماع . ولما كان علم الاجتماع ليس هو علمـاً صرفـاً ولا هو أدباً صرفاً فان علم اجتماع المرأة لا يمكن اعتباره علمـاً ولا أدبـاً [٢٠]. ذلك انه علـم يجمع بين العلم والأدب . فهو علم لانه يتسم بـاربع خـواص يشترك بها مـع العلـوم الطبيعية كالرياضيات والفيزياء والكيمياء وعلم الأحياء . وهذه الخواص هي ما يأتي :

١- انه علم نظري ، أي يتكون من مجموعة نظريات متكاملة لها القـدرة عـلى تفسـير الظواهر والعمليات والشواهد التي يتعامل معها [٢١].

٢- انه علم تراكمـي ، أي ان نظريـاتـه ومعلومـاتـه وحقائقـه لهـا القـدرة عـلى الزيـادة والتراكم والتوسع بزيادة الابحاث والدراسات العلمية التي يقوم بها وينفذها .

٣- انه علم تجريبي ، أي ان حقائقه وظواهره ونظرياته يمكن تطبيقها عـلى الانسـان والمجتمع من أجل حل مشكلاته وتنمية جوانب حياته الموضوعية والذاتية .

٤- انه علم يهتم بما هو كائن ولا يهتم بما ينبغي ان يكون . فهو يصف ويحلل ويفسر ـ الظواهر التي يتعامل معها ولا يقيمها لان التقييم هو من واجـب الفلـسفة وعلـم الاخلاق وعلم الدين وعلم السياسة [٢٢].

لتوافر هذه الشروط العلمية في علم اجتماع المرأة نستطيع اعتبار الموضوع علمـاً الى حدٍ ما. غير أننا لا نستطيع اعتبار علم اجتماع المرأة علماً صرفاً نظراً لتميزه بالعديد من السمات التي يتسم بها الادب او تتسم بها الفلسفة او علم الاخلاق واللاهوت. ومن العوامل التي يشترك فيها علم اجتماع المرأة مع الادب والفلسفة والدين واللاهوت ما يأتي :

١- ان علم اجتماع المرأة يتعامل مع عشرات العوامل والمتغيرات التي تؤثر في ظواهره وعملياته ولا يتعامل مع عامل او عاملين كما في حالة الرياضيات او الفيزياء[٢٣]. فالعوامل المؤثرة مثلاً في ارتفاع المكانة الاجتماعية للمرأة لا تنحصر بعامل او عاملين بل تتعلق بعشرات العوامل كنشاط المرأة الاجتماعي والاقتصادي والسياسي وقدرة المرأة على الاقناع والتأثير ، ومساهمة المرأة في مجال الثقافة والتربية والتعليم، ومشاركة المرأة في النشاط الاقتصادي والنشاط السياسي ، وفاعلية المنظمات النسوية في الدفاع عن حقوق المرأة وحمايتها ... الخ . ولما كان العلم يتأثر بعشرات العوامل ويتكيف لسلوكها فاننا لا نستطيع قياس درجة فاعلية هذه العوامل وتأثيرها على واقع المرأة وصيرورتها عبر التأريخ .

٢- علم اجتماع المرأة يهتم بدراسة الانسان (المرأة) الذي هو كائن مفكر ومدرك وحساس له عقلين العقل الظاهري الذي يفصح عن ما يجول عنده ويكون مكشوفاً ومفهوماً من قبل الآخرين ، وعقل باطني يكون مضموراً وخفياً وغير قابل على الظهور والافصاح عن مكنوناته وطبيعته وما يتسم به من خواص موضوعية وذاتية[٢٤]. ولما كانت المرأة تمتلك هذين العقلين فهي تكشف عن ذاتها أقل من ثلث ما يميزها وتخفي أكثر من ثلثين في منطقة اللاشعور او في منطقة العقل الباطني . وعندما تكون المرأة كذلك تكشف القليل للناس وتضمر أو تخفي الكثير في ذاتيتها الداخلية او في عقلها الباطني فليس من السهولة بمكان على الباحث دراسة المرأة دراسة علمية ترقى من حيث المستوى والعلمية والموضوعية الى الرياضيات او الفيزياء[٢٥].

وهنا تكون دراسة المرأة ككائن بشري دراسة صعبة إذا لم تكن مستحيلة لان المرأة تخفي في عقلها الباطني كل ما يتعلق بها ولا تجهر به مطلقاً . وهذه الحقيقة تقلل من علمية وموضوعية علم اجتماع المرأة . ومع هذا فان علم اجتماع المرأة كعلم يتسم باربع خواص علمية تتسم بها العلوم الطبيعية التي اشرنا اليها اعلاه وهي الخواص النظرية والتجريبية والتراكمية والابتعاد عن التقييم والميل الى التجرد الأدبي .

المبحث الرابع: أهداف علم اجتماع المرأة

(Objectives of Woman Sociology)

يهدف علم اجتماع المرأة الى تحقيق نمطين من الاهداف هما أولاً: الاهداف المجتمعية والتنظيمية والعملية لعلم اجتماع المرأة وثانياً: الأهداف العلمية والمنهجية والاكاديمية لعلم اجتماع المرأة .

فمن الاهداف المجتمعية والتنظيمية والعملية لعلم اجتماع المرأة ما يأتي :

١- دراسة وفهـم واسـتيعاب الظروف والمعطيـات الاجتماعيـة والطبقيـة والتأريخيـة المحيطة بالمرأة وتأثير هذه الظروف والمعطيات عـلى المجتمع الـذي تعيـش فيه المرأة وتتفاعل معه لكي تـتمكن مـن الاحاطة بالعلاقة بـين المعطيـات المحيطة بالمرأة ومؤثرات هذه المعطيات على مجتمع المرأة المحلي والكبير (٢٦) .

٢- التعرف على المشكلات التي تعاني منها المرأة من حيث طبيعتها وحجمها واسبابها الموضوعية والذاتية وآثارها القريبة والبعيدة وكيفية معالجتها والتحرر من آثارها القريبة والبعيدة .

٣- الدور او الادوار التي يمكن ان تؤديها المرأة في المجتمع لتحسين ظروفها المعيشية والاجتماعيـة والسياسـية وتحسـين أحـوال المجتمـع والمشـاركة في حـل مشكلاته واعادة بنائه .

٤- تعميق الوعي الاجتماعي والسياسي والفكري عنـد المـرأة لـكي تسـهم في حركـة المجتمع ورسم اطر مساره التأريخي والحضاري والتنموي .

٥- تحفيز المـرأة عـلى وضع الخطط والاساليب التي تستطيع مـن خلالها تنميـة المجتمع وتفعيل قطاعاته البنيوية وتوجيهها صـوب تحقيـق أهـداف المجتمـع القريبة والبعيدة (٢٧) .

٦- زج المرأة في عملية ازالة عوامل التخلف والركود والجمـود الاجتماعـي والحضـاري التي تعيق مسار التقـدم الاجتماعـي والتحـرر السياسـي والفكـري مـن الـدعوات الاجنبية المغرضة كالعولمة والحريات وحقوق الانسان التي جاءت لتهدم وتطمـس معالم المجتمع وتسيء الى هويته القومية والانسانية والرسالية .

أما الأهداف العلمية والمنهجية والاكاديمية لعلم اجتماع المرأة فيمكن تحديدها بالنقاط الآتية :

١- تثبيت الحدود العلمية بين علم الاجتماع وعلم اجتماع المرأة وعلم اجتماع العائلة، هذه الحدود التي تثبـت الابعـاد العلميـة لعلـم اجتمـاع المـرأة وتعـين موضوعاتـه الأساسية التي يمكن ان يتخصص بها ويتعمق بدراستها [٢٨] .

٢- زيادة عدد المؤلفات والابحاث والدراسات المتعلقة بعلم اجتماع المرأة لكـي يكـون العلم ناضجاً وقادراً على تفسير وتحليل جميع الموضـوعات التـي تمـس باختصاصه واطاره العلمي والمنهجي .

٣- ضرورة زيادة عدد رجال العلم واساتذته واختصاصيه لكي يقوم هؤلاء باجراء المزيد من الدراسات والابحاث التي تطور العلم وتعمقه وتمكنه من الفاعلية والتأثير [٢٩] .

٤- فتح اقسام علمية او كليات باختصاص علم اجتماع المرأة ، هذه الاقسام والكليات التي تستطيع تخريج الكوادر والملاكات العلمية التي يمكن ان تهتم بالعلم وتوسـع ابوابه وتمنحه وزناً ثقيلاً لا يقل عـن وزن التخصصـات الفرعيـة الأخـرى لعلـم الاجتماع .

٥- تحسين المنهجية العلمية لعلم اجتماع المرأة واستحداث طرق بحـث جديـدة تعـين الباحثين والدارسين على جمع المعلومات وتصنيفها وتحليلها وتنظيرها لكي يكون هذا العلم الجديد بمصاف العلـوم القديمـة والمتطـورة في جمـع المعلومات ووضـع خطط دراسية وبحثية جديدة ترمي الى توسيع وتنمية علم اجتماع المرأة لكـي يكون في مركز يمكنه من اجراء المزيد مـن الدراسـات والابحـاث العلميـة النظريـة والتطبيقية [٣٠] .

المبحث الخامس : مشكلات علم اجتماع المرأة

(Problems of Woman Sociology)

علم اجتماع المرأة كعلم فتي ظهر في النصف الأول من القرن العشرين يعاني من العديد من المشكلات العلمية والمنهجية والبحثية التي أهمها ما يأتي :

١- ضعف أعتراف العديد من الاختصاصيين في علم الاجتماع والعلوم الاجتماعية بعلم اجتماع المرأة لانهم يعدون الاختصاص الاخير جزءاً لا يتجزأ من مادة علم الاجتماع [٣١] . وهنا يقوم علماء الاجتماع بادعاء معظم موضوعات علم اجتماع المرأة على انها موضوعات رئيسية تابعة لهم . ومن جهة ثانية نلاحظ بان اختصاصي علم اجتماع المرأة يدعون بان هناك العديد من موضوعات علم الاجتماع تابعة لهم كموضوع المرأة ومنزلتها ودورها في المجتمع . وهذه الحقيقة ناجمة عن عدم وجود الحدود العلمية التي تفصل بين علم الاجتماع وعلم اجتماع المرأة .

٢- ضعف المناهج العلمية التي يعتمدها علم اجتماع المرأة وعدم وضوحها وبلورتها الى درجة ان هذا يعرقل سير الدراسات والابحاث التي يقوم بها العلم بنوعيها النظري والتطبيقي [٣٢] .

٣- قلة ومحدودية المصادر والكتب والابحاث والدراسات في اختصاص علم اجتماع المرأة . فلا زالت الكتب والمصادر في هذا الاختصاص قليلة ونادرة ومحدودة . فالاختصاص موجود فقط في الدول الصناعية وبخاصة الاوربية منها ، غير انه مفقود في العديد من الدول والقارات . علماً بان قلة المصادر والكتب عن الموضوع يجعل العلم فتياً وغير قادر على تفسير الظواهر والملابسات والاشكالات التي يتعرض لها الاختصاص في جميع دول العالم [٣٣] .

٤- قلة ومحدودية الاقسام العلمية والكليات والجامعات التي تدرس الموضوع نظراً لسيطرة علم الاجتماع عليه وعدم وجود الوعي الكافي باهمية الموضوع بحيث

تقتضي الحاجة بفتح اقسام وكليات وجامعات مستقلة بالموضوع . فهناك عدد قليل من الجامعات لها اقسام بهذا الموضوع كجامعة مانجستر ولندن في انكلترا ، وجامعات هارفرد ونيويورك في امريكا وجامعات برلين ودرزدن وفرانكفورت في المانيا وجامعات بودابست وبيج ودبرزن في المجر وجامعات السوربون وليل ومونبيليه في فرنسا...الخ[٣٤].

٥- قلة المتخصصين والباحثين والاساتذة في مجال علم اجتماع المرأة، وعندما يكون عدد هؤلاء قليلاً فان أهمية الموضوع تضعف عن طريق قلة وشحة الدراسات والبحوث والأعمال العلمية الخاصة بهذا الاختصاص المهم .

٦- حساسية الموضوع وصعوبة دراسته وكثرة القوى والمؤثرات المجتمعية المؤثرة فيه مما يجعل رجاله واساتذته واخصائيه مترددين عن الغوص في غمار الموضوعات التي يهتم بها العلم بسبب حساسيتها وصعوبة دراستها دراسة حرة وتجريدية كمواضيع دور المرأة في الانجاب وعوامل عزوف المرأة عن احتلال مراكز القوة والمسؤولية السياسية والامنية في المجتمع ، وموضوع مشكلات زواج المرأة والعلاقة بين زواج المرأة وادارتها للمهن والأعمال الحساسة التي تضطلع بها في المجتمع ، واخيراً موضوع دراسة وتعليم المرأة وعزوفها عن الزواج بسبب مستقبل دراستها وانخراطها في الأعمال والمهن الحساسة التي يمكن ان تشغلها المرأة وتطور المجتمع من خلالها[٣٥].

المبحث السادس : ابعاد اختصاص علم اجتماع المرأة

(Scope of Woman Sociology)

نعني بابعاد علم اجتماع المرأة مضامينه ومحتوياته والموضوعات التي يدرسها .
وهذه الموضوعات كثيرة ومتعددة لعل أهمها ما يأتي :

١- أساسيات علم اجتماع المرأة التي تشمل تعريفات علم اجتماع المرأة وطبيعته
ومجاله واهدافه ومشكلاته .

٢- علاقة علم اجتماع المرأة بعلم الاجتماع مـن جهـة وبعلـم اجتماع العائلـة مـن
جهة أخرى [٣٦] .

٣- مناهج او منهجية علم اجتماع المرأة وهي المـنهج التـأريخي والمـنهج المقـارن،
ومنهج المسح الميداني ، ومنهج تحليل المضمون والمنهج الاستقرائي او الاستنتاجي
والمنهج الاستنباطي. فضلاً عن المنهج التكاملي ومنهج دراسة الحالة .

٤- الاسلام والمرأة من جهة والمرأة والديانات الأخرى . وهـذا الموضوع يتطرق الى
نظرة الاسلام والديانات الأخرى الى المرأة ونظرة المرأة الى الدين والعبادات .

٥- المرأة وقيمة الموازنة بين الواجبات والحقوق [٣٧] .

٦- أثر التنمية والتحضر والتصنيع في المنزلة الاجتماعية للمرأة .

٧- مشكلات المرأة من حيث طبيعتها واسبابها وآثارهـا وطرق معالجتها والوقايـة
منها .

٨- تأريخ نضال او كفاح المرأة في التحرر من المظالم والقيود الاجتماعية والحضارية
[٣٨] .

٩- نظريات المرأة وبخاصة نظرية البروفسور فردريك ليـبلاي ونظريـة البروفسـور
وستر مارك ونظرية البروفسور بيتر ووملت ونظرية البروفسـور روبرت مكايفر
ونظرية البروفسورة سوزانة فيركة [٣٩] .

١٠- المرأة والصحة والمرض، أي عوامل الصحة والمرض وأثرها في المرأة قديماً وحديثاً .

١١- تغير المكانة الاجتماعية للمرأة بين الماضي والحاضر ، طبيعة التغير واسبابه وآثاره .

١٢- أحوال المرأة في الاقطار العربية وبريطانيا وامريكا واليابان والهند والصين .

١٣- الطلاق : اسبابه وآثاره وطرق علاجه مع إشارة لآثار الطلاق على المرأة [٤٠] .

١٤- المرأة العربية المعاصرة بين المهام الانجابية والأسرية ومهام العمل خارج البيت .

١٥- المرأة والسياسة ، أي المشاركة السياسية للمرأة في تقاسم الثروة والسلطة او القوة والنفوذ .

١٦- المرأة والتشريعات الاجتماعية والقانونية .

١٧- دراسات الجنديرز ، أي العلاقات الاجتماعية والقانونية والسياسية بين الذكور والاناث .

١٨- المرأة والاقتصاد ، أي مساهمة المرأة في علاقات الانتاج والتوزيع والاستهلاك ، وأثر ذلك في الرفاهية الاقتصادية والاجتماعية .

١٩- المرأة والثقافة والتربية والتعليم ، وأثر تعليم المرأة في العمل الاقتصادي الذي تمارسه خارج البيت ، وأثره في المشاركة السياسية .

٢٠- المغالاة في المهور وأثرها في مستقبل المرأة في المجتمع ، مع إشارة خاصة الى زواج المرأة واستقرارها البيئي [٤١] .

٢١- المرأة والحرية السياسية والاجتماعية والدينية، مع إشارة خاصة الى أثر حرية المرأة في تنمية المجتمع وتقدمه الاجتماعي .

٢٢- المرأة والأسرة مع إشارة الى دور المرأة في اتخاذ القرار داخل الأسرة وخارجها .

٢٣-	العنف ضد النساء داخل الأسرة والعمل وفي مجالات واصعدة المجتمع كافة ، اسبابه وطبيعته وآثاره وكيفية مواجهته .

٢٤-	القيمة الاقتصادية والاجتماعية للمرأة في المجتمع العربي قديماً وحديثاً .

٢٥-	أثر التنمية والتحضر والتصنيع في مكانة المرأة في المجتمع .

مصادر الفصل الأول

(١)   الحسن، إحسان محمد (الدكتور). المرأة العراقية المعاصرة بين المهام الانجابية والأسرية ومهام العمل خارج البيت ، بغداد، مطبعة الرسائل ، ٢٠٠٤، ص ٣.

(٢)   المصدر السابق، ص ٧.

(٣)   Fay, E. Principles and Perspectives of Sociology of Woman , London, Longman, ٢٠٠٠, P. ٤٣.

(٤)   Goode, William, World Revolution and Family Patterns, New York, the Free Press, ٢nd Ed., ١٩٩٥, P. ١٥٣.

(٥)   Klein, Viola. Functions of Woman in Industrial Society, London, Tavistock Publication House, ١٩٩٣, P. ٣٥.

(٦)   Fletcher , R. Woman in the Twentieth Century, ١٩٩٠,P. ١١.

(٧)   Goode, William . World Revolution and Family Patterns, P. ١٥٩.

(٨)   Ibid., P. ١٦٠.

(٩)   Ibid., P. ١٦١.

(١٠)   Ibid., P. ١٦٣.

(١١)   Nash, V.S. Origin of Sociology of Woman, New York, John Wiley and Sons, ١٩٩١, P. ١٢.

(١٢)   Ibid., P. ١٥.

(١٣)   McGregor, O. Woman and Marriage, London, Kgan Paul, ١٩٥٠.

(١٤)   Fleming, E. Woman and Children's Upbringing, London, University Press, ١٩٥٢.

(١٥)   Kirk, D. Sociology of Woman , London, the Modern Press, ١٩٩٣.

(١٦)   Fergem S. Genesis of Sociology of Woman , Academy Press, Budapest, ٢٠٠٠, P. ٢١.

(١٧) Ibid., P. ٥٦.

(١٨) Ibid., PP. ٧٠-٧٢.

(١٩) Szalai, A. S. Nature and Objectives of Sociology of Woman, Budapest , Academy Press , ١٩٩٩,P.٥.

(٢٠) Ibid., P. ٧-٨.

(٢١) Ibid., P. ١٠.

(٢٢) الحسن، إحسان محمد (الدكتور). علم الاجتماع الصناعي ، عمان، دار وائل للنشر ، ٢٠٠٥، ص ١٤-١٥.

(٢٣) المصدر السابق، ص ١٧.

(٢٤) المصدر السابق، ص ١٨.

(٢٥) المصدر السابق، ص ٢٠.

(٢٦) Farkas, Y, Objectives of Sociology of Woman , Budapest, the Modern Press, ٢٠٠١, P.١١.

(٢٧) Ibid., P. ١٧.

(٢٨) Ibid., P. ٢١.

(٢٩) Ibid., P. ٢٥.

(٣٠) Zalai, S.A. Nature and Objectives of Sociology of Woman, P. ٥٦.

(٣١) Wickham, I. Problems of the Sociology of Woman , London, Strand Press , ١٩٩٤, P. ٨.

(٣٢) Ibid., P. ١٢.

(٣٣) Ibid., P. ١٩.

(٣٤) Ibid., P. ٢٢.

(٣٥) Ibid., P. ٣٦.

(٣٦) Varga, K. Sociology of Woman : Meaning and Scope, Academy Press, Budapest, ١٩٩٨, P. ٥.

(٣٧)   Ibid., P. ١٢.

(٣٨)   Ibid., P. ١٥.

(٣٩)   Ibid., P. ١٦.

(٤٠)   Ibid., P. ٢١.

(٤١)   Ibid., P. ٢٥.

الفصل الثاني

نظرية البروفسور فردريك ليبلاي عن التطور التأريخي لمكانة المرأة في المجتمع

مقدمة تمهيدية :

البروفسور فردريك ليبلاي هو من أشهر علماء الاجتماع الفرنسيين . ولد في فرنسا عام ١٨٠٦ وتوفى فيها عام ١٨٨٢ . درس في السوربون علم الاجتماع ودرس أيضاً في جامعة ليل الفرنسية متخصصاً في موضوع الهندسة الميكانيكية . لديه عدة مؤلفات أشهرها العوائل الاوربية العمالية ، والفقر والعائلة واخيراً كتاب منهجية العلوم الاجتماعية والبحث الاجتماعي . وبعد تأليفه لهذه الكتب القيّمة عينته جامعة السوربون استاذاً فيها حيث كان يدرّس مادتي العائلة ومناهج البحث [١] .

اشتهر ليبلاي بدراسة التطور التأريخي للمجتمع والعائلة والمرأة حيث اعتقد اعتقاداً جازماً بان كلاً من المجتمع والعائلة والمرأة تمر في ثلاث مراحل أساسية هي مرحلة الاستقرار والمرحلة الانتقالية واخيراً مرحلة عدم الاستقرار [٢] . وطبق هذه المراحل على العائلة حيث قال بان العائلة تمر عبر ثلاث مراحل هي مرحلة العائلة المستقرة ، ومرحلة العائلة الفرعية ، ومرحلة العائلة غير المستقرة . واعتقد أيضاً بان المرأة تحتل مكانة متميزة في العائلة ، لذا فهي أيضاً تمر عبر ثلاث مراحل هي مرحلة المرأة المستقرة ومرحلة المرأة الفرعية أو الانتقالية واخيراً مرحلة المرأة غير المستقرة [٣] . ذلك ان المرأة تجسد العائلة والعائلة تجسد المجتمع ، وان حالة الاستقرار او عدم الاستقرار انما تميز كل من المجتمع والعائلة والمرأة طالما ان العناصر الثلاثة ترتبط بعضها ببعض بروابط صلدة وقوية .

في هذا الفصل سوف نعالج المراحل او الاطوار الثلاثة التي مرت بها المرأة مركزين على خواص كل منها ومكانة المرأة فيها والعوامل المسؤولة عن التحول الاجتماعي للمراحل التي تمر بها المرأة وكما يأتي:

أولاً:   المرأة في العائلة المستقرة .

ثانياً:   المرأة في العائلة الفرعية او الانتقالية .

ثالثاً:   المرأة في العائلة غير المستقرة .

علماً بأن كل مرحلة من المراحل التي تمر بها العائلة تستغرق كما يخبرنا البروفسور ليبلاي جيل أو جيلين وان الجيل الواحد هو أربعون سنة . علينا دراسة واقع وظروف المرأة في الاطوار الثلاثة التي مرت بها مركزين على اسباب التحول التأريخي الذي شهدته عبر هذه الاطوار ، مع تطبيق نظرية ليبلاي على دراسة المرأة الانتقالية أو الفرعية في المجتمع العربي وكما يأتي :

المبحث الأول: المرأة في العائلة المستقرة

تجسد المرأة في العائلة المستقرة واقع وأحوال ومعطيات المجتمع المستقر . والمجتمع المستقر هو المجتمع الذي يتمسك افراده عبر اجياله المختلفة كجيل الاجداد وجيل الآباء وجيل الأبناء بقيم وافكار ومباديء ورؤى وعادات وتقاليد متشابهة ، بمعنى آخر ان اديولوجيته واحدة ومتشابهة مهما تعددت اجياله [٤] . والعائلة المستقرة هي العائلة التقليدية والكلاسيكية القديمة التي تتشابه قيمها وافكارها وعاداتها وتقاليدها بغض النظر عن اجيالها .

وما يتعلق بمكانة المرأة في العائلة المستقرة نلاحظ بان المكانة الاجتماعية لا ترقى الى مكانة الرجل حيث ان الرجل في العائلة المستقرة يحتل مكانة اجتماعية اعلى من تلك التي تحتلها المرأة [٥] . وان القرار هو بيد الرجل وليس بيد المرأة حيث ان المرأة تكون خاضعة للرجل وان الرجل هو الذي يحدد مسيرة حياتها ومستقبلها .

ان المرأة في العائلة المستقرة التي تكلم عنها البروفسور ليبلاي تتسم بالخواص الاجتماعية والتربوية والسياسية الآتية :

١- انها اقل مكانة من الرجل حيث ان الرجل يتقدم عليها في الواجبات والحقوق [٦] .

٢- ليس للمرأة الحرية في اتخاذ القرار المستقل حيث ان موضوع اتخاذ القرار هو بيد الرجل وليس بيد المرأة (غياب الديمقراطية من العائلة) .

٣- درجة التعليم التي تحظى بها المرأة تكون محدودة إذ ان نسبة الأمية بين النساء تكون عالية جداً إذ تتراوح بين ٨٠% الى ٩٠% [٧] .

٤- الاعمال والمهام التي تقوم بها المرأة هي أداء الأعمال المنزلية، انجاب الأطفال وتربيتهم واشباع الحاجات العاطفية والجنسية للرجل .

٥- المرأة تعتمد على الرجل في الاعالة لانها لا تعمل خارج البيت ولا تكسب مصادر ومقومات رزقها .

٦- المرأة غالباً ما تخضع لاوامر وتوجيهات زوجها وأوامر وتوجيهات والدة زوجها[٨] .

٧- المرأة تُطلق من زوجها إذا لم تنجب الأطفال والذرية .

٨- الرجل له الحق الشرعي والديني والاجتماعي بتطليق زوجته ولكن المرأة ليس لها الحق بتطليق زوجها حتى إذا كان غير مرغوب فيه [٩] .

٩- المرأة في العائلة المستقرة لا تخدم زوجها واطفالها فحسب ، بل تخدم العائلة الاصلية لزوجها .

١٠- ليس هناك اختلافات بين آراء وقيم ومقاييس وافكار الزوجة وزوجها حيث ان الزوجة ينبغي ان تؤمن وتتمسك بقيم وافكار وآراء ومواقف وعادات وتقاليد زوجها .

١١- هناك تطابق بين اديولوجية المرأة والرجل في العائلة الواحدة، لذا تكون العائلة المستقرة موحدة ومتضامنة نظراً للتشابه بين اديولوجية الرجل واديولوجية المرأة[١٠] .

١٢- المرأة لا تحتل أي مواقع سياسية وعليا في المجتمع حيث ان هذه المواقع تكون حكراً على الرجل وليس المرأة .

١٣- الدين والدولة والسلطة تتحيز للرجل ضد المرأة وتشجع الرجل على معاملة المرأة معاملة قاسية وغير عادلة ولا منصفة لكي تكون تحت امرته ونفوذه .

١٤- المرأة لا تكسب موارد العيش للعائلة بل الرجل هو المسؤول عن كسبها [١١] .

١٥- عندما يكون الرجل هو المسؤول عن اعالة المرأة واطفالها فان مكانته في العائلة تكون عالية وصلاحياته الاجتماعية وغير الاجتماعية تكون مطلقة .

١٦- الرجل يستطيع مقاضاة المرأة في المحاكم ولكن المرأة لا تستطيع مقاضاة الرجل في المحاكم مطلقاً .

١٧- الأب يكون عادة دكتاتوراً ومستبداً في العائلة المستقرة والمرأة تكون عادة خاضعة لسلطاته الدكتاتورية والاستبدادية [١٢] .

١٨- تتعرض المرأة للعنف والارهاب على يد زوجها واخيها ووالدها نتيجة ضعفها وغياب من يدافع عن حقوقها ويحفظ كرامتها واستقلاليتها .

١٩- ليس هناك منظمات وجمعيات واتحادات نسوية تدافع عن حقوق المرأة وتصونها من دكتاتورية وجبروت الرجل [١٣] .

٢٠- الثروة والملكية والسلطة الاجتماعية والسياسية والدينية غالباً ما تكون بيد الرجل . في حين ان المرأة لا تمتلك الثروة والملكية والسلطة الاجتماعية والسياسية لانها كما يرى المجتمع المستقر والعائلة المستقرة غير مؤهلة وغير قادرة على امتلاك الثروة والسلطة كما يفعل الرجل .

وواقع المرأة في العائلة المستقرة يستمر باستمرار العائلة المستقرة الذي يستغرق عادة جيل أو جيلين أي بين ٤٠ الى ٨٠ سنة لان الجيل الواحد كما بيّنا بستغرق حوالي ٤٠ سنة . غير ان هذا الواقع لا بد ان يتغير بتغير المجتمع والعائلة من مرحلة الاستقرار الى المرحلة الفرعية أو الانتقالية [١٤] ، وهذه المرحلة تتميز ببعض سمات المرحلة المستقرة والمرحلة غير المستقرة كما يخبرنا البروفسور فردريك ليبلاي. ويرجع التغير هذا الى العامل الفكري والايديولوجي ، فعندما تتغير افكار وايديولوجية المرأة ومعها العائلة من ايديولوجية واحدة الى ايديولوجيات مختلفة ومتقاطعة ومتعارضة ومتخاصمة تدخل المرأة والعائلة في مرحلة يسميها ليبلاي بمرحلة العائلة الفرعية او الانتقالية ، أي تكون ايديولوجية المرأة مذبذبة وغير واضحة فأحياناً تكون مستقرة واحياناً أخرى تكون غير مستقرة [١٥] . من هذا نلاحظ بان عوامل التغيير في واقع المرأة وعائلتها تكمن في العوامل الفكرية والايديولوجية

المبحث الثاني: المرأة في العائلة الفرعية أو الانتقالية

يعتقد البروفسور فردريك ليبلاي بان المرأة عندما تنتقل من المرحلة المستقرة الى المرحلة الفرعية او الانتقالية فانها تتميز ببعض سمات المرحلة المستقرة وبعض سمات المرحلة غير المستقرة ، أي تكون شخصيتها متناشزة ومذبذبة وغير قادرة بسهولة على التكيف للمجتمع الذي تعيش فيه وتتفاعل معه [١٦] . والمرأة في العائلة الفرعية تجمع بين القديم والجديد حيث ان افكارها وقيمها وعاداتها وتقاليدها ومقاييسها تكون قديمة ورجعية ، بينما يكون ظاهرها واطارها الخارجي حديثاً حيث ان ملابسها وسلوكها وتصرفها واسلوب حياتها يكون حديثاً ومشابهاً لذلك الموجود في الدول الاوربية الحديثة . فهي أي الفتاة ترتدي آخر ما توصلت اليه بيوت المودة والازياء في باريس وروما ولندن وتستعمل احدث العطور والمطيبات وتستعمل كلمات تتسم بتصرفات تطبع المرأة المتحضرة في ارقى المجتمعات الصناعية في اوربا والغرب[١٧] .

فضلاً عن انها تستعين بالتقنيات المستعملة في اوربا والغرب ولا تستطيع الاستغناء عنها كاستعمالها سيارة البيت والثلاجة والمكوى الكهربائي والراديو والتلفاز والفديو والانترنيت والستلايت ... الخ. غير ان افكار هذه المرأة لا تزال تقليدية وقديمة فهي ترفض الاختلاط بالرجال والتكلم معهم او تكوين العلاقات الاجتماعية معهم [١٨]... الخ . وهذا ما يجعل المرأة مذبذبة في شخصيتها حيث ان داخل الشخصية يكون قديماً ومحافظاً وتقليدياً ، بينما خارج الشخصية يكون حديثاً وعصرياً ومقلداً لما تنطوي عليه الحضارة الاوربية والامريكية [١٩]. إذاً المرأة في الأسرة الفرعية تكون مصابة بالازدواجية حيث ان باطنها يتناقض مع ظاهرها حيث ان باطنها قديم وتقليدي وان ظاهرها هو جديد ومعاصر .

ان المرأة في العائلة الانتقالية التي تكلم عنها البروفسور ليبلاي تتميز بالسمات الآتية :

١- المرأة التي تعيش في العائلة الانتقالية كما ذكرنا سابقاً تجمع بين خواص المرأة التقليدية وخواص المرأة الحديثة .

٢- ظاهر المرأة الانتقالية من حيث الملابس والزي الخارجي واللغة والكلام والاتكيت هو ظاهر يشبه المرأة الحديثة التي تعيش في البلدان الصناعية ولكن داخل المرأة الانتقالية يكون داخلاً قديماً يحتكم الى الآراء والافكار والمقاييس والعادات والتقاليد التي تميز المرأة القديمة [٢٠].

٣- المرأة الانتقالية تتسم بازدواجية الشخصية أي تقول شيء وتفعل شيئاً آخراً يناقض ما تقوله وتصرح به .

٤- المرأة الانتقالية تتشبث بالماضي السحيق وتتصرف وفقاً لمعطياته وخواصه الا انها في الوقت ذاته تحاول الانحياز الى الجديد والحديث وما هو موجود ومتداول من قبل المرأة في الدول والمجتمعات الصناعية المتقدمة في الغرب والشرق على حدٍ سواء.

٥- تغير قيم وآراء وافكار المرأة الانتقالية يكون بطيئاً جداً ، بينما تغير الظاهر المادي والعلمي والتقني للمرأة الانتقالية يكون سريعاً ومذهلاً في بعض الاوقات[٢١] . وعندما يكون تغير عالم القيم بطيئاً عند المرأة وتغير عالم المادة والتكنولوجيا سريعاً فأن فجوة التخلف الحضاري او الثقافي عند المرأة الانتقالية تكون واضحة للعيان . وهذه الفجوة انما هي السبب لجميع المشكلات الاجتماعية وغير الاجتماعية التي تعاني منها المرأة الانتقالية كما يخبرنا ذلك العالم فردريك ليبلاي [٢٢].

٦- المرأة الانتقالية قد تكون متعلمة ومثقفة ثقافة عالية او لا تكون كذلك . وهذا يعتمد على طبيعة انحدارها الاسري وطبقتها الاجتماعية ومستواها الثقافي والعلمي .

٧- المرأة الانتقالية قد تمارس العمل خارج البيت وتساعد في كسب موارد العيش للعائلة او لا تمارس مثل هذا العمل ولا تشارؤك في كسب موارد العيش للاسرة التي تنتمي اليها [٢٣].

٨- آراء وافكار وقيم ومقاييس المرأة الانتقالية قد تكون مشابهة او غير مشابهة لتلك التي يتمسك بها زوجها او اخيها نتيجة لعوامل التحصيل الدراسي والعمل والمهنة والسكن .

٩- مشكلات المرأة الانتقالية تكون عادة أقل من مشكلات المرأة المستقرة ، غير أنها أقل من مشكلات المرأة غير المستقرة كما يقول البروفسور ليبلاي[٢٤] .

١٠- قد تسكن المرأة الانتقالية في مناطق سكنية فقيرة ومتخلفة او تسكن في مناطق سكنية غنية ومرفهة وراقية اعتماداً على مستواها الاقتصادي والمادي .

١١- الخلافات العائلية التي تشهدها المرأة الانتقالية تكون أكثر من تلك التي تشهدها المرأة المستقرة ، بيد انها تكون أقل من الخلافات العائلية التي تشهدها المرأة غير المستقرة [٢٥] . لذا تكون معدلات الطلاق بين النساء اللواتي يعشن في المجتمع الانتقالي أقل بكثير من نسب الطلاق بين النساء اللواتي يعشن في المجتمع غير المستقر .

١٢- عدد اطفال المرأة الانتقالية اقل من عدد اطفال المرأة المستقرة ، الا ان عدد اطفال المرأة الانتقالية أكثر من عدد اطفال المرأة غير المستقرة [٢٦] . ذلك ان عدداً قليلاً من نساء العوائل الانتقالية يستعملن برامج التخطيط الأسري ، بينما معظم نساء العوائل غير المستقرة يستعملن برامج التخطيط الأسري .

١٣- رفاهية المرأة الانتقالية تكون اعلى من رفاهية المرأة المستقرة ، غير انها تكون أقل من رفاهية المرأة غير المستقرة .

ومن الجدير بالذكر ان تغير المرأة من المرحلة الانتقالية الى المرحلة غير المستقرة يعتمد على تغير الافكار والاديولوجيات والمواقف والقيم من نمط أقل تقدماً الى نمط أكثر تقدماً ورقياً [٢٧] .

المبحث الثالث : المرأة في العائلة غير المستقرة

تنتقل المرأة تأريخياً من المرأة في العائلة الفرعية الى المرأة في العائلة غير المستقرة كما يرى البروفسور فردريك ليبلاي ، والانتقال هذا يستغرق بين ٤٠ـ ٨٠ سنة . بمعنى آخر ان المرأة تنتقل من المجتمع النامي الى المجتمع الصناعي غير المستقر . وهنا تكون المرأة متحررة تماماً من القيود والمظالم الاجتماعية التي كانت تعيشها في المجتمع المستقر بل وحتى في المجتمع الانتقالي او الفرعي [٢٨] . علماً بان المرأة في المجتمع الصناعي غير المستقر تشارك في بناء المجتمع ورسم مسار نهضته الصناعية والتنموية حيث ان واجباتها وحقوقها مساوية لواجبات وحقوق الرجل ولا فرق بينها وبين الرجل من ناحية الحريات التي يتمتع بها .

ان المرأة في المجتمع غير المستقر هي شريكة الرجل في كل شيء لانها تعيش معه وسط المجتمع غير المستقر . وقد سمي بالمجتمع غير المستقر لان افكار افراد العائلة الواحدة تختلف بل وتتناقض بعضها مع بعض حيث ان افكار وقيم ومواقف الابوين تختلف عن تلك التي يتمسك بها الابناء نظراً لاختلاف المهن والاعمال والثقافات والخبِر والتجارب عند الجيلين . فقد يكون عمل الاب هو النجارة ، بينما عمل الابناء قد يكون التعليم او الطب او المحاماة والقانون ، وان المستوى الدراسي للآباء والامهات يختلف عن المستوى الدراسي للابناء والبنات . فضلاً عن اختلاف المستويات الاقتصادية والمادية للجيلين جيل الآباء وجيل الأبناء [٢٩] .

كذلك هناك اختلافات ثقافية ومادية واجتماعية وعلمية ونفسية وتربوية بين الأم والبنت ، فقد تكون الام أمية او تعرف فقط القراءة والكتابة ، بينما تكون البنت مؤهلة علمياً وتمارس مهنة الطب او الهندسة او التعليم . فضلاً عن اختلاف المستوى الاقتصادي بين الام والبنت . ناهيك عن الاختلافات الثقافية والعلمية والاجتماعية والاقتصادية والنفسية بين الأبناء والبنات ، فكل واحد من الأبناء او البنات يشغل مهنة تختلف عن تلك التي يشغلها الآخر ويتمتع بمستوى اقتصادي واجتماعي واعتباري يختلف عن ذلك الذي يتمتع به الآخر . ومثل هذه الحقيقة تجعل

العائلة عائلة غير مستقرة من حيث الآراء والافكار والمستويات الثقافية والعلمية والحالة الاقتصادية . وحالة عدم الاستقرار هذه تجعل العائلة غير موحدة وغير متضامنة وضعيفة بعكس العائلة المستقرة التي سبق ان تحدثنا عنها [٣٠] .

لذا فالمرأة التي تعيش وسط أسرة او عائلة غير مستقرة تتميز بخواص تختلف عن المرأة التي تعيش وسط العائلة المستقرة او العائلة الفرعية او الانتقالية . أما الخواص او السمات التي تتميز بها المرأة غير المستقرة التي تعيش في المجتمع الصناعي فيمكن اجمالها بعدد من النقاط التي أهمها ما يأتي :

١- المرأة في العائلة غير المستقرة تكون مساوية للرجل في الحقوق والواجبات .

٢- تتمتع المرأة في العائلة غير المستقرة بحريات واسعة ومتعددة لا تتمتع بها المرأة في العائلة المستقرة .

٣- المرأة في العائلة غير المستقرة غالباً ما تعمل خارج البيت نتيجة مؤهلاتها العلمية والدراسية العالية وتكسب موارد رزقها دون الاعتماد على الرجل الذي قد يكون زوجها أو والدها [٣١] .

٤- المرأة في العائلة غير المستقرة تعيش في عائلة متوازنة تتساوى فيها حقوق المرأة وواجباتها مع الرجل . والعائلة المتوازنة كما يطلق عليها البروفسور وولمت هي العائلة التي تتكافأ فيها منزلة المرأة مع منزلة الرجل [٣٢] .

٥- المرأة في العائلة غير المستقرة تشارك زوجها في اتخاذ القرار الخاص بانجاب الذرية وتربيتهم وحل مشكلاتهم وتنظيم العلاقات القرابية والعمل خارج البيت من أجل الكسب ونيل الشهرة .

٦- المرأة في العائلة غير المستقرة تشغل دورين اجتماعيين متكاملين هما دور ربة البيت ودور العاملة او الموظفة او الخبيرة خارج البيت . واشغال مثل هذين الدورين في آن واحد انما يرفع منزلتها الاجتماعية والاعتبارية بحيث تكون مساوية لتلك التي يتمتع بها الرجل .

٧- المرأة في العائلة غير المستقرة تستطيع رفض من يتقدم اليها بالزواج إذا كان غير مرغوب فيه .

٨- المرأة في العائلة غير المستقرة تستطيع تطليق زوجها وانهاء علاقتها الزوجية معه إذا كانت لا ترغب به لسبب من الأسباب المعقولة (٣٣) .

٩- المرأة في العائلة غير المستقرة يكون لها مطلق الحرية باختيار مجال دراستها وعملها وزواجها أو عدم زواجها دون تدخل اهلها او اقاربها بذلك . وإذا تدخلوا في ذلك فانها تستطيع رفض ذلك التدخل وعدم الاستجابة له .

١٠- المرأة في العائلة غير المستقرة سواء كانت متزوجة أو غير متزوجة لا تسمح لذويها واقاربها بالتدخل في حياتها الخاصة لان مثل هذا التدخل يقيد حريتها ويحد من نشاطها وبرامجها داخل بيتها وخارجه (٣٤) .

١١- المرأة في العائلة غير المستقرة تفضل السكن بعد زواجها في بيت مستقل بعيد عن بيت زوجها أو بيت عائلتها الأصلية .

١٢- المرأة في العائلة غير المستقرة تتزوج ليس من أجل الاعالة التي يمنحها لها زوجها بل تتزوج من أجل سعادتها واشباع حاجاتها العاطفية والبايولوجية (٣٥) .

١٣- المرأة في العائلة غير المستقرة تنحدر من عائلة غير مستقرة ويمكن ان تكوّن عائلة غير مستقرة نتيجة للحريات غير المحدودة التي تتمتع بها ونتيجة تناشز آراء وافكار وقيم ومقاييس افراد العائلة التي تنتمي اليها .

١٤- تشارك المرأة في العائلة غير المستقرة في العمل خارج البيت لتعين زوجها أو أخيها أو والدها في كسب موارد العيش ، لذا ينبغي على زوجها او اخيها او والدها مساعدتها في الأعمال المنزلية (٣٦) .

١٥- المستوى الاقتصادي للمرأة في العائلة غير المستقرة يكون عالياً نوعما مقارنة بالمستوى الاقتصادي للمرأة في العائلة المستقرة او الفرعية التي تحدّث عنها البروفسور فردريك ليبلاي .

١٦- المستوى الثقافي والعلمي للمرأة في العائلة غير المستقرة يكون عالياً نوعما . ومثل هذا المستوى الثقافي والعلمي يساعدها على تبوء العمل الاقتصادي الـذي يمكنها من تحسين الاوضاع الاقتصادية لأسرتها .

١٧- المرأة في العائلة غير المستقرة تشارك في الانشطة السياسية ، ومشاركتها هـذه تمنحها درجة من القوة والنفـوذ السياسي الـذي تعتمده في تحسـين اوضـاعها الخاصة والعامة .

١٨- تتمتع المرأة في العائلة غير المستقرة بحريات قانونية وتشريعية واسعة لا تتمتع بها المرأة في العائلة المستقرة او العائلة الفرعية .

١٩- سن الزواج للمرأة في العائلة غير المستقرة يكون متأخراً نوعما ، فالمرأة في هـذا النمط من العائلة لا تتزوج الا بعد اكمال دراستها الجامعية والايفاء بالتزاماتها أزاء عائلتها الأصلية (٣٧) .

٢٠- معدلات الطلاق بين النساء في العوائل غير المستقرة تكون اعلى بكثير مـن معدلات الطلاق بين النساء في العوائل المستقرة او العوائل الفرعية او الانتقالية .

المبحث الرابع : تطبيق نظرية البروفسور ليبلاي على واقع المرأة العربية

لما كانت العوائل العربية عوائل فرعية أو انتقالية فان المرأة العربية فيها يمكن اعتبارها مرأة فرعية أو انتقالية . وهذه المرأة تجمع بين خصائص المرأة المستقرة (المرأة التقليدية الكلاسيكية) والمرأة غير المستقرة (المرأة الحديثة التي تعيش في المجتمعات الصناعية سواء كانت غربية أم شرقية) [٣٨] . وعندما تكون المرأة العربية مرأة في مرحلة انتقالية أو فرعية فانها تعاني من عقد ومشكلات الازدواجية بين الماضي والحاضر وبين الظاهر والكامن . فماضي المرأة هو قديم ومحافظ ، بينما حاضرها هو جديد ومتحرر . أما الازدواجية الناجمة عن التقاطع بين الداخل والخارج فان داخل المرأة العربية ، أي افكارها واراؤها وقيمها ومقاييسها ومواقفها قديمة ومحافظة ورجعية ، بينما خارج المرأة العربية حديث وجديد ومتجدد ومتحرر .

مثلاً لا تؤمن المرأة العربية بالاختلاط بين الجنسين ولا تعاشر الرجال ولا تحدد المواعيد معهم ، بل وحتى انها لا تتكلم معهم ، وانها لا تختار شريك حياتها بنفسها حيث ان اهلها وذويها هم الذين يختارون شريك حياتها لها ، بمعنى آخر ان زواجها يكون مرتباً لها كذلك تعزف المرأة العربية عن ريادة النوادي والجمعيات الاجتماعية والمقاهي والمطاعم بنفسها ، بل يجب ان يكون اخوها او ابوها او زوجها معها عندما تذهب الى هذه الاماكن [٣٩] . كما ان المرأة العربية لا تسافر خارج البلاد او داخلها وحدها بل تستصحب معها احد أفراد أسرتها او أقاربها من الرجال . هذا ما تعتقد به المرأة العربية حيث ان معتقداتها هذه هي معتقدات محافظة ورجعية ومقيدة بعادات وتقاليد المجتمع .

لكننا نلاحظ بان الاطر الخارجية والمجتمعية للمرأة العربية تكون حديثة ومشابهة لتلك التي تتطبع بها وتعتمدها المرأة الاوربية الغربية . فالمرأة العربية ترتدي نفس ملابس المرأة الغربية وتستعمل احدث العطور والمطيبات ومساحيق التجميل التي تستعملها الفتاة الغربية في روما وباريس ولندن ونيويورك . وتركب احدث موديلات

السيارات والطائرات والسفن التجارية عند سفرها للخارج . وتقرأ احدث الكتب والمجلات والصحف الموجودة في الغرب والشرق . وتدرس في المعاهد والكليات والجامعات كما تفعل الفتاة او المرأة الغربية . وتعمل في الدوائر البيروقراطية وتمتهن نفس الأعمال والمهن التي تمتهنها المرأة العربية كامتهانها اعمال الطب وطب الاسنان والصيدلة والهندسة والمحاسبة والمحاماة والقانون والاعمال الادارية والحسابية ٠٠٠ الخ . فضلاً عن عملها في المصنع كمهندسة او كاتبة او مشرفة على العمل وعملها في المستشفى والصيدلة والمختبر ٠٠٠ الخ .

وهكذا نلاحظ بان المرأة العربية تعاني من مشكلة الازدواجية الناجمة عن التناقض والتقاطع بين داخلها او ذاتيتها القديمة والتقليدية وبين خارجها الجديد والمتجدد والمقلد . ومما يعزز ازدواجية المرأة العربية موضوع المنطقة السكنية التي تقطن فيها، فهناك نساء عربيات يقطن في مناطق مرفهة من العواصم العربية كبغداد كسكهن في منطقة المنصور والحارثية والهندية والعلوية ، وهناك نساء يقطن في مناطق شعبية وفقيرة كمنطقة الرحمانية في جانب الكرخ من بغداد ومنطقة مدينة الصدر ومنطقة الشعلة ومنطقة السلام ومنطقة الحرية ٠٠٠ الخ . علماً بان المناطق المرفهة في بغداد مثلاً شبيهة بالاحياء الاوربية الصناعية، والمناطق العمالية والفقيرة شبيهة بالاحياء الشرقية في الهند أو باكستان أومصر . ان ازدواجية السكن للنساء تعزز حالة الازدواجية التي تعاني منها المرأة العربية [٤٠] . غير ان هذه الازدواجية سوف تزول او تقل إذ أحرز المجتمع العربي وبخاصة المجتمع العراقي درجة كبيرة ومتطورة من التنمية الاقتصادية والاجتماعية والتحضر والتحديث والتصنيع [٤١] .

وهكذا يفسر البروفسور فردريك ليبلاي المرأة الانتقالية وما تعاني من ازدواجية ناجمة عن جمعها بين داخلها المحافظ وخارجها الحديث والجديد والمتجدد ، مع ازدواجية في المناطق السكنية التي تقطن فيها إذ ان هناك نساء يقطن في مناطق مرفهة ونساء أخريات يقطن في مناطق شعبية وفقيرة . وهذا هو حال المرأة التي يمر مجتمعها في المرحلة الفرعية او الانتقالية من التقدم الاجتماعي التأريخي للمجتمع البشري الذي تحدث عنه ليبلاي في معظم مؤلفاته المنشورة والمذكورة أعلاه .

مصادر الفصل الثاني

(١) الحسن، إحسان محمد(الدكتور). موسوعة علم الاجتماع ، دار الموسوعات العربية ، بيروت ، ١٩٩٩، ص ٤٨٦.

(٢) Winch, F. R. Selected Studies in the Sciology of the Family , New York , The Macmillan Co., ١٩٨٤, P.١٢.

(٣) Ibid., P. ١٥.

(٤) Le Play , Feredrecick . Working Class European Families, London , The lane Press, translated by F. Peel , ١٩٦١, P. ٢٤.

(٥) Ibid., P. ٢٩.

(٦) Ibid., P. ٣١.

(٧) Ibid., P. ٣٣.

(٨) Ibid., P. ٣٤.

(٩) Ibid., P. ٣٨.

(١٠) Ibid., P. ٤١.

(١١) Le Play, Feredreick. Family and Poverty, London, Longman, ١٩٦٤, P. ٧١.

(١٢) Ibid., P. ٧٣.

(١٣) Ibid., P. ٧٥.

(١٤) الحسن ، إحسان محمد (الدكتور). علم الاجتماع : دراسة نظامية، بغداد، مطبعة الجامعة ، ١٩٨٢، ص ١٩١.

(١٥) المصدر السابق، ص ١٩٢.

(١٦) المصدر السابق، ص ١٩٣.

(١٧) Martindale, D. The Nature and Types of Sociological Theory , Itoughton Mifflin, Co., Boston, ١٩٩٣ , P. ١٦٢.

(١٨) Ibid., P. ١٦٥.

(١٩) Ibid., P. ١٦٧.

(٢٠) Ibid., P. ١٧٠.

(٢١) Fletcher, R. Family and Industrialization, A Pelican Book, Middlesex, England , ٣ rd , ed., ١٩٩٧, P. ٨٢.

(٢٢) Ibid.,P. ٨٦.

(٢٣) Ibid., P. ٩٠.

(٢٤) Ibid., P. ٩٤.

(٢٥) Ibid., P. ٩٥.

(٢٦) Ibid., P. ١٠١.

(٢٧) Le Play, F. Methodology of Social Sciences and Social Research , London, the Sunny Press, ٢ nd Ed., ١٩٧١, P. ١٣.

(٢٨) Ibid., P. ١٩.

(٢٩) الحسن، إحسان محمد (الدكتور). علم اجتماع العائلة ، عمان ، دار وائل للنشر ، ٢٠٠٥، ص ٦٢.

(٣٠) المصدر السابق، ص ٦٥.

(٣١) المصدر السابق، ص ٦٧.

(٣٢) Burgess, E. The Industrial Family , New York, Appleton Press , ١٩٩٧, P. ٢٣.

(٣٣) Ibid., P. ٤٣.

(٣٤) Ibid., P. ٤٧.

(٣٥) Bebel , August , Society of the Future , Moscow, Progress Publishers, ٣ rd ed., ١٩٨٩, P. ١١.

(٣٦) Ibid., P.٢٠.

(٣٧) Ibid., P. ٢٥.

(٣٨) غيث ، محمد عاطف (الدكتور) . المرأة في مجتمع متغير ، القاهرة ، مطبعة الانجلو مصرية ، ١٩٨٨، ص ١٥.

(٣٩) المصدر السابق، ص ٢١.

(٤٠) المصدر السابق، ص ٢٣.

(٤١) Goode, W. World Revolution and Family Patterns, New York , the Free Press, ٢ nd , Ed., ١٩٥, P. ١٥١.

الفصل الثالث

أحوال المرأة ومشكلاتها في أقطار الخليج العربي

لا يمكن لكتاب يهتم بدراسة علم اجتماع المرأة أن يكون كاملاً ووافياً دون دراسته لأحوال المرأة ومشكلاتها . فالمرأة تلعب الدور القيادي في العائلة العربية من حيث تحملها أعباء تنشئة الأطفال وتربيتهم وتهيئتهم على أشغال الأدوار الاجتماعية التي تتناسب مع قابلياتهم وميولهم واتجاهاتهم . إضافة الى مسؤولياتها عن تنظيم العلاقات القرابية بين عائلتها الزواجية (Conjugal Family) وعائلتها الأصلية أو عائلة زوجها . فهي التي قد تكون السبب في ضعف أو قوة هذه العلاقات نظراً لتأثيرها الكبير في مسألة ربط عائلتها الزواجية مع أقاربها أو تفتيت الرابطة مع الأقارب وبالتالي تحطيم العلاقات الأسرية . زد على ذلك الدور الذي تلعبه المرأة في تنظيم العلاقات الزواجية بين عوائل المجتمع . فالمرأة العربية في السابق كانت تمنح الصلاحيات في ايجاد الزوجة المناسبة للرجل الذي يطلب الزواج . وفي الوقت الحاضر لا يمكن أن تتزوج المرأة دون أخذ موافقتها على ذلك . إذن تؤدي المرأة دورها الفاعل في تنظيم العائلة وتحديد العلاقات القرابية والاشراف على نظام الزواج سواء من خلال المشاركة في أختيار الشريكة أو الحصول على موافقتها قبل أعلان الزواج .

إن هذا الفصل يهتم بمحورين أساسيين هما تغير الأحوال الاجتماعية للمرأة العربية الخليجية نتيجة تحول المجتمع العربي من نمط الى نمط آخر خصوصاً بعد استثمار الموارد الطبيعية واحراز درجات ملحوظة من التنمية والتحديث وارتفاع المستويات العلمية والتكنولوجية والقضاء على الكثير من المشكلات الاجتماعية المزمنة والنضوج الفكري والسياسي الذي أنتاب البنى السياسية للمجتمع . والمحور الثاني الذي يهتم به الفصل هو دراسة المشكلات الأسرية والمهنية للمرأة في أقطار الخليج العربي . وقد ظهرت هذه المشكلات نتيجة ارتفاع المنزلة الاجتماعية للمرأة بعد

أشغالها دورين أجتماعيين متكاملين هما دور ربة البيت ودور العاملة أو الموظفة خارج البيت . علماً بأن سبب المشكلة يرجع الى الضغوط المتعارضة التي تسلط على المرأة نتيجة أشغالها لهذه الأدوار المختلفة التي لم تتكيف لها بعد .

والآن نود شرح هذه المحاور بالتفصيل .

المبحث الأول : تغير الأحوال الاجتماعية للمرأة في أقطار الخليج العربي

شـهدت معظـم أقطـار الخلـيج العـربي منـذ منتصـف القـرن العشـريـن جملـة تغييرات حضارية واجتماعية ومادية كان لها الدور المباشر في تطوير السمات المجتمعيـة والمؤسسية لهذه الأقطار . ولم تقتصر هذه التغيـيرات علـى البنـى والمؤسسـات الهيكليـة للمجتمع الخليجي بل تعدتها الى بناء واستقرار وتوازن وداينميكية السـكان ، والعـادات والتقاليد والقيم الاجتماعية ، والعلاقات والتفاعلات والسلوك الاجتماعي ، ومركـز المـرأة في المجتمع وعلاقته بطبيعة واجباتها وحقوقهـا الاجتماعيـة ، والبنـاء الطبقـي والانتقـال الاجتماعي ، وأخيراً الوسائل الرسمية وشبه الرسمية للضبط الاجتماعـي . وقـد أسـتأثرت التغييرات التي طرأت على الأحوال الاجتماعية للمرأة في منطقـة الخليـج العـربي أهميـة شاخصة واهتماماً متزايداً من قبل المسؤولين والباحثين والمتخصصـين في قضـايا الاجـتماع والاقتصـاد والسياسـة والفلسـفة لأنهـا كانـت تعبّـر عـن طبيعـة التحـولات الداينميكيـة الشاملة التي أجتاحت أقطار المنطقة بعد استثمار الموارد الطبيعية فيها خصوصاً البترول وبعد دخول معالم التصنيع والتحضر والتحديث الشامل فيها وبعد استقلالها واستقرارها السـياسي وبعـد أنتشـار وبلـورة الافكـار والمفـاهيم والممارسـات الحديثـة الناجمـة عـن احتكاكها وتفاعلها الحضاري مع البلدان المتقدمة في العالم [(١)] .

كانت المرأة العربية الخليجية قبل منتصف القرن العشرين ، أي قبل نمو وتطور أقطـار الخلـيج العـربي في الميـادين كافـة تلعـب دوراً هامشـياً في المجتمـع بـالرغم مـن الواجبات الأسرية والتربوية والانتاجية المهمة التي كانت مسؤولة عنها . فكان الرجـل لا ينظر لها نظرة مليئة بالاحترام والتقدير ولا يعتبرها مسـاوية لـه في الواجبـات والحقـوق [(٢)] . وغالباً ما كان يشكك في قدراتها وأمكاناتها المبدعة والخلاّقة ولا يسمح لها

(١) قاسم، جمال زكريا (الدكتور) . بترول الخليج العربي : دراسات في مؤثراته السياسية والاقتصادية ، مجلة الجمعية للدراسات التأريخية ، العدد ١٨، ١٩٩٨ .

(٢) الجمعية الثقافية الاجتماعية النسائية ، دراسات عن أوضاع المرأة في الكويت والخليج العربي ، الكويت، ١٩٩٢.

بالمشاركة في اتخاذ القرارات التي تتعلق بمستقبل العائلة والأطفال . كما كان لا يريدها العمل خارج البيت او أكتساب التربية والتعليم الذي يمكن أن يساعدها في تطوير قدراتها وصقل شخصيتها وتحرير ذاتيتها من القيود الاجتماعية البالية التي فرضت عليها لفترات طويلة من الزمن. ولم يسمح لها بمشاركته في أنشطة الفراغ والترويح التي تمكنها من الشعور بذاتيتها وكيانها وفاعليتها في العائلة والمجتمع . بل كان يتوقعها تقديم الولاء والطاعة له وعدم معارضة أوامره وقراراته حتى إذا كانت هذه بعيدة عن الموضوعية والعقلانية (٣) . كما كان يتوقعها الزواج من أي رجل توافق عليه عائلتها وانجاب الأطفال وتربيتهم والاشراف عليهم وأداء الأعمال المنزلية المختلفة وخدمة العائلة والقرابة وتلبية كافة حاجاتهم ومتطلباتهم .

وكانت الأمية في ذلك الوقت متفشية بصورة مخيفة بين النساء في منطقة الخليج العربي ، فقد تجاوزت نسبتها ٩٠% وذلك لعدم وجود المدارس ومراكز محو الأمية وعدم رغبة المسؤولين والنساء أنفسهن باكتساب التربية والتعليم وعدم سماح العوائل للبنات والنساء التسجيل في المدارس بغية طلب العلم والمعرفة . إضافة الى عدم حاجة المجتمع الخليجي لخدمات المرأة في الأنتاج والبناء والتقدم الاجتماعي وعدم أدراك المرأة أهمية التربية والتعليم في تطوير مركزها ومستواها الاجتماعي والحضاري . وكانت المرأة نادراً ما تمارس العمل الأنتاجي خارج البيت ، ذلك أن هذا العمل كان محصوراً بيد الرجال ، وإذا ما مارسته المرأة فأنها تمارسه داخل بيتها (٤) . وحقيقة كهذه لعبت الدور الكبير في جمود المرأة وتعطيل طاقاتها وهبوط مكانتها في المجتمع.

الا أن قدرة أقطار الخليج العربي على تحقيق الاستقلال السياسي والتحرر من السيطرة الأجنبية ، إضافة الى دخول الأفكار والمفاهيم الجديدة الى هذه الأقطار،

(٣)   الرميحي ، محمد غانم (الدكتور). البترول والتغير الاجتماعي في الخليج العربي، القاهرة، ١٩٧٥، ص ١١٢.

(٤)   وضع المرأة في الكويت : مكتب التخطيط ، وزارة الشؤون الاجتماعية والعمل ،الكويت ، ١٩٨٨ ، ص ١٠.

وانتشار معالم التحضر والتنمية الشاملة قد أدت الدور الكبير في تغيير الأوضاع المتخلفة التي كانت تعيشها المرأة الخليجية في منطقة الخليج العربي سابقاً . فالرجل بالتدريج بدأ يغير مواقفه وافكاره وقيمه القديمة التي كان يحملها ازاء المرأة وأخذ ينظر لها نظرة مليئة بالاحترام والتقدير خصوصاً بعد اثبات قدرتها على اكتساب التربية والتعليم واشغال المهن الحساسة في المجتمع وأداء كافة الأعمال والانشطة العلمية والمهنية والبيروقراطية التي يؤديها الرجل في المجتمع المعاصر . إضافة الى تحملها مسؤوليات البيت وتربية الأطفال والاهتمام بالزوج والاقارب . وتغيير الرجل لمواقفه الاجتماعية السلبية ازاء المرأة لعب الدور الفعال في رفع مكانتها وتحريرها من القيود الاجتماعية التي كبلتها وعرقلت تقدمها الحضاري لفترة طويلة من الزمن ^(٥) . وفي ظل هذه الظروف الجديدة منحت المرأة في بعض أقطار الخليج العربي حق الموافقة أو عدم الموافقة على زواجها من الرجل الذي يطلب الزواج منها وحق تطليقها وانهاء زواجها منه إذا كانت لا ترتاح اليه لسبب من الأسباب المشروعة والداعية الى الطلاق . وأصبح الزواج بالنسبة لها موضوعاً لا تقرره ظروف الحاجة الاقتصادية وطلب الأعالة والعيش بل تقرره ظروفها الاجتماعية ورغبتها في طلب الاستقرار والسعادة .

وخلال الفترة الأخيرة استطاعت المرأة العربية في الخليج اكتساب التربية والتعليم في المدارس والمعاهد والجامعات جنباً الى جنب مع الرجل . وتمكنت من التحرر من أميتها وتخلفها الثقافي . واستطاعت أحراز الشهادات العلمية الرفيعة التي مكنتها من أشغال الوظائف والأعمال التي يحتاجها المجتمع العصري المتحضر ^(٦) . ومن خلال دخول المرأة الخليجية دور ومؤسسات التربية والتعليم وقدرتها على القيام بمختلف المهن والأعمال استطاعت رفع منزلتها الاجتماعية وكسب تقييم وتقدير المجتمع لها بحيث أصبحت في بعض الفئات والشرائح الاجتماعية تقف على صعيد واحد مع الرجل في

(٥) المدني ، هاشم ومحمد علي الزعبي . المرأة في السياسة والاجتماع ، بيروت ، دار الانصاف ، ١٩٩٠ ، ص ١٢ـ ١٥.

(٦) رضا ، منصور محمود (الدكتور). التعليم والقوى العاملة في دول الخليج العربي ، معهد الكويت للتخطيط ، ١٩٩١ ـ ١٩٩٢ ، ص ٢٧.

الواجبات والحقوق . وبالرغم من المكاسب والانجازات الاجتماعية والحضارية المرموقة التي أحرزتها المرأة العربية في الخليج فأنها بحاجة الى المزيد من النشاطات والجهود الحثيثة التي من شأنها أن ترفع مركزها الاجتماعي وتطور قيمتها الحضارية وتعزز دورها النضالي ومسؤولياتها التأريخية وتزيل عنها المظالم والقيود الاجتماعية المتخلفة التي فُرضت عليها خلال عهود الظلم والاستغلال والاستبداد والتخلف . غير ان المرأة وحدها لا تستطيع القيام بهذه النشاطات والجهود دون انتماءها الى الاتحادات والمنظمات النسوية التي تستطيع من خلال جهودها الجماعية المنظمة تحقيق المكاسب والانتصارات المتوالية للمرأة ، هذه المكاسب والانتصارات التي لا تعود مردوداتها الايجابية على النساء فحسب ، بل على المجتمع الكبير أيضاً طالما أن المرأة أصبحت في الوقت الحاضر تقف على صعيد واحد مع الرجل في تحمل الأعباء وأداء الواجبات التي يحتاجها المجتمع المعاصر[٧] .

بعد هذه المقدمة عن ماضي وحاضر المرأة العربية في الخليج نود دراسة أهم التغيرات التي طرأت على الأحوال الاجتماعية للمرأة الخليجية في ثلاث أقطار خليجية هي العراق والكويت والبحرين . علماً بأن دراستنا هذه ستدور حول تشخيص وتحليل ماهية التغيرات التي طرأت على الوضع العام للمرأة في هذه الأقطار ، ووضعها في مؤسسات العائلة والقرابة ، وزواجها ، وتعليمها وثقافتها ، واستخدامها وعملها ، وأخيراً الاتحادات والمنظمات النسوية التي تدافع نها .

(٧) الحسن، إحسان محمد (الدكتور) . محاضرات في المجتمع العربي ، بغداد، مطبعة دار السلام ، ١٩٨٣، ص ٥١.

المبحث الثاني: أحوال المرأة في العراق

منذ منتصف القرن العشرين بدأ الوضع الاجتماعي المتدهور للمرأة العراقية يتبدل شيئاً فشيئاً نحو الأحسن والأفضل علماً بأن المناخ الاجتماعي والحضاري الذي مهد لهذا التبدل كان موجوداً في المجتمع العراقي خلال فترة العشرينيات والثلاثينيات من هذا القرن . فقد نشر الكتّاب العرب المتحررون العديد من المقالات والدراسات والابحاث والكتب في العراق والاقطار العربية عن قضايا ومشكلات المرأة في ذلك الوقت خصوصاً ما يتعلق بضرورة تحريرها من القيم والمظالم الاجتماعية التي كانت مفروضة عليها . وطالبت هذه المنشورات والدراسات بحتمية تحرير المرأة وافساح المجال أمامها بأشغال مكانها الطبيعي في المجتمع الحديث والغاء نظام تعدد الزوجات والتحرر من الحجاب وأتاحة المجال للاناث بالدخول الى المدارس ودور العلم [(٨)] . ومن أشهر الكتّاب المتحررين الذين دافعوا عن حقوق المرأة وطالبوا بمساواتها مع الرجل في الحقوق والواجبات محمد عبدة وقاسم أمين في مصر وجميل صدقي الزهاوي في العراق . فقد وقف محمد عبدة بشدة ضد نظام تعدد الزوجات وطالب بضرورة تحقيق المساواة الاجتماعية بين المرأة والرجل ازاء قضايا الزواج، والملكية ، والميراث ، والثقافة والتربية والتعليم ... الخ [(٩)] . أما قاسم أمين الذي كان من تلامذة محمد عبدة فقد كرس أهتماماته الكتابية ونشاطاته الأدبية حول مشكلة المرأة العربية حيث ألف كتابين مهمين عن مشكلات وقضايا المرأة هما "تحرير المرأة" ، " المرأة الجديدة" . وقد عبّر في هذين الكتابين عن آرائه التي كانت تعارض وتتحدى نظام تعدد الزوجات حيث وقف بحزم ضد هذا النظام وطالب السلطات الشرعية والقضائية بألغائه وأبطال مفعوله طالما أنه يتعارض مع ظروف ومعطيات المجتمع الجديد ويتناقض مع طموحات وتطلعات المرأة المعاصرة . وأضاف بأن الشريعة الاسلامية لا تؤكد على ألتزام المرأة بالحجاب ودعا الى

(٨) الشيخ داود ، صبيحة . أول الطريق الى النهضة النسوية في العراق ، بغداد، مطبعة الرابطة، ١٩٥٨ ، ص ٢٣-٢٦.

(٩) Adams , C. Islam and Modernization in Egypt, London, ١٩٨٣, PP. ٢٣٠-٢٣٩.

الرجوع الى نصوص القرآن الكريم فيما يتعلق بملابس المرأة وحشمتها ومظهرها الخارجي . كما أنه طالب بأختلاط الجنسين وتضييق الاسباب الداعية للطلاق ومنح المرأة حق طلاق زوجها وفق نصوص وتعاليم الشريعة الاسلامية [١٠]. أما جميل صدقي الزهاوي في العراق فقد عارض بشدة الاجراءات الشرعية والقانونية المتخلفة التي كانت تتبعها المحاكم العراقية بخصوص طلاق المرأة من قبل الرجل ، وطالب بمساواة المرأة مع الرجل حول قضايا الزواج والطلاق والتعليم وممارسة العمل والميراث والوصايا ... الخ وعارض الحجاب ووقف بشدة ضد نظام تعدد الزوجات .وقد سببت له آراؤه المتطرفة حيال تحرير المرأة والدفاع عن حقوقها الاجتماعية والشرعية فصله من وظيفته التدريسية في كلية القانون ببغداد. وبعد فصله وأبعاده عن بغداد شارك مشاركة فعالة في حركة تحرير المرأة في لبنان بعد سفره اليها ودعا هناك الى ضرورة مساواة المرأة مع الرجل في التصويت السياسي وامتهان العمل وطلب العلم والمعرفة والزواج والطلاق ... الخ .

إن ظروف المرأة في العراق ظلت شائكة ومتخلفة وتعاني من السلبيات والتناقضات طيلة النصف الأول من القرن العشرين . فالمرأة العراقية كانت محرومة من اكتساب التربية والتعليم ، لهذا كانت نسب الأمية مرتفعة بين النساء خصوصاً في المناطق الريفية والقروية . ولم يفسح المجال للمرأة بأشغال العمل الأنتاجي أو الخدمي خارج البيت نتيجة لقلة الأعمال المتوفرة وتدني المستوى الثقافي والتعليمي للمرأة وتشكيك الرجل بأمكاناتها وقابلياتها [١١] . ناهيك عن إنخفاض منزلتها الاجتماعية وعدم قدرتها على خدمة المجتمع والمشاركة في اعادة بناء صرحه الحضاري . كما لم تقف المرأة على صعيد واحد مع الرجل داخل الأسرة، فالرجل غالباً ما كان ينفرد في اتخاذ القرارات التي تتعلق بمستقبل العائلة والأطفال . وكانت المرأة ترغم على الزواج

(١٠) أمين ، قاسم . المرأة الحديثة ، القاهرة ، مطبعة الحضارة ، ١٩٧٦، ص ١٢-١٥.

(١١) حميد ، أحلام شيت . التغيرات الاجتماعية والحضارية للمرأة العراقية ، رسالة ماجستير في الاجتماع ، غير منشورة ، كلية الآداب ، جامعة بغداد، ١٩٨٣، ص ٩٣.

من الرجل الذي توافق عائلتها عليه دون أخذ رأيها أو التشاور معها حول الموضوع[١٢] . ولم يحق للمرأة الخروج من البيت لممارسة أنشطة الفراغ والترويح أو الانتماء الى الجمعيات الاجتماعية التي تمكنها من تطوير قدراتها وتحقيق ذاتيتها . وأخيراً لم تعطِ حق الملكية أو التصرف بها ولم يكن لها أي دور يذكر في قضايا العقود والوصايا والمعاملات الرسمية وتشريع القوانين .

لكن حالة التخلف والجمود الاجتماعي التي أنتابت المرأة العراقية طيلة النصف الأول من القرن العشرين كانت ترجع الى جملة متغيرات موضوعية وذاتية تتعلق بطبيعة المجتمع الذي عاشت فيه وتفاعلت معه . ومن أهم هذه المتغيرات التخلف الحضاري والمادي الذي كان يخيم على المجتمع ، وأمية المرأة وجهلها وضيق أفق تفكيرها وهبوط طموحاتها في التحرر والانعتاق[١٣] . إضافة الى عدم نضج المؤسسات السياسية والقانونية التي تدافع عن حقوق المرأة وعدم وجود المنظمات المهنية والجماهيرية التي تتولى مهمة تعميق الوعي الاجتماعي عند المرأة وتفسح المجال أمامها بالمشاركة في عملية البناء الحضاري والتقدم الاجتماعي التي تشهدها كافة المجتمعات المتحضرة مهما تكن طبيعة نظمها السياسية والايديولوجية . وأخيراً ضعف ظاهرة الاحتكاك الحضاري بين العراق وبقية المجتمعات المتطورة والمتحضرة في العالم نتيجة عدم تقدم أنظمة النقل والمواصلات كان من بين الأسباب المسؤولة عن تخلف أوضاع المرأة العراقية وتدهور منزلتها الاجتماعية بحيث كانت تحتل دوراً هامشياً في المجتمع العراقي آنذاك .

ومنذ حقبة الثمانينيات من القرن العشرين تحسنت الأوضاع الاجتماعية والحضارية والقانونية للمرأة العراقية الى درجة أصبحت فيها متحررة من كافة القيود والمظالم التي عرقلت مسيرتها الحضارية ومنعت تقدمها الاجتماعي . كما أن ظاهرة تحرر المرأة وانعتاقها الاجتماعي والسياسي مكنتها من الوقوف على صعيد واحد مع

---

(١٢)   الحسن، إحسان محمد(الدكتور). محاضرات في المجتمع العربي، ص ٦٦.

(١٣)   AL-Hassan, Ihsan. M. The Effectsof Industrialization On the Social Staturs of Iraqi Woman , Baghdad , Iraqi Woman Union, ١٩٨٥, PP. ١-٣.

الرجل في الواجبات والحقوق الاجتماعية . لا بد لنا هنا من أستعراض أهم التغيرات التي طرأت على أحوال المرأة العراقية خصوصاً بعد الثمانينيات من القرن العشرين .

هذه التغيرات التي نتجت في ارتفاع منزلة المرأة وازدياد أهميتها في المجتمع المعاصر خصوصاً وانها أصبحت تحتل دورين اجتماعيين متكاملين هما دور ربة البيت ودور العاملة أو الموظفة أو الخبيرة خارج البيت .

فعلى الصعيد التعليمي والتربوي بدأت النساء العراقيات منذ تأسيس وزارة المعارف العراقية عام ١٩٤١ يلعبن الدور المؤثر في توجيه وتنفيذ السياسة التربوية خصوصاً بعد ازدياد عدد المدرسات والطالبات في المدارس . فقد ازداد عدد الطالبات في المدارس الابتدائية من ٤٦٢ طالبة في عام ١٩٢٠ الى ٢٣٤٢٩ طالبة في عام ١٩٤٠ ، وأستمر عدد الطالبات بالزيادة المطردة حتى بلغ ١٫٦٧٤٫٨٦٦ طالبة في عام ٢٠٠٠ [١٤] . وازداد عدد الطالبات في المراحل الدراسية المختلفة زيادة مماثلة لزيادة الطالبات في المدارس الابتدائية خلال الفترة الزمنية المحددة أعلاه . ومن الجدير بالملاحظة أن جميع اللوائح التربوية التي شرعتها وزارة التربية كانت تؤكد على مبدأ تكافؤ الفرص الثقافية بين الطلبة والطالبات من حيث القبول في المدارس ومؤسسات التعليم العالي ، وأشغال الأعمال والمهن وأخيراً الرواتب والأجور والمخصصات . وبفضل سياسة تكافؤ الفرص الثقافية بين الطلبة والطالبات أصبحت أعداد الطالبات المقبولات في المدارس والمعاهد العالية تقريباً مساوية لاعداد الطلبة المقبولين في هذه المدارس والمعاهد خصوصاً بعد السبعينيات من القرن العشرين ، فمثلاً ارتفعت نسبة طالبات المدارس الابتدائية من ٢٥% في عام ١٩٥٥ الى ٤٩% في عام ٢٠٠٠، وارتفعت نسبة طالبات المعاهد والكليات والجامعات من ١٨% في عام ١٩٥٥ الى ٤٨% في عام ٢٠٠٠ [١٥] .

(١٤) السلاسل الزمنية لمراحل التعليم الابتدائي في العراق للسنوات ١٩٢٠- ١٩٢١ - ١٩٧٩- ١٩٨٠- ٢٠٠٠ ، اعداد هاني جواد كاظم وآخرون ، وزارة التربية ، بغداد، ٢٠٠١.

(١٥) تطوير التعليم العالي للمرأة العراقية خلال الفترة ١٩٧٠- ١٩٧١- ١٩٧٩- ٢٠٠١، ص ١- ٩.

الا أن انتشار التعليم الأساسي والعالي بين الاناث خصوصاً في السنوات القليلة الماضية لا بد أن يترك آثاره الايجابية في هيكل التوزيع المهني للأعمال حسب متغير الجنس . ففي الوقت الحاضر يشاهد المرء تزايد أعداد النساء اللواتي يشغلن الأعمال الروتينية والأدارية والمهنية . ولم تبقَ مهنة واحدة سواء كانت هذه المهنة قديمة أو حديثة الا ودخلتها المرأة العراقية وبرهنت على كفاءتها واقتدارها على أشغالها والقيام بمهامها ومتطلباتها . أن عدد النساء العاملات في المهن البيروقراطية والادارية والوظيفية خصوصاً المعلمات والطبيبات والممرضات والمكتبيات والمهندسات والباحثات الاجتماعيات والمحاميات والاقتصاديات والصيدلانيات أخذ في الزيادة السريعة كل عام . وهناك نسبة عالية من القوى العاملة النسوية تشتغل في المصانع والمزارع على أختلاف أنواعها . كما أتاحت الدولة المجال للمرأة بأشغال المراكز الحساسة في نقابات العمال والمنظمات المهنية والوزارات والمديريات العامة . وسمح للمرأة بالانتماء الى الاحزاب السياسية لممارسة العمل السياسي والتنظيمي والمشاركة في انتخابات المجالس البرلمانية والتشريعية . ومبادرة النساء الى الانتماء للاحزاب السياسية وانتخاب مرشحي المجلس النيابي وفوز عدد لا بأس به من المرشحات في عضوية المجلس والمنافسة الحرة بين الرجال والنساء في الفوز في الانتخابات انما هي عوامل تجسد ارادة المرأة في التعبير عن أفكارها وطموحاتها المشروعة وحقها في المشاركة في تغيير المجتمع وفق تصوراتها واتجاهاتها الفكرية والمبدئية التي لا تتجـزأ بأي شكل مـن الأشكال عـن تصورات واتجاهات الدولة في قيادة المجتمع نحو تحقيق أهدافه الاستراتيجية [١٦] .

وتغير الوضع الاجتماعي للمرأة في العائلة ، فبعد أن كانت المرأة تحتل مكانة ثانوية ولا تشارك في اتخاذ القرارات التي تحدد مصير العائلة والاطفال أصبحت الآن تحتل مركزاً متميزاً في العائلة خصوصاً بعد ارتفاع مستواها الثقافي والعلمي وخروجها الى العمل أسوة بزوجها أو أخوانها . ان المرأة العراقية المعاصرة تستشار في قضايا زواجها ، وبعد الحصول على موافقتها بالزواج تشارك زوجها في بناء وتكوين العائلة

---

(١٦)   الحسن، إحسان محمد (الدكتور) . دور المرأة العراقية في انتخابات المجلس النيابي ، دراسة منشورة في مجلة المرأة ،العدد ٧، عام ٢٠٠٥.

الجديدة التي يتساوى فيها كل من الرجل والمرأة . فالمرأة في العائلة العراقية الحديثة تشارك زوجها في اتخاذ القرارات المتعلقة تربية الأطفال وتحديد نمط العلاقات مع الأقارب ورسم السياسة المالية للعائلة والاشراف على دراسة وتخصص الأبناء ومشاركتها أو عدم مشاركتها في العمل الوظيفي خارج البيت وهكذا (١٧) .

أما المكانة الشرعية والقانونية للمرأة العراقية فقد كانت غامضة ومتدنية قبل السبعينيات من القرن العشرين . فالمرأة كانت لا تستشار في أمور زواجها . ولا في أمور تعليمها وثقافتها واختيارها للمهنة التي تريد ممارستها خارج البيت . ولم يكن لها حق تطليق زوجها بل كان للزوج كل الحق في تطليقها وحرمانها من أطفالها وحصتها في بيت الزوجية . كما كانت قوانين الميراث والوصية والتعاقد لا تنصفها ولا تعترف بمكانتها القانونية بالرغم من أنها تمثل في جميع العصور نصف المجتمع. أما بعد عقد السبعينيات من القرن العشرين فقد أصبحت المرأة العراقية تتمتع بقسط وفير من الحقوق الشرعية والقانونية . فقد أصدرت الدولة قانون الأحوال الشخصية المعدل الذي أنصف حق المرأة في الزواج والطلاق ورعاية الأطفال (١٨) . أن للمرأة العراقية اليوم حق الاستشارة في قضايا زواجها ، فمن حقها رفض الزوج الذي يطلب الزواج منها إذا لم تكن مقتنعة به . ومن حقها أيضاً تطليق زوجها اذا كانت هناك مبررات عقلانية ومقبولة للطلاق. ولا يحق للزوج سحب أطفاله من زوجته المطلقة الا في حالات استثنائية، أي أن للزوجة المطلقة الآن حق رعاية أطفالها لغاية بلوغهم سن الخامسة عشر ، وبعد هذا السن يخير الأطفال بالاستمرار مع أمهم او الذهاب الى أبيهم .

ان التغيرات التي طرأت على القوانين الخاصة بالمرأة قد عززت مكانتها الاجتماعية ومكنتها من احتلال المنزلة القانونية المناسبة خصوصاً بعد اكتساب المرأة

---

(١٧) الحسن، إحسان محمد(الدكتور) . علم اجتماع العائلة ، عمان ، دار وائل، ٢٠٠٥، ص ٥٥ـ ٥٧.

(١٨) عبد الفتاح ، زكية (الدكتورة). التقدم الحاصل في العراق فيما يتعلق بالقوانين الخاصة بحقوق المرأة وسعادة الطفل ، مركز البحوث القانونية ، وزارة العدل، ١٩٨١ ، ص ٨ـ ١٢.

للثقافة والتربية والتعليم ودخولها أنواع الأعمال والمهن ومشاركتها الفاعلة في عملية التحول الاجتماعي ، إضافة الى مسؤولياتها الأسرية والتربوية .

إذن أدت الدولة العراقية دورها الفاعل والمؤثر في تحرير المرأة العراقية من القيود الحضارية والمظالم الاجتماعية ، ورفع منزلتها وتمكينها من أحتلال مركزها المرموق في المجتمع . ومثل هذه المكاسب الاجتماعية التي حققتها المرأة قد ساعدتها على المشاركة الفاعلة في المعركة ضد العدوان الايراني والعدوان الثلاثيني والعدوان الامريكي على العراق عام ٢٠٠٣ .

إضافة الى هذا وذاك شاركت المرأة مشاركة فعالة في زيادة حجم الانتاجية وتحسين نوعية الانتاج خلال فترة الحرب وبادرت الى تقديم الخدمات المهنية والوظيفية المخلصة التي يحتاجها المواطنون كالخدمات الطبية والتمريضية والخدمات الاجتماعية والترويحية والخدمات التعليمية والتربوية والقانونية والادارية . ومثل هذه الخدمات كان لها الدور المهم في تمشية أمور المجتمع وسد أحتياجاته المادية والخدمية في وقت يكون فيه المواطنون بأمس الحاجة الى المنتجين والعاملين والمهنيين خصوصاً وان مئات الآلاف من العمال والفلاحين والمهنيين والاداريين قد توجهوا الى جبهات القتال للتصدي للعدوان والدفاع عن تراب الوطن .

المبحث الثالث : أحوال المرأة في الكويت

خلال النصف الأول من هذا القرن لم يعترف المجتمع الكويتي بحقوق المرأة ولم يساويها مطلقاً مع الرجل، إذ كان ينظر اليها نظرة متدنية مليئة بالشكوك والانتقاص . وكانت حبيسة بيتها وإذا خرجت منه لسبب أو آخر فأنها ينبغي أن تكون محجبة أو برفقة أحد أفراد عائلتها، كما كانت تحت سيطرة الرجال ليس لها كلمة مسموعة أو رأي واضح حول أمور بيتها وزوجها وأطفالها بل حتى مستقبلها . وكان هناك رأي سائد في الكويت أن المرأة لا تصلح لشيء سوى أنجاب الأطفال وتربيتهم وأداء الواجبات المنزلية التي يتوقعها المجتمع منها [١٩] . وفي بعض الحالات كانت المرأة تشارك زوجها في مهنته خصوصاً إذا كانت المهنة تزاول في البيت كالغزل والحياكة والصباغة والنجارة والحدادة ، وفي احيان نادرة كانت تشارك زوجها في مهنة الغطس للبحث عن اللؤلؤ والاحجار الكريمة في قاع البحر . بيد أن المردود الاقتصادي لنشاطها هذا كان يذهب لزوجها لكي ينفق على متطلبات العائلة الممتدة . والعائلة الكويتية التقليدية كانت تفضل الذكور على الاناث في نواحي كثيرة تتعلق بالعمل والكسب ، الوصاية والميراث ، والجاه والمنزلة وأخيراً الحسب والنسب . فالرجل هو الذي يعمل خارج البيت لكسب معيشة عائلته ومقابلة متطلباتها المختلفة ، بينما تتولى المرأة القيام بأعمال البيت وتربية الأطفال . والرجل يتمتع بجاه ومنزلة اجتماعية مرموقة تفوق تلك التي تتمتع بها المرأة ، إضافة الى أنه يحفظ اسم ونسب أبيه واجداده ، بينما تذهب المرأة بعد زواجها الى عائلة زوجها وتكون تحت اشرافها وتوجيهاتها واوامرها .

والمرأة الكويتية في ذلك الوقت لم تستشار في قضية زواجها ولم تؤخذ موافقتها على الرجل الذي تتزوج منه [٢٠] . فكان زواجها بيد أهلها، وأهلها هم الذين

(١٩)   عاصم، سميحة . دور المرأة في المجتمع العربي الحديث وأثره في البيت العربي بالكويت ، الكويت ، ١٩٧٣، ص ١١٨.

(٢٠)   الزبيدي، عباس ياسر (الدكتور) . دراسات عن المرأة في الخليج العربي، بحث منشور في كتاب : الانسان والمجتمع في الخليج العربي ، الكتاب الثاني، بغداد، ١٩٨٣، ص ٢٠١.

يرتبون زواجها ويستلمون المهر او الحك وينفقونه كما يشاؤون دون أي تدخل من جانبها. وإذا رفضت المرأة الكويتية الزواج من الرجل الذي يوافق أهلها عليه لعدم رغبتها الزواج منه لسبب أو آخر فأنها تتلقى شتى أنواع التهم ليس من عائلتها فحسب ، بل من ابناء عشيرتها أو قبيلتها ، أو مجتمعها المحلي . وبعد ألصاق هذه التهم بها تعاقب عقاباً شديداً من قبل أهلها ومجتمعها . لهذا كانت دائماً تخاف منهم وتخضع خضوعاً تاماً لاوامرهم ومطاليبهم حتى ولو لم تكن هذه الأوامر والمطاليب شرعية وعقلانية وكانت المرأة الكويتية تتحاشى التحدث مع الرجال أو الاختلاط معهم خصوصاً إذا كانوا من خارج عائلتها الممتدة خوفاً من التهم والاقاويل التي قد تنسب اليها [٢١] . وبعد زواجها تنتقل من عائلة أبيها الى عائلة زوجها ، وهناك يجب أن تتدرب على عاداتهم وتقاليدهم وتتكيف لمزاجهم ونزواتهم وتطيع طاعة عمياء أوامر والدة زوجها وتنجب الأطفال وتعتني بهم وتقدم الخدمات المختلفة لهم والا تعرضت للانتقاد والمضايقة والمعاملة السيئة التي قد تنتهي في بعض الحالات بالطلاق .

وكانت المرأة الكويتية في ذلك الوقت محرومة من اكتساب التربية والتعليم وذلك لعدم أعتقاد المجتمع بأهمية ثقافة المرأة وعدم ادراكهم لأثر هذه الثقافة في تطوير شخصيتها وقدراتها وتنمية عائلتها ودفع عجلة التقدم الى أمام . إضافة الى قلة أو انعدام المؤسسات الثقافية والتربوية كالمدارس والمعاهد والكليات التي تعني بشؤون تعلم وثقافة المرأة . وأخيراً انعدام الرغبة الذاتية عند المرأة في طلب الثقافة والعلم نتيجة لطبيعة تنشئتها الاجتماعية وظروفها البيئية والمجتمعية السلبية . لهذه الأسباب كلها كانت الأمية متفشية بين النساء في المجتمع الكويتي إذ كانت نسبتها تزيد على ٩٥%[٢٢] . والأمية لا تعني فقط عدم معرفة المرأة فنون القراءة والكتابة والحساب بل تعني أيضاً عدم معرفتها والمامها بالامور الاجتماعية والاقتصادية والصحية والسياسية

(٢١) نفس المصدر السابق، ص ٢٠٣.

(٢٢) القبدي ، قادر . تطوير التعليم في الكويت ، معهد الكويت الاقتصادي والاجتماعي سنة ١٩٧١-١٩٧٢، ص ٢-٥.

المحيطة بها (٢٣). وبالتالي عدم مقدرتها على ادراك طبيعة واقعها وتقييم أوضاع مجتمعها وجهلها بأبسط أمور التنشئة الاجتماعية والتدبير المنزلي والوقاية والعلاج الصحي والتربية الوطنية والدينية والاخلاقية تساعدها على أداء واجباتها الأسرية والمجتمعية بصورة ايجابية وفاعلة . وأمية المرأة الكويتية لم تساعدها على فهم وادراك دور الثقافة والتعليم في اكتساب الكفاءات والمهارات العلمية والتكنولوجية والتدريب على الأعمال والانشطة الفنية التي يحتاجها المجتمع الحديث . لهذا لم تندفع معظم النساء الكويتيات نحو طلب العلم والمعرفة والتدريب على مختلف الاختصاصات والمهارات ولم تدفع أولادهن على القيام بهذه المهام الخطيرة . ونتيجة لذلك لم تشغل المرأة الكويتية في ذلك الوقت أية أعمال مهنية تحتاج الى قسط من الدراسة والتدريب والكفاءة العلمية ولم تشارك زوجها في كسب معيشة العائلة وظلت تشغل دوراً اجتماعياً واحداً الا وهو دور ربة البيت . وهذا جعل مكانتها الاجتماعية واطئة بنظر زوجها ومجتمعها وعطل طاقاتها وامكاناتها الكامنة وحرمها من المشاركة في عملية التحول الاجتماعي والبناء الحضاري الذي يحتاجه مجتمعها حاجة ماسة .

الا أن الأوضاع الاجتماعية للمرأة الكويتية قد تغيرت نوعما منذ فترة الخمسينات من هذا القرن وذلك بعد الرفاهية المادية التي أنتشرت في ربوع المجتمع نتيجة لاستغلال البترول من باطن الأرض وتسويقه الى المجتمعات الصناعية والحصول على أرباح طائلة منه (٢٤). وبعد تطور وتقدم المجتمع في شتى الميادين الاجتماعية والحضارية والانتاجية وبعد دخول الأفكار الحديثة الى المنطقة ، هذه الأفكار التي تحترم المرأة وتقيمها وتساويها مع الرجل في الواجبات والحقوق وتسمح لها بالمشاركة في بناء وتطور المجتمع . ان المجتمع الكويتي بعد تطوره الحضاري ونموه الاقتصادي والاجتماعي بدأ يغير قيمه ومواقفه السلبية التي كان يحملها ازاء المرأة . فبعد أن كان

(٢٣)   قانون الحملة الوطنية الشاملة لمحو الأمية الالزامي في العراق ، وزارة العدل ، بغداد، ١٩٧٨، ص ٣.

(٢٤)   Sheikh, R. Kuwait's Economiv Growth of the Oil State Problems and Policies , Kuwait, ١٩٩٣ , PP. ٤١-٤٣.

يعتقد بأن المرأة مخلوقة ضعيفة لا تصلح لشيء سوى انجاب الأطفال ورعايتهم وأداء الواجبات المنزلية ، أصبح يعتقد الآن اعتقاداً جازماً بأن قدرات وامكانات المرأة لا تقل عن قدرات وامكانات الرجل خصوصاً بعد ثقافة الرجل وتحرر أفكاره من المعتقدات والقيم البالية ، وبعد قيام المرأة ببرهان امكاناتها ومواهبها وما تستطيع أن تقدمه للمجتمع من أعمال وخدمات جليلة [٢٥] . فالمرأة شأنها شأن الرجل تستطيع أشغال المهن العمالية والزراعية والادارية والوظيفية التي تحتاج الى دراسة وتخصص وتحصيل علمي جامعي . وفعلاً دخلت المرأة الكويتية مؤخراً الكثير من الأعمال والمهن المهمة التي كان يشغلها الرجال ، لهذا أصبحت تحتل دورين اجتماعيين متلازمين هما دور ربة البيت ودور العاملة او الموظفة او المهنية خارج البيت [٢٦] . ومضاعفة الادوار الاجتماعية التي تشغلها المرأة الكويتية المعاصرة قد شارك مشاركة فاعلة في رفع منزلتها الاجتماعية ودعم كيانها وتوسيع حرياتها.

بيد أن ارتفاع المنزلة الاجتماعية للمرأة في الكويت قد ساهم مساهمة فعالة في تغيير وضعها الاجتماعي والأسري . فالمرأة الآن لا تلزم بالزواج من الرجل الذي لا ترغب فيه، ذلك أن زواجها لا يتم دون الحصول على موافقتها مسبقاً . والحك الذي يدفع اليها من قبل زوجها لا يأخذ منها من قبل عائلتها الأصلية بل ينفق على بيتها الجديد الذي تكونه بعد زواجها . ان زواج المرأة الكويتية في الوقت الحاضر لا يعني بالضرورة تركها بيت أبيها وذهابها الى بيت زوجها للسكن والمعيشة هناك ، بل يعني في معظم الحالات العيش مع زوجها وأطفالها في بيت جديد . وحقيقة كهذه تفسر شيوع شعبية العوائل النووية أو الزواجية التي لا تعطي المجال للاقارب بالسكن معها في بيت واحد أو التدخل في أمورها الاجتماعية والتربوية والاقتصادية [٢٧] . ومن الجدير بالملاحظة أن شيوع العوائل النووية في الكويت قد عزز دور المرأة في المجتمع ودعم كيانها وجعلها

(٢٥) السداني ، نورية. المرأة في الجزيرة والخليج العربي ، الكويت، ١٩٧٤، ص ٢٥ـ ٢٦.

(٢٦) AL-Khouly, A. Woman Between Home and Society, London, ١٩٥٩, PP. (٩-٢) .

(٢٧) Goode, W. World Revolution and Family Patterns, the Free Press of Glencoe,New York, ١٩٩٣, P. .

تقف على صعيد واحد مع الرجل . والزوجة في العائلة النووية الكويتية تشارك زوجها في اتخاذ القرارات اللازمة بشأن انجاب الأطفال وتنشئتهم وتدريبهم على أشغال الأدوار الاجتماعية التي يحتاجها المجتمع ، وتنظيم علاقة الأسرة بأقاربها وتحقيق الموازنة بين مصروفاتها ومواردها المالية . ويتعاون الزوجان فيما بينهما في تمشية أمور البيت ويشتركان سوية في ممارسة أنشطة الفراغ والترويح .

بينما في السابق كان الزوج يعزف عن مساعدة زوجته في أمور البيت ولا يسمح لها بمشاركته في أنشطة الفراغ والترويح حيث كان يمارس هذه الأنشطة مع اصدقائه تاركاً زوجته وحدها في البيت . وقد تحررت المرأة المتزوجة في الوقت الحاضر خصوصاً بعد تكوينها العائلة الزواجية من الشروط والقيود القاسية والتعسفية التي كانت تفرضها عليها والدة زوجها عندما كانت تعيش معها في بيت واحد . وجميع هذه الظروف الداينميكية التي تمر بها المرأة الكويتية في الوقت الحاضر قد دعمت معنوياتها وعززت ذاتيتها واستقلاليتها في المجتمع بحيث أصبحت أكثر قدرة على تحمل أعباء المسؤولية الملقاة على عاتقها من ذي قبل .

وبجانب التحولات السريعة التي طرأت على الأوضاع الاجتماعية والعائلية للمرأة في الكويت فأنها حققت نجاحات باهرة على الصعيد الثقافي والتعليمي . فمنذ منتصف القرن العشرين خصوصاً بعد ادراك أهمية التربية والتعليم في تغيير واقع المرأة والمجتمع وبعد زيادة عدد المدارس والمعاهد العالية وبعد حاجة المجتمع لمختلف الاختصاصات العلمية والتكنولوجية من كلا الجنسين وزيادة الطلب الفعال على الأيدي العاملة المدربة والخبيرة في مختلف مؤسسات الدولة والمجتمع وبعد أنتشار الوعي الثقافي والعلمي بين كافة أبناء المجتمع بادرت الآلاف من العوائل الى ارسال بناتها الى المدارس والمعاهد العالية طلباً للعلم والمعرفة والتحرر من الأمية والجهل خصوصاً بعدما أصبحت المؤسسات الثقافية والعلمية مفتوحة لكلا الجنسين دون تمييز أو تفريق . وأصبحت الطالبات في مختلف المراحل الدراسية يتنافس مع زملاءهن الطلبة في الحصول على المعدلات العالية التي تؤهلن على القبول في الجامعات أو البعثات العلمية للدراسة والتخصص في الخارج . فقد أزدادت أعداد الطالبات في المدارس الابتدائية والمتوسطة

والثانوية مـن (٥٢٠٠) طالبـة في عـام ١٩٥٥ الى ٦٦١٢٩ طالبـة في عـام ١٩٧٣ . وأسـتمر عـدد الطالبـات بالزيـادة المطـردة حتـى أصبح ١٤٤٦٥٤ طالبـة في عـام ٢٠٠٠ [٢٨] . ولم تقتصر الزيـادة عـلى عـدد طالبـات المـدارس فحسـب، بـل شـملت طالبـات المعاهـد والجامعات أيضاً . فقد أزداد عدد طالبات المعاهد والجامعـات مـن ٢٣٠ طالبـة في عـام ١٩٦٠ الى ٢٦٩٢ طالبـة في عـام ٢٠٠٠ ، واعـداد طالبـات المـدارس والمعاهـد العاليـة في طريقه للزيادة المطردة كل عـام . وهـذا ان دل عـلى شيء فأنمـا يـدل عـلى تحـرر المـرأة ودخولها في كافة مؤسسات واجهزة المجتمع ومشاركتها الفاعلة في عملية البناء والتنميـة الشاملة .

وتهافت النساء في الكويت عـلى طلـب العلـم والمعرفـة في المؤسسـات التربويـة والتعليمية الرسـمية والاهليـة انمـا يعنـي تحريـر المـرأة الكويتيـة مـن مشـكلات الأميـة والجهل وتأهيلها على ممارسة الاختصاصات والكفاءات العلمية والتكنولوجيـة والاداريـة التي يحتاجها المجتمع في الوقت الحاضر . فـالمرأة الكويتيـة لم تشـغل الأعـمال اليدويـة الحرة فحسب كأعمال الغزل والحياكة والنجارة والبناء والبيع والشراء بـل شـغلت ايضـاً الأعمال الوظيفية والمهنية كالاعمال الطبية والهندسية والتعليمية والتمريضية والاداريـة والحسابية والقانونية ٠٠٠ الخ ، وحتى أنهـا شـغلت بعـض المراكـز الحساسـة في الدولـة والمجتمع . فكلما يتطور المجتمع الكويتي اقتصادياً وصناعياً وتكنولوجياً وحضـارياً كلـما تزداد نسب الايدي العاملة من العنصر النسائي وكلما تتحرر المرأة من القيـود والاحكـام الاجتماعية المتخلفة والعتيقة [٢٩] . تشير الاحصاءات الاجتماعية في الكويت الى أن نسـبة النساء العاملات الى الرجـال قـد ارتفعـت مـن ٩ر١% في عـام ١٩٦٠ الى ٧ر١٨% في عـام ٢٠٠٠ [*] . وهذه النسبة في طريقها للزيادة كل عام بسبب حاجة المجتمـع المتناميـة الى الأيدي العاملة غير الماهرة وشـبه المـاهرة والمـاهرة . الا أن نسـبة النسـاء العـاملات الى الرجال كما تشير الاحصاءات لا زالت واطئة بسبب وجود

(٢٨) المجموعة الاحصائية السنوية لدولة الكويت ، الكويت ، ٢٠٠٢،أنظر الى احصاءات التعليم .

(٢٩) الرميحي ،محمد غانم (الدكتور) . البترول والتغير الاجتماعي في الخليج العربي ، ص ١١٤.

(*) ارجع الى احصاءات وزارة العمل الكويتية لعام ٢٠٠٢ .

القوى المعارضة التي لا تشجع عمل المرأة ولا تريد مساواتها مع الرجل في الواجبات والحقوق ، وبسبب ضعف الانشطة العامة للمرأة وعدم مطالبتها بضرورة مزاولة العمل خارج البيت نظراً للقيم والعادات والتقاليد المحافظة التي لا تحبذ عمل المرأة الانتاجي والوظيفي . ومع هذا فقد أيقنت الدولة أهمية عمل المرأة ، فأصدرت التشريعات لحمايته ومساواته مع عمل الرجل [٣٠] . وتشير احدى الوثائق الحكومية الكويتية الى ضرورة مساواة المرأة في العمل مع الرجل فتقول " أصبح في مقدورها أن تسهم في خدمة مجتمعها بما يتفق واختصاصاتها . وقد نص قانون العمل في القطاع الأهلي رقم ٣٨ لسنة ١٩٦٤ في مادته الأولى على مساواة الرجل بالمرأة ، بل وأعطى الأخيرة مزايا لتشجيعها على العمل . كما ساوى المشرع بين المرأة والرجل في أحقية التمتع بالاعانات الحكومية، وملكية البيوت الموزعة من الدولة ، كما أجاز لها أنشاء الجمعيات الاجتماعية ذات النفع العام .

وقد ظهرت أول جمعية نسائية كويتية في عام ١٩٦٣ وهي الجمعية الثقافية الاجتماعية التي تولت القيام بعدة أعمال وواجبات لنساء الكويت أهمها الدفاع عن حقوقهن الاجتماعية والمطالبة بمساواتهن مع الرجال في الواجبات والحقوق . والعمل على ازالة الظلم والتعسف الاجتماعي عنهن من خلال تغيير القوانين الجائرة التي سلبت حقوقهن وجمدت نشاطاتهن وقتلت عندهن روح العمل والمبادرة الخلاّقة . كما تولت هذه الجمعية بعض الأنشطة الثقافية والتربوية ونظمت بعض أنشطة الفراغ والترويح لعضواتها بما يتلاءم مع ميولهن واذواقهن واحوالهن الاجتماعية والمعاشية . وأخيراً علينا القول بأنه بالرغم من التغيرات التي طرأت على أحوال المرأة الكويتية والمكاسب التي حققتها في كافة المجالات والأصعدة فأن ما تحقق لا يتوازى مع طموحات المجتمع الهادفة الى تحرير المرأة من القيود والمظالم الاجتماعية ومساواتها مع الرجل في كافة الاعتبارات لكي تكون قادرة على المشاركة في عملية البناء الحضاري والاجتماعي .

(٣٠) قانون العمل في الكويت ، الكويت ، ١٩٧٧ ، أنظر الى نصوص المادة ٢٩ من القانون .

المبحث الرابع : أحوال المرأة في البحرين

لا تختلف أحوال المرأة في البحرين عن أحوال أختها في الكويت أو العراق خصوصاً خلال النصف الأول من القرن العشرين . فالمرأة البحرانية في ذلك الوقت كانت تشغل مركزاً اجتماعياً منخفضاً ، فهي لا تخضع لأوامر ومطاليب الرجل فحسب ، بل تعتمد عليه اعتماداً كلياً في كسب عيشها وتمشية أمورها وترتيب زواجها وتقرير حاضرها ومستقبلها . لهذا كان الرجل ينظر اليها نظرة متدنية ولا يحترمها ولا يعترف بقدراتها وقابلياتها في تحمل مسؤولياتها وأداء واجباتها للعائلة والمجتمع (٣١) . مثل هذه النظرة السلبية التي كان يحملها الرجل ازاء المرأة البحرانية أفقدتها الثقة بنفسها وزعزعت شخصيتها وقتلت عندها القابلية والاندفاع نحو خدمة الفرد والمجتمع خدمة صادقة وامينة . وتدني المركز الاجتماعي للمرأة البحرانية كان مرتبطاً بالتخلف الاجتماعي الشامل الذي كان يعاني منه المجتمع البحراني . فالمجتمع البحراني في ذلك الوقت كان مجتمعاً نامياً يتكون من قطاعات اجتماعية وانتاجية تفتقر الى صفات التحديث والتنظيم والعقلانية والداينيمكية . ومن أهم هذه القطاعات الاجتماعية والانتاجية الوحدات الأسرية الكبيرة التي كانت تعتمد على مبدأ الاكتفاء الذاتي في الانتاج والتوزيع والاستهلاك (٣٢) . فالمرأة والرجل والاولاد والاقارب كلهم يسهمون في العملية الانتاجية.وكان الرجل بالضرورة هو الذي يتحمل معظم الأعمال وتسهم المرأة والاولاد في العملية الانتاجية ولكن بشكل أقل . كما ان طبيعة الانتاج التي حتمت ظهور العائلة الممتدة أوجدت تعارفاً مستمراً بين ابناء الجيرة الواحدة . فعن طريق (المفازعة) مساعدة البعض للبعض الآخر من غير أجر كان يتم بناء زوارق صيد الاسماك وحفر الآبار وبناء البيوت . فلم تكن البنية الاجتماعية في المجتمع البحراني التقليدي وقفاً على الوحدة القرابية أو القبيلة بل تعدتها الى وحدة

(٣١) المرأة في البحرين والخليج العربي، منشورات الاتحاد الوطني لطلبة البحرين، ١٩٩٣،ص ٢٨.

(٣٢) الرميحي ، محمد غانم (الدكتور). البترول والتغير الاجتماعي في الخليج العربي ، ص ١١٣.

الجيرة ، فتعصب الفرد الى أسرته وعشيرته قد يذهب الى تعصبه الى أهل حيه أو قريته. لكن المرأة في ظل هذا النظام الاجتماعي التقليدي كانت ملكاً للرجل الذي يتولى استثمارها ويتحكم بمصيرها ومستقبلها كما يشاء [٣٣] . ويمكن ملاحظة هذا في تقاليد الزواج التقليدي ، فبعد الأسبوع الأول من عقد الزواج يتم انتقال المرأة من بيت أبيها الى بيت الرجل في مظاهرة عامة يعترف المجتمع بعدها أن تلك المرأة أصبحت ملكاً لذلك الرجل وملكاً لأهله وعشيرته . ومثل هذه التقاليد الاجتماعية قتلت حرية المرأة وساهمت مساهمة فعالة في تحطيم معنويتها وتدني كيانها ومركزها الاجتماعي وعدم قابليتها على الخلق والابداع والتصرف السليم في أمور وقضايا أولادها وأسرتها .

أما زواجها فكان يرتب لها من قبل أهلها دون أخذ موافقتها أو الاستئناس بآرائها . وموافقة الأهل على زواج أبنتهم تعتمد على قيمة المهر أو الحك الذي يدفعه الرجل لهم . فإذا كان الحك كبيراً يوافق أهل البنت على زواجها والعكس بالعكس إذا كان الحك صغيراً . والحك هذا لا ينفق على متطلبات الفتاة المتزوجة بل يعطي لعائلتها كي تنفقه كما تشاء [٣٤] . وبعد زواج الفتاة تنتقل من دار أبيها الى دار زوجها لتكون تحت حكم عائلته خصوصاً والدته . والمجتمع البحراني التقليدي يتوقع الفتاة المتزوجة تقديم الطاعة والولاء الى عائلة زوجها ، وانجاب الأطفال وتنشئتهم وأخيراً خدمة عائلة الزوج خدمة أمينة ومخلصة وتنفيذ أوامرها دون تردد أو تلكؤ . كما كانت المرأة البحرانية محرومة من اكتساب التربية والتعليم نتيجة عدم أنتشار الوعي الثقافي والعلمي بين ابناء الشعب ، وعدم وجود المدارس والمعاهد العالية التي تولى تعليم المرأة ، وأخيراً عدم حاجة المجتمع لعمل المرأة البحرانية خصوصاً العمل الوظيفي والمهني الذي يتطلب قسطاً من الدراسة والتدريب والكفاءة [٣٥] . لهذا كانت نسب الأمية عالية بين النساء إذ لم تتمكن النساء من الدخول الى المدارس والمعاهد العالية . أما وظائف

(٣٣) Taki, Ali . The Changing Status of Bahraini Woman , New Delhi k ١٩٩٤, PP. ١٢-١٣.

(٣٤) المهيني ، غنيمة . الأسرة وشعائر الزواج ، إطروحة ماجستير ، ص ٩٤ـ ٩٦.

(٣٥) Bear, J. Population and Society of the Arab East , Routledge and Kegan Paul , London, ١٩٨٤, P. ٣٨.

المرأة في المجتمع فكانت تقتصر على أداء الواجبات المنزلية ومساعدة زوجها في مهنته خصوصاً إذا كانت المهنة تمارس في بيتها .

ومنذ فترة الخمسينيات خصوصاً بعد تحسن الأوضاع الاقتصادية في البحرين نتيجة استغلال البترول وعلاقات الانتاج وتطور المجتمع في المجالات كافة تغيرت أحوال المرأة تغيراً ملحوظاً [٣٦] . فبعد انتشار التربية والتعليم بين أوساط المجتمع خصوصاً بين الأوساط النسوية ودخول المرأة في المؤسسات الثقافية والتربوية وقدرتها على أثبات امكاناتها وطاقاتها الخلّاقة والمبدعة واشغالها لمختلف المهن والأعمال بضمنها المهن التعليمية والطبية والهندسية والادارية بدأ الرجال يغيرون مواقفهم المتحيزة ضد المرأة وأخذوا يحترمونها ويثمنون دورها في المجتمع . فالمرأة البحرانية لم تكتفِ بأشغال دورها التقليدي الذي شغلته لعصور عديدة ككونها أختاً أو أماً وربة بيت بل أخذ تشغل دوراً آخراً لا يقل أهمية عن دورها التقليدي ، وهذا الدور هو دور العاملة أو الموظفة أو الخبيرة خارج البيت [٣٧] . وتكامل هذين الدورين الاجتماعيين واستعداد المرأة على اشغالهما في آن واحد أدى الى تغيير المواقف والقيم الاجتماعية السلبية التي كان المجتمع يحملها ازاءها منذ فترة طويلة .

من مظاهر تغيير أحوال المرأة البحرانية أن زواجها أصبح قضية تهمها أكثر مما تهم عائلتها أو أقربائها . فزواجها لا يتم الا بعد أخذ موافقتها . وبالنسبة للمرأة العاملة أو الموظفة لا يكون الزواج بسبب الحاجة الاقتصادية كما كان سابقاً بل بسبب الرغبة في أشباع الحاجات العاطفية وطلب الطمأنينة والاستقرار والسعادة وانجاب الذرية . وبالرغم من تغير الأسباب الداعية للزواج فأن الحك لا يزال يدفع من قبل الرجل لزوجته . الا أن الحك في الوقت الحاضر لا يصرف على عائلة الزوج كما كان يحدث سابقاً بل ينفق على متطلبات الزواج وتكوين الأسرة الجديدة . ومما

(٣٦)   Dickson , H. Kuwait and Her Neighours , London, George Allen and Unwin , ١٩٩١,PP. ١٥-١٧.

(٣٧)   الحسن، إحسان محمد (الدكتور). علم الاجتماع : دراسة نظامية ، بغداد، مطبعة الجامعة، ١٩٧٦ ، ص٨٧ .

يستلزم انفاق الحك على العائلة الزواجية ميل الأسرة البحرانية الحديثة نحو تكوين العائلة النووية التي تتكون من الزوج والزوجة والأطفال فقط . وهذه العائلة تتمتع بقسط وافر من الأستقلال والاعتماد على النفس وتتلاءم مع الظروف الحديثة التي يعيشها المجتمع البحراني . وشيوع العوائل الزواجية الحديثة في البحرين قد حرر المرأة البحرانية من الملابسات والضغوط والمضايقات التي كانت تتعرض لها نتيجة زواجها وسكنها في بيت زوجها الأصلي وخضوعها لحكم واوامر والدته [٣٨] .

ولعل من المفيد أن نشير الى ان ظهور العوائل الزواجية واستقلالها عن سلطة وتدخل الأقارب لعب الدور الكبير في تمتين العلاقات الداخلية في العائلة خصوصاً العلاقات بين الزوج والزوجة وتقوية مثل هذه العلاقات ساعدت على الاحترام والتقدير من قبل زوجها. الا أن المرأة البحرانية تشكو من مشكلة عدم زواجها بسبب ميل رجال البحرين نحو الزواج بالعربيات أو الأجنبيات . لهذا ارتأت الحكومة البحرانية مؤخراً تشريع قانون تعدد الزوجات الذي يتيح للرجل حق الزواج من عدة نساء في آن واحد . غير أن هذا القانون لم يشرع لحد الآن نظراً لوقوفه موقفاً معاكساً لطموحات وحقوق المرأة البحرانية كما تعتقد الحكومة .

ومن المظاهر الأخرى لتطور أحوال المرأة البحرانية فتح المجال أمامها بالتسجيل في المدارس والمعاهد العالية والانضمام للبعثات العلمية التي تسمح لها بالدراسة خارج القطر . ومثل هذه التسهيلات الثقافية شجعت الآلاف من النساء على الانخراط في المؤسسات الثقافية لطلب العلم والمعرفة جنباً الى جنب مع الرجال . ففي عام ٢٠٠٠ بلغت نسبة التعليم في البحرين بين الاناث والذكور ٤٥ر٧% ـ ٥٤ر٣% على التوالي علماً بأن التعليم الزامي ويطبق على الجنسين في المرحلتين الابتدائية والاعدادية من سن السادسة حتى الرابعة عشر. وتبلغ نسبة الأمية في البحرين ١٨% . وأن التعليم هناك مجاني في جميع مراحله الابتدائية والاعدادية والعالية ويمنح الطلبة المتفوقون من الجنسين بعثات دراسية لمواصلة دراستهم العالية في الأقطار العربية او الأقطار الأجنبية.

---

(٣٨)   Rosenfeld ,H. Processes and Structural Change Within Arab Extended Family, American Anthropelogist, Dec.,
١٩٨٨.

في عام ١٩٢٨ أفتتحت في البحرين أول مدرسة ابتدائية للبنات وفي عام ١٩٥١ أفتتحت أول مدرسة ثانوية للبنات وفي عام ١٩٦٧ أفتتح المعهد العالي للمعلمات . ومنذ ذلك الحين تهافتت البنات والنساء على التعليم بأعداد كبيرة خصوصاً بعدما أصبح التعليم المقياس الأساسي لتحديد المهن والوظائف التي تشغلها النساء في المجتمع وبالتالي تحديد مقدار الأجور والرواتب والمخصصات التي يحصلن عليها . فقد أزداد عدد طالبات المدارس الابتدائية والاعدادية في البحرين من ٥٤٦٧ طالبة في عام ١٩٦٠ الى ٦٥٦٧٠ طالبة في عام ٢٠٠٠ . وازداد عدد طالبات المعاهد العالية من ٦٤ طالبة في عام ١٩٦٠ الى ٨٧٠ طالبة في عام ٢٠٠٠ [٣٩] . وهذه الاعداد في طريقها للزيادة المستمرة كل عام نظراً لحاجة المجتمع البحراني لثقافة المرأة واختصاصاتها العلمية وجهودها الانتاجية والوظيفية .

هذه لمحة عن المرأة والتعليم في البحرين، أما عن المرأة والعمل فأن قانون العمل البحراني ينص على تساوي عمل وأجور ورواتب المرأة مع عمل وأجور ورواتب الرجل. وتعمل المرأة البحرانية في شتى الوظائف والمهن كعملها في المصانع والمنشآت الأهلية وعملها في المدارس والمستشفيات والدوائر الحكومية . وقد عملت مؤخراً في سلك الشرطة وطالبت العمل والمشاركة في تنظيم وأدارة المؤسسات السياسية وكادت تدخل في المجلس التأسيسي لامارة البحرين لو لا بعض الاحتجاجات التي اثيرت ضدها . تشير الاحصاءات الاجتماعية الى أن نسبة النساء العاملات الى الرجال في البحرين قد ارتفعت من ٤٫٢% في عام ١٩٦٠ الى ٢٥٫٨% في عام ٢٠٠٠ [٤٠] . لقد كان لدخول المرأة البحرانية في سوق العمل ومشاركتها في الانتاج والبناء أثراً ايجابياً في وضعها الاجتماعي حيث أن دخولها مختلف المهن والأعمال ساعد على تحريرها من بعض القيود الاجتماعية البالية التي كانت مفروضة عليها ومكنها في نفس الوقت من التأثير في مسيرة المجتمع وتطوير الأحوال المادية لأسرتها ومجتمعها .

(٣٩) مجلة النضال، البحرين، أنظر الى العدد الصادر في ١٦ أيلول، ٢٠٠٠.

(٤٠) United Nations , Demographic Year Books, New York, ٢٠٠٢, See the Section on the Demographic and Labour Charcteristics in Asia.

أما الحركات الاجتماعية للمرأة في البحرين فقد تجسدت في الجمعيات النسوية التي كونتها نساء البحرين والتي كانت تعبر من خلالها عن انشطتها المختلفة بحرية تامة . الا أن أنشطة هذه الجمعيات كانت تقتصر على الجوانب الثقافية والاجتماعية والمهنية ولا تتدخل في القضايا الفكرية والسياسية ، لأن هذه القضايا ليس من اختصاصها ولا تخدم قضاياها المصيرية . وفي مقدمة هذه الجمعيات جمعية رعاية الطفولة والامومة التي تأسست عام ١٩٦٠ والتي ترأستها الشيخة لؤلؤة آل خليفة. وأهداف هذه الجمعية تدور حول مساعدة الفقراء والمحتاجين ومساعدة الأمهات على الارتفاع بمستواهن المعاشي والثقافي والفكري والأخذ بيد المرأة البحرانية على تطبيق مبدأ التضامن الاجتماعي عملياً والمشاركة في خدمة الوطن . وتضم هذه الجمعية اللجان التالية : لجنة الموارد المالية والنشاطات ، لجنة الخدمات الاجتماعية ، اللجنة الفنية ، اللجنة الثقافية ، لجنة دور الحضانة ، ولجنة العلاقات والاعلام . كما تكفلت هذه الجمعية النسوية بواجبات محو الأمية ونشر الثقافة والتعليم بين أبناء الشعب ، إضافة الى جمع التبرعات لغوث اللاجئين الفلسطينيين . أما بقية الجمعيات في البحرين فهي " جمعية نهضة فتاة البحرين" التي تأسست عام ١٩٥٥ و" الجمعية الثقافية الخيرية " التي تأسست عام ١٩٧٣.

وبالرغم من النجاحات المحسوسة التي حققتها المرأة في البحرين عبر مسيرتها التأريخية الا أنها لا زالت تعاني الكثير من المعوقات التي تقف في طريق تحررها ونهوضها وتقدمها الاجتماعي . واول هذه المعوقات عدم استقلاليتها وعدم تكامل وبلورة ذاتيتها وشخصيتها . فهي لا تستطيع السكن لوحدها ولا تستطيع السفر داخل وخارج القطر بمفردها. وليس بمقدورها طلب الزواج أو الطلاق بنفس الحرية التي يتمتع بها الرجل . كما أنها محرومة من حق الانتخاب والترشيح للمجلس الوطني وان حقوقها المدنية لا زالت ناقصة . فهناك بعض الميادين التي يسودها الفصل بين الرجل والمرأة ، حيث أن أغلبية المقاهي والمطاعم والنوادي مقتصرة على الرجال وان هناك فصلاً بين الطلاب والطالبات في المعاهد العليا كمعهدي المعلمين والمعلمات .

المبحث الخامس : مشكلات المرأة العاملة في منطقة الخليج العربي مع إشارة خاصة لمشكلات المرأة العراقية

هناك مؤشرات احصائية واجتماعية مشجعة تدل على أن المرأة الخليجية بفضل ثقافتها وتعلمها ووعيها قد قطعت أشواطاً متنامية في مجالات التربية والتعليم ومجالات العمل الوظيفي والانتاجي والخدمي ومجالات السياسة والقانون [٤١]. والمنجزات التي حققتها المرأة الخليجية لم تكن وليدة الصدفة وانما كانت نتيجة الجهود الحثيثة التي بذلتها حكومات هذه الدول ومنظماتها النسوية في تحرير المرأة ورفع مكانتها الاجتماعية والحضارية والعمل على مساواتها مع الرجل وأتاحة المجال أمامها بالدخول الى المؤسسات التربوية والتعليمية وتبوء الأعمال المهمة في أجهزة الدولة والمجتمع [٤٢].

لكنه على الرغم من ارتفاع مركز المرأة في المجتمع العربي الخليجي وتطور أوضاعها المهنية والأسرية والثقافية والمادية بعد حصولها على بعض حقوقها الاجتماعية والقانونية واكتسابها للتربية والتعليم ودخولها مختلف المهن والأعمال في الدولة والمجتمع ومشاركتها في اتخاذ القرارات التي تتعلق بمستقبل أطفالها وأسرتها، الا أنها لا زالت تعاني من بعض المشكلات والمعوقات الحضارية والاجتماعية والنفسية التي تعمل على الحد من نشاطها وتضعف عندها روح العمل المبدع والخلاّق وتعرض منزلتها الاجتماعية في الأسرة والمجتمع الى اخطار التفكك والتصدع . ولعل من المفيد أن نشير هنا الى أن معاناة ومشكلات المرأة العاملة تزيد على تلك التي تواجه المرأة غير العاملة[٤٣]. وبالمرأة العاملة لا نعني المرأة التي تشتغل بالأعمال اليدوية، الماهرة وغير الماهرة والمرأة التي تعمل في المصانع والمزارع بل نعني المرأة التي تعمل خارج البيت مهما يكن عملها يدوياً أو

(٤١) حميد، احلام شيت . التغيرات الاجتماعية والحضارية للمرأة العراقية ، إطروحة ماجستير في الاجتماع غير منشورة، كلية الآداب ، جامعة بغداد ، ١٩٨٣، ص ٢٢١.

(٤٢) الحسن، إحسان محمد (الدكتور) . التحولات الاجتماعية والسياسية ، العلوم الاجتماعية، العدد ٣٨ ، ٢٠٠٤ ، ص ١٢_١٣.

(٤٣) Jephcott,P. Married Woman Working , London , Longman, ١٩٨٢, PP. ١٢-١٥.

مهنياً أو ادارياً أو علمياً . أن المرأة العاملة تشغل دورين اجتماعيين متكاملين هـما دور ربة البيت ودور العاملة أو الموظفة أو المعلمة أو الخبيرة خـارج البيت . وأداء مثل هذين الدورين الاجتماعيين في آن واحـد قـد يعرضهـا الى مشكلات جسمانية ونفسية واجتماعية ليس من السـهولة بمكان حلها والقضاء عليها خصوصاً إذا لم تبـادر الأسرة والدولة والمجتمع الى مساعدة المرأة في أشغال أدوارها الاجتماعية المتعددة وتشارك في حل المشكلات التي تتعرض لها في الأسرة والعمل .

إن مواجهة المرأة العاملة والتصدي لعواملها السببية كفيلان بتشجيع النسوة في أقطار الخليج العربي كالعراق والكويت والبحرين على الانخراط في شتى صنوف العمل التي تحتاجها مؤسسات ودوائر المجتمع. الأمر الذي يساعد على مضاعفة نسبة الأيدي العاملة النسوية ويسد النقص الحاصل في القوى العاملة على اختلاف أنواعها ويقلل من اعتماد دول الخليج العربي على الكوادر الأجنبية .

لكننا لا نستطيع معالجة مشكلات المـرأة العاملـة والتخفيـف مـن حـدتها دون تشخيصها ودراستها دراسة علمية هادفة تتوخى تحديـد أسبابها الموضوعية والذاتيـة ومظاهرها ونتائجها وطرق علاجها وعلاقتها بطبيعة المرحلة الحضارية التأريخيـة التـي يمر بها المجتمع الخليجي وما تتميز به من خصوصيات وظروف اقتصادية واجتماعية ومشكلات انسانية تؤثر في مسيرة المجتمع وصيرورته . ودراسـة كهـذه تستلزم اجـراء المسوحات الميدانية التي تهدف الى معرفـة ماهيـة مشكـلات المـرأة العاملة مـن خـلال الملاحظة أو الملاحظة بالمشاركة والاستبيان والمقابلـة الرسـمية وغيـر الرسـمية [٤٤] . ومـا هذه الدراسة الا محاولة لكشف اللثام عـن مشكلات المرأة الأسريـة والمهنيـة وطبيعـة مظاهرها وكيفية علاجها والتصدي لآثارها السلبية .

---

(٤٤)   Moser , C. A. Survey Methods in Social Investigation, London, Heinemann, ١٩٨٧, P. ٤٩.

أ-   المنهجية العلمية للبحث :

أخترنا المرأة العراقية في الدراسة الميدانية كنموذج للمرأة الخليجية نظراً لتطور مكانتها ونضوج ظروفها وخروجها للعمل بنسبة أعلى من نسبة عمل المرأة في الأقطار الخليجية الأخرى كالسعودية وقطر ودولة الامارات العربية المتحدة والكويت . لذا نستطيع تشخيص مشكلات عمل المرأة العراقية ، بصورة أوضح وأدق من تشخيص مشكلات المرأة في الاقطار الخليجية الأخرى . وقد هدفت الدراسة الميدانية هذه الى فهم واستيعاب المشكلات الأسرية والمهنية التي تعاني منها المرأة العاملة في مدينة بغداد. وكانت الدراسة في شهر كانون ثاني عام ٢٠٠٣ واستغرقت حوالي ستة أشهر . ويمكن تعميم نتائج الدراسة لمعرفة مشكلات المرأة العاملة في الاقطار الخليجية الأخرى .

ومن الجدير بالذكر أن معظم النساء العاملات مهما يكن عملهن يواجهن عدة مشكلات ناجمة عن عدم توفيقهن بين واجباتهن المنزلية وواجباتهن الوظيفية والانتاجية . ومن أهم واخطر هذه المشكلات المشكلات الأسرية والمشكلات المهنية التي تظهر في الأفق نتيجة عدم تكيف المرأة على أشغال عدة أدوار وظيفية في آن واحد، ومرور المجتمع الكبير في مرحلة انتقالية لا يكون فيها قادراً على مواجهة مشكلاته الانسانية مواجهة حاسمة وشاملة خصوصاً عندما تكون سرعة التحول المادي والتكنولوجي أكبر من سرعة التحول القيمي والمثالي التي يشهدها المجتمع المعاصر [٤٥] . وقد شخص البحث هذه المشكلات بعد الدراسة الاستطلاعية التي قام بها قبل تصميمه لاستمارة الاستبيان والشروع في مرحلة المقابلات الرسمية وغير الرسمية. كما استطاع البحث الحصول على معلومات دقيقة عن طبيعة وابعاد مشكلات المرأة العاملة بعد المقابلات الميدانية التي أجراها الباحث مع ٢٠٠ امرأة عاملة يشتغلن في مهن التعليم والتمريض والادارة العامة والانتاج الصناعي والزراعي .

---

(٤٥) Hinkle ,R. The Development of Modern Sociology, New York, Random House , ١٩٩٤, P. ٣٩.

إضافة الى مقابلة عينة فرعية منهن تتكون من ٣٥ امرأة مقابلة غير رسمية او مقابلة طبية تتوخى كشف معتقداتهن وقيمهن حول عمل المرأة في المجتمع وطبيعة المشكلات التي تواجهها والناجمة عن ازدواجية أدوارها الاجتماعية وتعقد وتشعب المجتمع الذي تعيش فيه وتتفاعل معه .

لكن النساء اللواتي تمت مقابلتهن مقابلة رسمية وغير رسمية ينحدرن من خلفيات اجتماعية متباينة ويتمتعن بمستويات مهنية وعلمية متفاوتة ويقمن في مناطق سكنية مختلفة من حيث ايكولوجيتها الطبيعية وظروفها الاقتصادية والاجتماعية. وقد أختيرت عينة النساء العاملات بطريقة عمدية (Quota Method) تضمن تمثيل مجتمع البحث تمثيلاً جيداً يستطيع الباحث من خلاله معرفة طبيعة وواقع المشكلات التي تواجه النساء العاملات في مجتمعنا المعاصر . وبعد تصميم العينة وتحديد المناطق الجغرافية التي تتواجد فيها وحداتها بدأ البحث بتصميم الاستمارة الاستبيانية التي تحتوي على اسئلة المعلومات الأساسية واسئلة مشكلات المرأة العاملة . وحين الانتهاء من تصميم الاستمارة الاستبيانية باشر البحث باجراء المقابلات الرسمية وغير الرسمية والقيام بالملاحظة العلمية لظروف الأسرة والعمل التي تعيشها النساء العاملات .

وبعد الانتهاء من المقابلات الميدانية فرغت الاستمارات الاستبيانية وحولت معلوماتها الى ارقام أدخلت فيما بعد في جداول احصائية لتكون جاهزة لعملية التحليل الاحصائي والعملية الأخيرة هي التي زودت البحث بالنتائج الاحصائية النهائية عن طبيعة المشكلات التي تعاني منها النساء العاملات وأثر هذه المشكلات في انتاجيتهن ومدى تكيفهن لواقع أسرهن وعملهن .

ان الدراسة الميدانية هذه تهدف الى القاء الاضواء المنيرة على المشكلات الأسرية والمهنية التي تواجه المرأة العاملة وتوضح آثار هذه المشكلات على انتاجيتها وطبيعة استقرارها النفسي وتكيفها الاجتماعي . وبعد تشخيص المشكلات يقوم البحث بمعالجتها والتصدي لآثارها المخربة لكي تتمكن المرأة من التحرر منها

والانطلاق نحو أجواء العمل والانتاج والعطاء خدمة للمجتمع الجديد والأهداف النبيلة التي يكافح من أجلها .

ب- المشكلات الأسرية التي تعاني منها المرأة العاملة

تعتبر المشكلات الأسرية من أخطر المشكلات التي تعاني منها المرأة في منطقة الخليج العربي . فعمل المرأة خارج البيت لساعات طويلة لا بد أن يخل بالواجبات الأسرية الملقاة على عاتقها خصوصاً إذا كانت متزوجة ولديها أطفال . وواجباتها الأسرية التي قد تتناقض مع عملها الوظيفي كثيرة ومعقدة أهمها رعاية الأطفال وتنشئتهم الاجتماعية والاشراف عليهم وحل مشكلاتهم وارسالهم الى المدارس ومراقبة سير دراستهم وتحصيلهم العلمي عن كثب وتحفيزهم على الاجتهاد والسعي والنجاح في الامتحانات . إضافة الى مسؤولياتها الجسام عن أداء الأعمال المنزلية كالتنظيف وغسل الملابس والطبخ وشراء حاجيات البيت وتأمينها وزيارة الاهل والاقارب والجيران . زد على ذلك واجباتها الزوجية التي تتمحور حول الأهتمام بزوجها ورعايته وسد متطلباته العاطفية وتكوين اقوى العلاقات الاجتماعية معه والتنسيق معه في تحمل مسؤوليات العائلة وحل مشكلاتها الآنية والمستقبلية أن وجدت . أما المشكلات الأسرية التي تجابهها المرأة فهي :

١- التناقض بين الواجبات المنزلية والواجبات المهنية :

إن المهام الأسرية الملقاة على عاتق الزوجة تتطلب منها بذل المزيد من الجهود المضنية وتخصيص الاوقات الطويلة والسهر على راحة الأطفال والتضحية بأوقات الفراغ والترويح . لكن واجباتها لا تقف عند حد تحمل المسؤوليات الأسرية فقط ، فهي مسؤولة ايضاً عن الواجبات الوظيفية والمهنية التي تؤديها المرأة خارج البيت . والواجبات الأسرية غالباً ما تتناقض مع الواجبات المهنية [٤٦] . فعمل المرأة ساعات طويلة خارج

(٤٦) عبد الله ، أسو إبراهيم . المشكلات الاجتماعية والحضارية للمرأة العاملة في منطقة الحكم الذاتي ، رسالة ماجستير غير منشورة ، كلية الآداب ، جامعة بغداد، ١٩٨٢، ص ١٧٧.

البيت لا بد أن يتعارض مع مسؤولياتها المنزلية . والتعارض هذا يوقع المرأة العاملة في مشكلات التوفيق بين متطلبات عملها المنزلي ومتطلبات عملها الوظيفي بحيث لا تعرف على أية واجبات تركز . فأن ركزت على واجباتها المنزلية وأهملت واجباتها الوظيفية فأن هذا لا بد أن يعرض عملها الانتاجي أو الخدمي الى الخطر. أي أن انتاجيتها تتعرض الى الهبوط وتضطرب الخدمات التي تقدمها الى المجتمع وتسيء علاقتها مع الادارة والمسؤولين مما يضطرها الى التوقف عن العمل أو تركه كلياً . وإذا ما ركزت المرأة العاملة على عملها الوظيفي وأهملت واجباتها الأسرية فأن بيتها يتعرض الى الاضطراب وسوء الادارة مما يترك أثره المخرب في سلوك الأطفال وسلامة تنشئتهم الاجتماعية ويسيء الى العلاقات الزوجية بحيث تكون العائلة عرضة للتفكك والتحلل وعدم الاستقرار .

إن المشكلة التي تعاني منها المرأة العاملة في الوقت الحاضر تتجسد في عدم وجود من يحل مكانها في البيت أثناء خروجها الى العمل. فالزوج في الأعم الأغلب لا يساعدها في أداء الأعمال المنزلية بسبب القيم والمواقف التقليدية السائدة في المجتمع والتي لا تحبذ الرجال القيام بهذه الأعمال وتتوقع من النساء تحمل اوزارها دون مساعدتهن من قبل الرجال . كما ان قلة الخدم او انعدامهم وضعف العلاقات القرابية وهامشية صلات الجيرة يجعل المرأة العاملة وحيدة في أداء واجباتها المنزلية دون وجود من يساعدها ويخفف عنها حملها الثقيل [٤٧] . وهذه الحقيقة تعرضها الى الأرهاق والاعياء الجسدي والنفسي خصوصاً وأنها مسؤولة عن تحمل أعباء أدوارها المنزلية والوظيفية في آن واحد . والجدول المذكور أدناه يوضح الجهة التي تتولى القيام بالواجبات المنزلية عند ذهاب المرأة الى العمل :

(٤٧) مايو، التون. التصنيع والمشكلات الانسانية ، ترجمة محمد عماد الدين وآخرون ، مكتبة القاهرة ، ١٩٩٦، ص ٤٧.

النسبة المئوية	العدد	الجهة التي تتولى مسؤوليات البيت
٥٣%	١٠٥	لا يوجد أحد (أي الزوجة هي المسؤولة بعد اكمال عملها)
٣١%	٦٢	الزوج
١٠%	٢٠	الأقارب
٦%	١٣	الابناء الكبار
١٠٠%	٢٠٠	المجموع

يشير الجدول أعلاه الى ان أغلبية النساء العـاملات اللواتي تمـت مقابلتهن ١٠٥ من مجموع ٢٠٠ (٥٣%) يتحملن مسؤولية الواجبـات المنزلية وحدهن ولا يوجـد مـن يساعدهن في أداء هذه المسؤوليات . وان عدداً قليلاً منهن ٦٢ من مجموع ٢٠٠ (٣١%) يتلقين المساعدات في أداء الواجبات المنزلية من أزواجهن عند ذهابهن الى العمل . أما المساعدات التي يقدمها الاقارب والابناء الصغار للنساء العاملات وقت عملهن خارج البيت فهي قليلة ومحصورة بعدد قليل من العوائل كما موضح في الجدول .

٢- مشكلة تربية أطفال المرأة العاملة :

وتعاني المرأة العاملة من مشكلات أسرية أخرى تتعلق بتربية الأطفال . فقضـاء المرأة ساعات طويلة في العمل خارج البيت يعرض الأطفال الى الاهمـال وسـوء التربيـة . ناهيك عن قلق المرأة على أطفالهـا عنـدما تـتركهم في البيت وحدهم ، وقلقهـا هـذا لا يساعدها على التركيز على العمل المناط بها مما يسبب إنخفاض انتاجيتها وتدني مستوى الخدمات التي تقدمها للمؤسسة أو الجهة التي تعمل فيها [٤٨] . إن المرأة العاملـة في معظم الحالات تتعرض لمشكلة عدم وجود مـن يرعى أطفالهـا ويشرف علـيهم ويلبـي متطلباتهم خلال فترة خروجها الى العمـل . فالازواج في معظم الحالات لا يستطيعون مساعدة زوجاتهم في تحمل مسؤولية العنايـة بالاطفـال خـلال فتـرة خروجهن للعمـل وذلك

---

(٤٨)   Szalai, S. Time Budget Research On Women . The New Hungariiam Quarterly , No. ٦٤, ١٩٧٦, P. ٧٩.

أما لانشغالهم في العمل الوظيفي أو عزوفهم عن تحمل مسؤولية تربية الأطفال والاشراف عليهم لاسباب نفسية واجتماعية وحضارية بحتة . فمعظم الازواج يرفضون تنظيف الأطفال او اللعب معهم أو السهر على رعايتهم. لأن مثل هذه الواجبات هي من اختصاص النساء وليس من اختصاص الرجال .

كما ان قلة حضانات الأطفال وبعدها الجغرافي عن الأماكن السكنية وهبوط نوعيتها لا يشجع الأمهات على ارسال أطفالهن اليها خلال فترة عملهن . زد على ذلك عزوف الجيران والاقارب عن تحمل مسؤولياتهم حول العناية بأطفال المرأة العاملة نظراً لضعف العلاقات الاجتماعية بين العائلة الزواجية او النووية (Nuclear Family) وكلٌّ من الاقارب والجيران نتيجة لسيطرة مظاهر التحضر والتصنيع والتحديث الشامل على قطاعات ومؤسسات المجتمع [49] . والجدول الآتي يوضح الجهة التي تتولى رعاية أطفال المرأة العاملة حين خروجها للعمل .

النسبة المئوية	العدد	الجهة التي تتولى رعاية الاطفال
٣١%	٦٢	لا يوجد أحد يتولى الرعاية
٢٧%	٥٤	الزوج والابناء الكبار
١٦%	٣٣	الأهل والاقارب
٤%	٧	الجيـــــران
١٠٠%	٢٠٠	

تشير نتائج الجدول المذكور الى أن ٦٢ من مجموع ٢٠٠ امرأة عاملة تمت مقابلتهن (٣١%) لا يوجد عندهن من يتحمل مسؤولية الاعتناء بالاطفال وقت خروجهن للعمل . وعندما أراد البحث معرفة من يتولى الأطفال خلال ساعات عمل الأم أجابت النساء العاملات عدم وجود من يرعاهم ، لهذا تضطر النسوة جلب أطفالهن الى العمل او

(٤٩)   الحسن ، إحسان محمد(الدكتور) . العائلة والقرابة والزواج ، بيروت، دار الطليعة للطباعة والنشر ، ١٩٨٦ ، ص ١٠٥ .

التغيب والانقطاع عن العمل دون استحصال أجازة أو إذن من المسؤولين والادارة . كما يشير الجدول الى ان ٥٤ امرأة عاملة من مجموع ٢٠٠ (٢٧%) يتركن أطفالهن الصغار عند الزوج والابناء الكبار لرعايتهم وقت غيابهن ، ٤٤ منهن يرسلن الأطفال الى دور الحضانة ورياض الاطفال . وأخيراً ٤٠ امرأة عاملة من مجموع ٢٠٠ (٢٠%) يوكلن الأهل والاقارب والجيران لرعاية أطفالهن حين ذهابهن للعمل .

ومن الجدير بالذكر بأنه عندما لا يوجد من يساعد المرأة العاملة في العناية بأطفالها والاشراف عليهم خلال فترة غيابها عن البيت فأن الاطفال غالباً ما يعانون من مشكلة تردي أوضاعهم الاجتماعية والصحية والتربوية والسلوكية او ينحرفون عن الطريق السوي بعد اختلاطهم بأبناء السوء وتأثرهم فيهم مما يولد عندهم خصائل الجنوح والاجرام (٥٠) .أو قد يهملون واجباتهم المدرسية ويتهربون من السعي والاجتهاد بسبب عدم وجود من يشرف عليهم ويوجههم . وهنا يتعرض هؤلاء الصغار الى الرسوب وترك الدراسة وعدم الاستفادة من قابلياتهم وامكاناتهم الذكائية والعقلية . ولمعالجة هذه الحالة السلبية تضطر المرأة العاملة الى طلب الاجازات المتوالية وعدم المواظبة على العمل واستعمال الهاتف وقت عملها للاطمئنان على سلامة الأطفال او جلب الأطفال معها الى العمل . وجميع هذه الأمور تضر بمصالح المؤسسات والمصانع وتمنع تحقيق أهدافها القريبة والبعيدة .

٣- تأزم الحياة الزوجية للمرأة العاملة :

وهناك مشكلة أسرية أخرى تتعرض لها المرأة العاملة الا وهي مشكلة سوء وتوتر علاقتها الزوجية . علماً بأن عمل المرأة خارج البيت كما تشير الدراسات والابحاث الاجتماعية يجلب للمرأة الاحترام والتقدير ويرفع منزلتها الاجتماعية ويثبت أقدامها في الأسرة والمجتمع ويرفه عنها مادياً وحضارياً ويقوي معنوياتها ويعزز ثقتها

(٥٠) الحسن، إحسان محمد (الدكتور). مشكلة جنوح الاحداث، دراسة ميدانية ، بحث منشور في مجلة العدالة ، شباط ١٩٨١، بغداد، ص ٢٣ـ ٢٤.

بنفسها وامكاناتها ويدعم استقلاليتها وذاتيتها [٥١] . بيد ان سوء وتوتر العلاقات الزوجية يتأتيان من غياب المرأة ساعات طويلة عن البيت وتعرضها للارهاق والتعب والملل بسبب انشغالها بأداء الواجبات الوظيفية والمنزلية في آن واحد وعدم قدرتها على تقديم العناية المطلوبة للزوج والأطفال .

ومما يسيء الى العلاقات الزوجية عدم مبادرة الزوج على مساعدتها في أداء الواجبات المنزلية والعناية بالأطفال وتراكم الأعمال والمسؤوليات عليها وعدم قدرتها على الأيفاء بالتزاماتها داخل وخارج الأسرة . وهنا يعتقد الزوج بأن زوجته مقصرة في خدمته وخدمة أطفاله وغير قادرة على أدارة وتمشية أمور البيت .ومثل هذا الاعتقاد يسيء الى العلاقات الزوجية ويسبب التصادم بين الزوجين مما يؤثر على أستقرار الأسرة ووحدتها . والجدول المذكور أدناه يوضح أهمال المرأة العاملة لرعاية زوجها وأطفالها وأثر ذلك في عدم استقرار العائلة .

الجواب / السؤال	نعم		لا		المجموع	
	العدد	%	العدد	%	العدد	%
هل تشعرين بأن عملك يسبب أهمالك لرعاية زوجك وأطفالك	١٢٣	٦٢%	٧٧	٣٨%	٢٠٠	١٠٠%
هل تعلمين بأن أهمالك هذا يسبب عدم أستقرار الأسرة وزيادة أحتمالية تعرضها للطلاق	٩٨	٨٠%	٢٥	٢٠%	١٢٣	١٠٠%

يشير الجدول أعلاه الى أن أغلب النساء العاملات ١٢٣ من مجموع ٢٠٠ (٦٢%) يشعرن بأن عملهن خارج البيت يسبب أهمالهن لرعاية ازواجهن وأطفالهن . كما أن ٩٨ من مجموع ١٢٣ أمرأة عاملة ٨٠% يعلمن بأن هذا الاهمال ينتج في عدم أستقرار الأسرة

(٥١) Rosenfeld ,J. The Marriage and Family , Illinois, ١٩٨٢, PP.٢١٦-٢١٧.

وبالتالي زيادة نسب الطلاق في المجتمع . هذه الحالة صحيحة في ظل الظروف الصعبة التي تعمل فيها المرأة العراقية .

ولكن مساعدة الزوج لزوجته في أداء أمور البيت وعدم توقعه قيامها بتحمل مسؤوليات رعايته ورعاية أطفاله والاهتمام بتلبية جميع متطلبات بيته ، إضافة الى أنشاء المزيد من الحضانات ورياض الأطفال وتطوير مستوياتها ومبادرة الدولة بتقديم الخدمات الاقتصادية والثقافية والاجتماعية والصحية والسكنية والترفيهية : كل ذلك سيخفف من المسؤوليات المهام والالتزامات المتشعبة التي تضطلع بها المرأة المعاصرة ويسهل عليها القيام بواجباتها الوظيفية والمنزلية . الأمر الذي يوطد العلاقات الزوجية داخل الأسرة ويحمي الأسرة من أخطار التفكك والتصدع وعدم الاستقرار .

ج‍- **المشكلات المهنية التي تعاني منها المرأة العاملة :**

تتضمن دراسة المشكلات المهنية للمرأة العاملة ما يعترض عملها من صعوبات وما تعانيه من مشكلات تحول دون تحقيق قيامها بالعمل بصورة ايجابية . وأهم هذه المشكلات كما شخصتها الدراسة الميدانية المؤهلات الثقافية والعلمية للمرأة العاملة وأثر التعليم في أنتاجيتها ، وطبيعة مواظبتها على العمل ، وعلاقة المرأة العاملة بالادارة والمسؤولين وتعرضها للارهاق والملل وأخيراً أثر ظروفها الأسرية في أنتاجيتها . ان الكشف عن هذه المؤشرات ضروري جداً لأنه يسهم في حل جانب من المشكلات الاجتماعية والحضارية التي تعاني منها المرأة العاملة . لذلك لا بد لنا من التطرق الى هذه المشكلات الخطيرة التي تؤثر على الأنتاج كماً ونوعاً تأثيراً سلبياً وتضر بحركة المجتمع المادية وغير المادية .

١- **مشكلة هبوط المستوى التعليمي وتدني أنتاجية المرأة العاملة :**

إن تعلم المرأة من العوامل المهمة التي تساعدها في الخروج الى العمل وتحررها من القيود والمعوقات التي تؤدي الى جمودها وتخلفها ، إضافة الى كون التعليم من

العناصر الأساسية للتنمية الاقتصادية والاجتماعية في المجتمع [٥٢] . فمستوى تعليم المرأة ونظرتها الى الحياة واعتمادها صيغ العلاقات الايجابية مع الآخرين ، كل هذا يؤثر في انتاجيتها وبالتالي في عملية الانتاج الاجتماعي ككل . لكننا نلاحظ بأن المرأة العاملة العراقية ما تزال تعاني من مشكلة تدني مستواها الثقافي والعلمي بالرغم من انتشار الثقافة والتربية والتعليم بين النساء خصوصاً بعد عقد السبعينيات من القرن العشرين . فهي ما تزال جاهلة بأمور كثيرة تتعلق بالاقتصاد والتدبير المنزلي وطرق أنفاق الدخل والحفاظ على مستوى اقتصادي معين . كما أنها تفتقر المعلومات المتعلقة بالادخار والاستثمار واهميتهما للاستخدام ومعدل دخل الفرد . لكن عدم تسلح المرأة بالثقافة والمعرفة يؤدي الى عدم تمكنها من القيام بعملها الأنتاجي والخدمي على اكمل وجه والتوفيق بين أدوارها الاجتماعية والوظيفية المختلفة . وهذه الحقيقة تؤكدها لنا الدراسات التي أجريت في المجتمعات المتقدمة والنامية حول أثر التعليم في زيادة الانتاجية حيث تؤكد هذه الدراسات بأن عملية نشر ـ التعليم ومكافحة الأمية هي عملية مربحة اقتصادياً بجانب كونها ضرورة تحتمها الأوضاع السياسية والاجتماعية والاقتصادية ، الى جانب كون التعليم يساعد على مضاعفة أنتاجية العمل عن طريق تزويد العاملات بمستلزمات رفع كفاءتهن الانتاجية وتوسيع مداركهن وقابلياتهن على أداء العمل وتحمل مسؤولياته [٥٣] .

تعاني المرأة العاملة من عدم معرفتها بطبيعة ونوعية المهنة التي تؤديها بصورة صحيحة نتيجة لقلة تدريبها في مجال مهنتها وعدم اهتمام الادارة والمسؤولين والمشرفين على العملية الانتاجية والخدمية بتثقيف وزيادة مهارات المرأة العاملة عن طريق دخولها في الدورات التدريبية ودورات التقوية كل حسب مهنتها وتخصصها . إن عدم قيام الأجهزة الادارية بالمسؤوليات الملقاة على عاتقها بصورة ايجابية يقف حائلاً أمام أنطلاق المرأة في مجال عملها ويشكل سبباً من أسباب تدني أنتاجيتها . إذن للمؤهلات الثقافية والعلمية التي تتمتع بها المرأة أهميتها في زيادة الانتاجية . والجدول المذكور أدناه يوضح لنا ذلك .

---

(٥٢) Robinson, E. The Economics of Education, London, Macmillan, ١٩٩٥, P. ٤٢١.

(٥٣) Struumilin,S. The Economic Significance of Education, Moscow, ١٩٧٥, PP. ٣-٥.

جدول يوضح أثر تعلم وثقافة المرأة في زيادة أنتاجيتها

النساء العاملات / الاجابات	العدد	النسبة المئوية
نعـــم	١٤٢	%٧١
لا	٢٨	%١٤
لا أعرف	٣٠	%١٥
المجموع	٢٠٠	%١٠٠

يشير الجدول السابق الى أن ١٤٢ أمرأة عاملة من مجموع ٢٠٠، ٧١% يعتقـدن بأن الثقافة والتحصيل العلمي يؤثران في الأنتاجية . في حين تعتقـد فقـط ٢٨ أمـرأة مـن مجموع ٢٠٠ ، ١٤% بأن الثقافة والتحصيل العلمي لا يؤثران في الانتاجية .

٢-   مشكلة مواظبة المرأة على العمل :

إن وجـود المـرأة في مكـان عملهـا خـلال السـاعات المخصصـة للعمـل ضروري لممارسة دورها في العملية الأنتاجية والخدمية ، حيث أن غياب المرأة عن العمل بصـورة متقطعة أو دائمية يؤثر في الأنتاج كماً ونوعاً . والغياب هو انقطاع اضطراري مؤقت عـن العمل يحدث بصورة غير متوقعة ، أو أنـه عـدم قـدرة الفـرد أو مجموعـة الأفـراد عـلى الحضور للعمل لأسباب غير متوقعة على الرغم من أنهم ملزمـون عـلى الحضـور للعمـل [٥٤]. إن ظاهرة الغياب موجودة بين النساء العاملات في القطر العراقي ، وتعـاني الادارات والمسؤولون عن العملية الأنتاجية من هذه الظاهرة حيث أن عدم التزام المـرأة العاملـة بالدوام أو بالمواعيد المحددة لها من أسباب تدني انتاجيتها . وتظهـر هـذه الحقيقـة بـين النساء العاملات المتزوجات أكثر من النساء العاملات غـير المتزوجـات ، وهـذا يرجـع الى أسباب متعددة منهـا مـرض العاملـة المتزوجـة ومكوثهـا في البيـت وقيامهـا بالواجبـات المنزلية والمسؤوليات الزوجية ، حيث تشكل هذه الاعباء الاجتماعية المختلفة عائقاً

(٥٤) Bebel,A. Society of the Future, Moscow,١٩٩٦, P. ١٢٩.

أمام انتظام المرأة العاملة وحضورها للعمل. ويلعب نوع العمل وظروف الأداء دوراً واضحاً في تحديد نسبة غيابات النساء العاملات المتزوجات . فعدم ملائمة ظروف العمل وتناقضها مع الواجبات والمهام المنزلية وترك الأطفال في المنازل دون رعاية وأهتمام يؤثر في حالة النساء النفسية ويدفعهن الى التسرب والانقطاع عن العمل لفترات طويلة .

إن ترك المرأة العاملة لعملها مدة ساعة أو ساعتين لقضاء بعض متطلبات المنزل يؤدي الى هدر وقت معين كان ينبغي ان تنفقه في عملها لا في أغراضها وشؤونها الخاصة . والجدول الآتي يوضح طبيعة مواظبة المرأة على العمل .

جدول يوضح طبيعة مواظبة المرأة المتزوجة وغير المتزوجة على العمل

المجموع		غير متزوجة		متزوجة		الحالة الزوجية
%	العدد		العدد	النسبة	العدد	طبيعة المواظبة
٢٨%	٥٦	٣٢%	٢٠	٤٦%	٣٦	جيدة
١٥%	٣٠	١٣%	٨	١٦%	٢٢	متوسطة
٥٧%	١١٤	٥٥%	٣٤	٥٨%	٨٠	غير جيدة
١٠٠%	٢٠٠	١٠٠%	٦٢	١٠٠%	١٣٨	المجموع

يتضح من الجدول أعلاه بأن ٤٦% من العاملات المتزوجات و٣٢% من العاملات غير المتزوجات تكون مواظبتهن على العمل جيدة، وأن ١٦% من المتزوجات و١٣% من غير المتزوجات تكون مواظبتهن على العمل في درجة الوسط وان ٥٨% من المتزوجات و٥٥% من غير المتزوجات تكون مواظبتهن على العمل غير جيدة . من النسب المذكورة نستنتج بأن ٥٧% من العاملات لا يقمن بمهام العمل ومتطلباته بصورة صحيحة فيما يتعلق بالدوام المنتظم ، وأن ٢٨% منهن يقمن بالدوام المنتظم ويطعن الاحكام والقوانين في المؤسسات الأنتاجية والخدمية والادارية .

ولغرض معرفة أهمية الفرق المعنوي بين آراء النساء العاملات المتزوجات وآراء النساء العاملات غير المتزوجات حول أثر الزواج في المواظبة على العمل أجرينا اختبار (كا٢) بين المجموعتين من النساء[55].

جدول اختبار (كا٢) لبيان أثر الزواج في المواظبة على العمل

الحالة الزوجية طبيعة المواظبة	متزوجة	غير متزوجة	المجموع
جيـــدة	٣٦ ب١	٢٠ ب٢	٥٦ م١
وسط	٢٢ جـ١	٨ جـ٢	٣٠ م٢
غير جيدة	٨٠ د١	٣٤ د٢	١١٤ م٣
المجموع	١٣٨ و١	٦٢ و٢	٢٠٠ ن

كان = ٤٦ر٠ [*] بدرجة حرية = ٢ .

وكانت نتيجة الاختبار عدم وجود فرق معنوي بين المجموعتين من النساء العاملات بالنسبة لأثر الزواج في المواظبة على العمل على جميع مستويات الثقة الاحصائية .

إن السبب في ذلك يعود الى ان العاملات المتزوجات والعاملات غير المتزوجات يعانين من مشكلات في مجالي الأسرة والعمل . فالعاملة المتزوجة تعاني من مشكلة تشتت جهودها بين العمل المنزلي والعمل المهني، وهذه المشكلة تدفعها الى التسرب

(٥٥) Spiegel, M. Theory and Problems of Statistics, New York, ٢٠٠٢, P. ٢٠١.

(*) أن نتيجة الاختبار بعدم وجود الفرق المعنوي بين النساء العاملات المتزوجات وغير المتزوجات بالنسبة للمواظبة على العمل تبدو متناقضة مع الآراء التي تقول بأن المرأة العاملة غير المتزوجة أكثر التزاماً بالدوام من المرأة العاملة المتزوجة .

والتغيب عن العمل . أما العاملة غير المتزوجة فهي الأخرى تعاني من الأرهاق والملل في مكان عملها ومن العلاقات الهامشية مع الادارة والمسؤولين في المؤسسة التي تعمل فيها والتي تؤدي بها هي الأخرى الى عدم امكانية الانضباط في عملها . إذن مشكلة التغيب عن العمل تعاني منها النساء العاملات المتزوجات والنساء العاملات غير المتزوجات على حدٍ سواء .

٣- **مشكلة العلاقة بين المرأة العاملة والادارة والمسؤولين:**

إن توافر العلاقة المهنية والاجتماعية الجيدة بين المرأة العاملة والادارة والمسؤولين من شأنه أن يحقق أعلى مستوى من الأنتاجية [٥٦]. لذلك ينبغي على الاداريين والمسؤولين خلق نوعاً من العلاقات الانسانية الجيدة بينهم وبين العاملات والموظفات ضماناً لاستمرار المرأة العاملة في عملها واطاعتها للأحكام والقوانين التي تعتمدها المؤسسات الانتاجية والخدمية .

إن المرأة العاملة تعاني من مشكلة العلاقة السيئة بينها وبين الادارة والمسؤولين . فالادارة في الأعم الأغلب لا تراعي ظروف المرأة العاملة ولا تحترمها ولا تشجعها على أداء عملها بصورة مرضية . وأنها تمارس سياسة الضغوط والعقوبات لأجبار المرأة على البقاء في العمل ومزاولته كيفما كان . زد على ذلك عدم اعطاء الحوافز والمكافآت المادية والمعنوية التي تحفز المرأة على الاستمرار في العمل والابداع فيه وبذل الجهود الحثيثة لقهر معوقاتها ومشكلاتها التي تحول دون استمرارها في العمل والقيام به على أحسن صورة ممكنة . والجدول الآتي يوضح طبيعة العلاقة بين المرأة العاملة والادارة والمسؤولين .

---

(٥٦) Schneider, E. Industrial Sociology, New York, Mc Graw-Hill , ١٩٩٧, P. ١٩٠.

جدول يوضح طبيعة العلاقة بين المرأة العاملة والادارة والمسؤولين

النساء العاملات / طبيعة العلاقة	العدد	النسبة المئوية
جيـــدة	٩١	٤٥%
هامشية	٤٢	٢١%
غير جيدة	٦٧	٣٤%
المجموع	٢٠٠	١٠٠%

يشير الجدول أعلاه أن معظم النساء العـاملات ١٠٩ مـن مجمـوع ٢٠٠ (٥٥%) تربطهن علاقات هامشية أو غير جيدة مع الادارة والمسؤولين وان ٩١ مـن مجمـوع ٢٠٠ (٤٥%) تربطهم علاقات جيدة مع الادارة والمسؤولين . علماً بأن العدد الأخير من النسـاء اللواتي اكدن علاقتهن الجيدة مع الادارة مبالغ فيه حيث لم تتجـرأ معظـم النسـوة عـلى الأفصاح عن علاقتهن السلبية مع أرباب ومسؤولي العمل .

أمـا الأسـباب المسـؤولة عـن العلاقـة غـير الجيـدة بـين المـرأة العاملـة والادارة والمسؤولين فكثيرة ومعقدة أهمهـا عـدم مواظبـة المـرأة عـلى العمـل وتغيبهـا المسـتمر وتركها للعمل أثناء العملية الأنتاجية وتكرار تغيبها مرات عديدة وبدون مـبرر . كـما أن العلاقة غير الجيدة هذه ترجـع الى المعاملـة السـيئة التـي تتلقاهـا مـن المسـؤولين عـن العمل وانخفاض رواتبها وأجورها وانعدام الحوافز المادية والمعنوية التي يمكن أن تقـدم لها في مناسبات معينة . وأخيراً عدم تقييم المسؤولين لجهودها واتعابها والتزاماتها داخل العمل وخارجه خصوصاً التزاماتها الأسرية والتربوية . لهذا يتطلب مـن الطـرفين ، المـرأة العاملة والادارة ، معالجة الاسباب الداعية لتأزم العلاقة المهنية والاجتماعيـة بيـنهما . إن التعاون المثمر والبنّاء بين المرأة العاملة والادارة والمسؤولين كفيـل بزيـادة كميـة الانتـاج تحسين نوعيته وتطوير الخدمات التي تقـدمها للمجتمـع (٥٧) ، وكفيـل بتحقيـق أغـراض المؤسسة الأنتاجية أو الخدمية التي تعمل فيها وتطوير نوعيتها خدمة للصالح العام .

---

(٥٧) Ibid., P. ١٩٢.

د- المقترحات والتوصيات حول تخفيف المشكلات الأسرية والمهنية التي تعاني منها المرأة العاملة :

بعد دراسة وتحليل طبيعة وابعاد المشكلات الأسرية والمهنية التي تعاني منها المرأة العاملة ينبغي علينا اقتراح التوصيات والحلول التي من شأنها ان تخفف من حدة هذه المشكلات وتقضي على عواملها السببية بحيث تتحرر المرأة العاملة منها . وإذا ما تحررت منها فأنها تكون قادرة على أشغال أدوارها الكلاسيكية والجديدة وتكون في موقف ايجابي يمكنها من خدمة المجتمع والمساهمة في عملية البناء الحضاري والتقدم الاجتماعي . في هذا الجزء من الدراسة سنقسم المقترحات والتوصيات الى قسمين أساسيين : قسم يتناول مجابهة المشكلات الأسرية التي تعاني منها المرأة العاملة والقسم الآخر يتناول مجابهة المشكلات المهنية . علماً بأن طبيعة وماهية المقترحات والتوصيات لمعالجة مشكلات المرأة مشتقة من خصائص هذه المشكلات ومسبباتها الموضوعية والذاتية بعد أن شخصتها الدراسة الميدانية ووضحت مضامينها وأبعادها تفصيلياً .

(أ) المقترحات والتوصيات المتعلقة بمواجهة المشكلات الأسرية التي تعاني منها المرأة العاملة :

(١) على الزوج أو الرجل المبادرة بتغيير مواقفه وقيمه الاجتماعية الكلاسيكية التي لا تسمح له بمساعدة المرأة في أداء واجباتها المنزلية . فقد حان الوقت له أن ينزل من برجه العاجي ويبدأ بمشاركة زوجته في تحمل أعباء المسؤوليات البيتية خصوصاً بعدما أصبحت الزوجة تساعده في تحصيل موارد العيش والكسب المادي للعائلة .

(٢) عند ذهاب المرأة للعمل خارج البيت يتطلب من الزوج خصوصاً إذا لم يكن مشغولاً في عمله الوظيفي القيام بالواجبات المنزلية والاعتناء بالأطفال والأشراف عليهم لغاية رجوع الزوجة من العمل . ان التعاون بين الزوج والزوجة

في تحمل الواجبات المنزلية وأداء الأعمال الوظيفية خارج نطاق الأسرة يعتبر من العوامل المسؤولة مباشرة عن نجاح الحياة الزوجية واستقرار العائلة الحديثة .

(٣) ينبغي على وسائل الأعلام الجماهيرية والمؤسسات التثقيفية والتربوية والمنظمات الجماهيرية والمهنية تثقيف الرجل وتوعيته بواجباته الأسرية والبيتية وتحفيزه على أدائها وتحمل مهامها مهما يكن عمره وانحداره الاجتماعي ومستواه الثقافي والمهني . كما يتطلب من هذه الأجهزة والمنظمات حث المرأة على التعاون والتفاعل مع الرجل من أجل أداء هذه المسؤوليات والواجبات الخطيرة التي تعتمد عليها صحة وسلامة وديمومة الأسرة .

(٤) على الدولة فتح المزيد من الحضانات ورياض الأطفال في طول القطر وعرضه وتحسين نوعيتها والاشراف عليها لكي تتولى مهمة العناية بالأطفال والصغار والاشراف عليهم خلال ساعات غياب الأم عن البيت . كما يتطلب من المدارس الابتدائية زيادة ساعات دوامها لكي تتلاءم ساعات الدوام فيها مع ساعات عمل الأم في المؤسسات الأنتاجية والخدمية . أما إذا كانت ساعات الدوام في المدارس الابتدائية قصيرة فأن الأطفال يذهبون الى بيوتهم في وقت مبكر لا توجد خلاله الأمهات . وهنا تضطر النساء العاملات الى خلق الاعذار للخروج عن العمل وتركه لكي يشرفن ويراقبن أطفالهن في بيوتهن .

(٥) على الدولة ومؤسسات القطاع الخاص تهيئة المواد الغذائية الجاهزة كالمعلبات والمواد الغذائية نصف المطبوخة والملابس الجاهزة والحاجيات الأساسية والكمالية وتوفيرها في المخازن والاسواق لكي تتمكن الأمهات من أقتنائها وتوفير الجهد والوقت اللذان يمكن أن يستفدن منهما في أداء الأعمال المنزلية والوظيفية.

(٦) على المرأة العاملة تنظيم جدول زمني يحدد أوقات عملها المنزلي واوقات عملها الوظيفي ويقسم العمل على أفراد الأسرة ويوازن بين أوقات العمل واوقات الفراغ والترويح .

(٧) على وسائل الأعلام الجماهيرية واماكن العبادة والمنظمات المهنية والشعبية والمرشدين والمرشدات الاجتماعيات ودوائر رعاية الأسرة تقوية العلاقات الاجتماعية والانسانية بين العائلة وأقاربها من جهة وبين العائلة وجيرانها من جهة أخرى . فإذا ما توطدت هذه العلاقات بين العائلة والاقارب والجيران فأن العائلة يمكن أن تحصل على المساعدات من الأقارب والجيران ، هذه المساعدات التي تخفف من حدة الأعباء المفروضة على الأمهات العاملات خصوصاً ما يتعلق بأداء الواجبات المنزلية وتربية الأطفال . وهذا معناه بأن الاقارب والجيران يمكن أن يساعدوا الأمهات العاملات في أداء مهامهم الأسرية والبيتية .

(ب) المقترحات والتوصيات المتعلقة بمواجهة المشكلات المهنية التي تعاني منها المرأة العاملة :

(١) يتطلب من المؤسسات الثقافية والتربوية ومن أدارات العمل والمسؤولين رفع المستويات الثقافية والمهارات التقنية وتطوير الخبرات العملية للنساء العاملات حيث أن مثل هذا الأمر يساعد على رفع أنتاجية المرأة ويعزز مواقفها الأنتاجية والمهنية .

(٢) يتطلب من وسائل الأعلام الجماهيرية ودوائر الارشاد والبحث الاجتماعي واماكن العبادة والمنظمات الجماهيرية والشعبية تثقيف المرأة بطبيعة مشكلات المجتمع ومحاربة أميتها الحضارية لكي تعرف كيفية الموازنة بين متطلبات عملها ومتطلبات أسرتها ولا تعكس مشكلاتها الخاصة في عملها وتتسلح بالقيم الاجتماعية الايجابية التي تدفعها على حب العمل الجماعي والتضحية في سبيل الغير وتحمل المسؤولية كاملة والصدق في القول والاخلاص في العمل والنقد والنقد الذاتي والانضباط والتحمل والمعاناة والدقة في أداء العمل ... الخ . كما تعني محاربة أميتها الحضارية تزويدها بالمعلومات الصحية والاقتصادية والسياسية التي تجعل منها امرأة يمكن الاعتماد عليها في المهمات والشدائد .

(٣) على المرأة أن لا تنقطع عن العمل ولا تتغيب عنه مهما تكن الأسباب لأن انقطاعها وتغيبها عن العمل يضر بالعملية الأنتاجية والخدمية التي يريدها المجتمع منها . فالعاملة الجيدة هي الانسانة التي تحرص على أداء عملها كما تحرص على تمشية أمورها البيتية وتربية أطفالها . فلا فرق بين العمل والبيت طالما أن مردوداهما ترجعان الى المجتمع واهدافهما هي أهداف المجتمع الكبير.

(٤) على المرأة العاملة أن تتحمل مسؤولياتها المهنية كاملة وتقدر العمل الذي تزاوله وتعي حاجة المجتمع الماسة لجهودها الأنتاجية والخدمية وأحترام الادارة والمسؤولين والتعاون معهم كلما استطاعت اليه سبيلا .

(٥) على الادارة والمسؤولين أحترام المرأة العاملة وتثمين جهودها الأنتاجية والخدمية الخلاّقة وعدم استغلالها وتقدير ظروفها ومسؤولياتها الوظيفية والأسرية والمنزلية ومنحها الحوافز المادية والمعنوية التي تستحقها وزيادة أجورها أو رواتبها إذا كانت مستحقة لذلك ورفع كفاءتها ومهارتها في أداء العمل .

(٦) ضرورة قيام الزوج والاقارب وابناء المجتمع المحلي تغيير أفكارهم وقيمهم ومواقفهم أزاء عمل المرأة واحترامه وتقديره مع تشجيع المرأة على ممارسة المهنة التي تتلاءم مع أمكاناتها الجسمانية والعقلية ومع رغباتها وطموحاتها .

(٧) ينبغي على المجتمع تغيير مواقفه ازاء منزلة المرأة في المجتمع ومساواتها مع الرجل في الواجبات والحقوق والسماح لها بالدخول الى كافة الأعمال الأنتاجية والخدمية . ذلك أن تغيير مثل هذه المواقف سيؤدي دوره الكبير في تفجير طاقات المرأة وبعث قواها وامكاناتها الخلاّقة خدمة لأهداف الدولة والمجتمع .

الفصل الرابع

دور الايمان والثقة بالنفس في تكامل شخصية الفتيات مع إشارة الى مشكلات الفتيات وسبل تذليلها

مقدمة تمهيدية :

لا يمكن ان تكون شخصية الفتيات ناضجة ومتكاملة وفاعلة في الوسط الذي تعيش فيه وتتفاعل معه ما لم تكن مزودة بالقيم والممارسات الايجابية ومتسلحة بخبرات ومهارات أداء الاعباء الاجتماعية الوظيفية الملقاة على عاتقها ومتسمة بالسمات الايجابية التي تمكنها من التفاعل الحي مع الآخرين على الصعيدين الرسمي وغير الرسمي ، هذه السمات التي تعد سر نجاحها وتكيفها واستقرارها في المجتمع الذي تظهر فيه . ولعل من أهم السمات الايجابية التي تتمتع بها شخصية الفتاة سمة الايمان بمبادىء الامة وفكرها النير والايمان بقدراتها المبدعة وامكاناتها الخلاّقة ومستقبلها المشرق والايمان بقابلياتها غير المحدودة على التقدم والتطور وقهر المشكلات والاخطار والتحديات التي تداهمها في الداخل والخارج . زد على ذلك ايمان الفتاة بقدراتها الكامنة والظاهرة التي تمكنها من أداء المهام الملقاة على عاتقها والتقدم المطرد في مجالات الحياة وتخصصاتها والتفاعل الصميمي مع الآخرين والتعاون معهم من اجل تحقيق الاهداف المتوخاة .

لكن سمة الايمان وحدها لا تكون كافية لتكامل وفاعلية شخصية الفتاة ، فهذه الصفة انما تتطلب صفة أخرى يمكن ان تتسم بها شخصية الفتاة ، تلك هي صفة الثقة العالية بالنفس والقدرة على اتخاذ القرار الشجاع والمستقل . فالثقة العالية بالنفس التي تتمتع بها الفتاة والتي تشكل جزءاً لا يتجزأ من شخصيتها انما تمكن الفتاة من القيام بالاعباء والمسؤوليات المطلوبة منها وتساعدها في وضع البرامج التي تسير عليها

موضع التنفيذ وصولاً الى الاهداف التي تخطط لها الفتاة ، هذه الاهداف التي لا تتعلق بها فحسب ، بل تتعلق بالجماعة او الجماعات التي تنتمي اليها وتتعلق بالمجتمع الكبير الذي تعيش فيه وتتفاعل معه . إضافة الى دور سمة الثقة العالية بالنفس في الاعتماد على الذات عند القيام باي عمل مهما يكن حجمه ومهما تكن طبيعته . والاعتماد على الذات يعد سبباً رئيسياً من اسباب الظفر والنجاح في الحياة العامة والخاصة [1] . علماً بان النجاح في المهام والاعمال الموكلة للفتاة لا بد ان يقوي شخصيتها ويعزز مكانتها في المجتمع ويزيد من قدراتها في المساهمة في اعادة بناء الصرح الحضاري للمجتمع .

إن هذه الدراسة انما تركز على خمسة محاور رئيسية هي :

أ- مفهوم الايمان والثقة بالنفس .

ب- العوامل المسؤولة عن الايمان والثقة العالية بالنفس عند الفتيات .

جـ - دور الايمان والثقة بالنفس في بناء وتكامل شخصية الفتاة .

د- دور الشخصية المتكاملة للفتاة في بناء المجتمع وتنميته .

هـ - مشكلات الفتيات وكيفية تذليلها .

والآن نود شرح وتحليل هذه المحاور مفصلاً .

أ- مفهوم الايمان والثقة بالنفس :

يمكن اعتبار الايمان والثقة بالنفس من القيم الاجتماعية الايجابية التي يتمسك بها الافراد والجماعات [2] ، ويمكن اعتبارها من السمات المتميزة التي تتصف بها الشخصية المتكاملة والمؤثرة . ولما كانت قيم الايمان والثقة بالنفس من السمات الايجابية للشخصية المتكاملة فانها تؤدي الدور الكبير في تحديد ممارسات الفرد ورسم أطر علاقاته الانسانية وتوجيه مساراته اليومية والتفصيلية نحو الاهداف والطموحات الذاتية والمجتمعية التي يصبو اليها [3] . وعندما تتوفر مثل هذه القيم الايجابية عند الفرد فانها تقود الى متانة شخصيته ونجاحها في تحقيق كل ما تريده وما تخطط له في الحاضر وفي المستقبل .

إن الايمان هو صفة او سمة ايجابية تتمتع بها الشخصية ، هـذه الصفة التي تعني فيما تعني العقيدة الثابتة والمترسخة عند الفرد ازاء القضايا والامور والحالات والاشياء المادية والمعنوية والوجدانية المحيطة به . علماً بان الايمان الثابت والمترسخ عند الفرد ينطوي على وحدة المبادىء والسلوك ووحدة الوسيلة والهدف ووحدة الظاهر والباطن، وينطوي على الجرأة والشجاعة والتصميم والتضحية من اجل الآخرين(٤). لكن ايمان الفرد لا يقف عند حد الذات بل يتجاوز ذلك الى الجماعة والمجتمع والامة والوطن .

إن الفرد عادة لا يؤمن فقط بقدراته وطاقاته الذاتية ولا يؤمن فقط بقوة وفاعلية شخصيته في أداء ما تريده وما تطمح لنيله ولا يؤمن فقط بأهمية عقيدته ودورها في تماسك شخصيته وتكاملها ، بل يؤمن أيضاً بالقدرات غير المحدودة لمجتمعه وامته . هذه القدرات التي تقهر المشكلات وتذلل اسبابها وتدفع عجلة تقدم المجتمع الى أمام وتسهم في بناء الصرح الحضاري للمجتمع . إذن الايمان ينبعث من عمق المبادىء وترسيخ العقائد وثبات الرؤيا والهدف ، ويؤثر في الوقت ذاته في طبيعة شخصية الفرد ودرجة تكاملها وصور تكيفها مع المحيط وقدرتها على تحقيق اهدافها القريبة والبعيدة . وعندما تترسخ قيمة الايمان عند الفرد وتصبح جزءاً لا يتجزأ من شخصيته فانها سرعان ما تتحول الى سمة سلوكية ثابتة تطبع الشخصية وتمنحها صفاتها الثابتة والمستقرة (٥).

أما الثقة بالنفس فهي قيمة اجتماعية ايجابية تعبّر عن مكنوناتها في الاعتماد على الذات عند اتخاذ القرار الذي يحدد مسارات الفرد السلوكية والتفاعلية ويوجه انشطته الخاصة والعامة وينظم مجريات حياته المادية والروحية . وقيمة الثقة بالنفس هي من أهم القيم الاجتماعية التي تقود الفرد والمجتمع الى طريق النصر مهما تكن طبيعة المخاطر والتحديات والملابسات التي تواجهما . ذلك ان الشخص المؤمن بقدراته وقابلياته والمتحمس لبلوغ غاياته وطموحاته هو الشخص الذي يستطيع الظفر والنجاح في اعماله كافة لاسيما إذا تعاون مع غيره وتكاتف معهم في تحقيق الهدف المنشود . أما إذا فقد الثقة بالنفس وكان ضعيف الشخصية ومنهار القوى ولا يعرف كيفية التعاون مع الآخرين والتنسيق معهم في أداء المهام المطلوبة فانه يكون عاجزاً عن تحقيق

ابسط اهدافه وبعيداً عن طريق النصر والسعادة والاستقرار . ومقولة البروفسور المجري كارل منهايم " ان الثقة العالية بالنفس عند مواجهة الاخطار والتحديات هي الطريق الصحيح المؤدي الى النجاح " (٦) . تشير بكل وضوح الى أهمية قيمة الثقة العالية بالنفس في بلوغ النجاح مهما يكن غرضه ومجاله .

ومن الجدير بالذكر ان قيمة الثقة بالنفس تمكن الفرد من احراز النجاح في مهامه واعماله وبالتالي تحقيق الاهداف الذاتية والمجتمعية . ذلك ان الثقة بالنفس تدفع الفرد الى اتخاذ القرار المستقل وتمده بالقوة الذاتية التي تحفزه على المضي قدماً في تحقيق الاهداف المرسومة . ناهيك عن أهميتها في الابتعاد عن التردد ومواجهة حالات الضعف والارتباك والانكسار المعنوي مواجهة شجاعة وحاسمة تقود الى تطويقها وتصفية آثارها السلبية . وامور كهذه يتمخض عنها النصر المؤزر والهادف الذي يقوي شخصية الفرد ويزيد من درجة اندفاعها نحو العمل الجدي والمثمر الذي يهدف الى تقدم المجتمع وتنميته في المجالات كافة.

إن من أسباب انتصار الجيوش في المعارك الحاسمة ثقة مقاتليها وقادتها بانفسهم وقابلياتهم على صد واحتواء العدوان وشن الهجوم على الاعداء والاستمرار بالقتال حتى تحقيق النصر الحاسم على الاعداء . ومن الجدير بالذكر ان الثقة بالنفس تتعدى ذلك الى ثقة المقاتلين بامتهم وشعبهم ، الامة التي تذكرهم بامجادها وتأريخها ومقدساتها وضرورة الدفاع عنها ، والشعب الذي يمدهم بالمستلزمات البشرية والمادية التي يحتاجونها أثناء القتال والتأهب له ويشجعهم على البذل والعطاء في سبيل الدفاع عن الوطن وحرمته وشرفه (٧) .

ب- العوامل المسؤولة عن زرع الايمان والثقة بالنفس عند الفتيات :

هناك عدة عوامل موضوعية وذاتية مسؤولة عن زرع الايمان والثقة العالية بالنفس عند الفتيات اللواتي يملكن هاتين السمتين او القيمتين الاجتماعيتين . كما ان توافر هاتين القيمتين عند الفتيات يكون بدرجات متفاوتة ، ذلك ان هناك فتيات يتمسكن بهاتين القيمتين بشدة ، وهناك فتيات أخريات يكون تمسكهن بمثل هذه

القيم ضعيفاً وغير مستقر . وترجع هذه الحقيقة الى طبيعة العوامل التي شاركت في زرع وبلورة هاتين القيمتين عند الفتيات ، كذلك الى مفردات هذه العوامل والطريقة التي من خلالها تؤثر في الافراد والجماعات . أما العوامل المسؤولة عن زرع الايمان والثقة بالنفس عند الفتيات فيمكن تحديدها باربعة عوامل أساسية هي :

١- طبيعة التنشئة الاجتماعية التي تتلقاها الفتيات من الأسرة والمجتمع.

٢- دور الجماعات المرجعية او المؤسسية في زرع وبلورة القيم والممارسات السلوكية.

٣- الظروف الاجتماعية والاقتصادية المحيطة بالفتيات .

٤- طبيعة شخصية الفتيات .

والآن علينا وصف وتحليل هذه العوامل وتوضيح أثرها في زرع قيمتي الايمان والثقة بالنفس عند الفتيات . تعد عملية التنشئة الاجتماعية من أهم العمليات المسؤولة عن زرع وبلورة قيمتي الايمان والثقة بالنفس عند الفتيات . علماً بان الاسرة والمجتمع المحلي ووسائل الاعلام هي من أهم الجهات المسؤولة عن زرع وبلورة هذه القيم الاجتماعية الايجابية في نفسية وذاتية الفتيات . التنشئة الاجتماعية هي عملية هادفة ومقصودة تتوخى تمرير الخبر والتجارب والقيم والمقاييس والمهارات من جيل الى جيل آخر [٨] . وعندما تكون عملية التربية هذه ناجحة ومؤثرة فان المتعلم يكتسب كافة القيم والخبر والتجارب ويحاول الاستفادة منها في حياته العملية لاسيما عندما تكون هذه القيم والخبر والتجارب جزءاً لا يتجزأ من شخصيته واطاره السلوكي .

ويمكن ان تكون عملية التنشئة الاجتماعية الهادفة الى استدخال وبلورة قيمتي الايمان والثقة بالنفس عند الفتيات ناجحة ومؤثرة إذا كانت هذه تأخذ بعين الاعتبار النقاط والمفردات الآتية :

١- ان تكون التنشئة الاجتماعية معتمدة على مبدأ الرعاية المكثفة ، هذا المبدأ الذي تنتهجه الأسرة في تعاملها مع ابنائها وبناتها . فإذا كانت رعاية الأسرة

لبناتها رعاية شاملة ومكثفة ودقيقة ومبرمجة فان الأسرة تكون قادرة على تمرير قيمها ومقاييسها واخلاقيتها الى الجيل الجديد بسرعة متناهية وكفاءة متميزة .

٢- ان تعتمد الأسرة اساليب الثواب والعقاب في عملية التعلم والتلقين فإذا اكتسبت الفتيات القيم الايجابية كقيم الايمان والشجاعة والايثار والثقة العالية بالنفس من الأسرة واعتمدت على هذه القيم في سلوكهن اليومي ، فان الأسرة تستطيع مكافأة بناتها بالمدح والثناء والاطراء ، والعكس هو الصحيح إذا لم تلتزم الفتيات بهذه القيم ولم تتعلم مفرداتها وتفصيلاتها . بمعنى آخر ان على الأسرة معاقبة بناتها في حالة عدم التزامهن بهذه القيم وتهربهن من مسؤولياتها الاخلاقية والوجدانية .

٣- ان توازن الأسرة بين اساليب اللين والشدة عند تعليم بناتها القيم والممارسات الاجتماعية المطلوبة . فالاسرة ينبغي ان لا تكون متشددة دائماً عند تعليم بناتها القيم والخبر والتجارب ، وان لا تكون متساهلة ولينة معهن بل يجب عليها ان توازن بين أساليب اللين والشدة عند عملية التعليم المسؤولة عنها .

لكن عملية التنشئة الاجتماعية التي تهدف الى استدخال القيم والممارسات الايجابية في شخصية الفتيات لا تتحملها الأسرة فقط، بل تتحملها العديد من الجماعات المرجعية او المؤسسية كالمدرسة ومكان العبادة والعمل والمجتمع المحلي ووسائل الاعلام الجماهيرية والنادي والحزب وجماعة الرفقة او اللعب ...الخ(٩). فهذه الجماعات او المؤسسات تتحمل من جانبها مهمة التربية والتلقين وتمرير القيم والمهارات والخبرات التي تتناسب مع تخصصاتها وبرامجها واغراضها. ان كل جماعة من هذه الجماعات المرجعية تقع على عاتقها مهمة زرع وبلورة القيم الايجابية عند الفتيات ومحاربة وتطويق القيم السلبية والضارة . وإذا ما أدت هذه الجماعات مسؤولياتها التربوية هذه بامانة واخلاص فان افرادها ومنتسبيها من كلا الجنسين لا بد ان

يكونوا متسلحين بالمبادىء والقيم والتعاليم الايجابية التي تحميهم مـن الانـزلاق في مواطن الانحراف والشر والجريمة .

ولكي تكون هـذه الجماعات المؤسسية فاعلـة ومـؤثرة في رسالتها التربوية والتوجيهية والارشادية ومتمكنـة مـن زرع وبلـورة القيم والممارسات الايجابية عند اعضائها وعضواتها عليها ان تنسق انشطتها وتوحد برامجها وتتعاون فيما بينها من أجل التأثير في افرادها ومنتسبيها. كما ينبغي ان لا يكون هنـاك تقاطع وتناقض بين هـذه الجماعات في رسالتها التربوية والقيمية . ذلك ان مثل هذا التقاطع او التناقض لا بـد ان يضعف دور هذه الجماعات في توجيه افرادها ويشجع في الوقت ذاته الافراد على عـدم التمسك بالمبادىء والقيم الايجابية والتهرب منها كلما استطاعوا الى ذلك سبيلا (١٠).

وهناك عامل آخر يؤثر في التزام او عدم التزام الافراد بالقيم السلوكية الايجابية لاسيما قيمتي الايمان والثقة بالنفس ، وهذا العامـل هـو طبيعة الظروف الاجتماعية والاقتصادية والمعنوية المحيطـة بهم . لو كانت الفتيـات يتمتعن بظروف اجتماعية واقتصادية ومعنوية جيدة، كان يكونن محترمات ومقيمات من قبل المجتمع، ومكتفيات ومقتنعات اقتصادياً ومادياً ، ويتسمن بحالـة معنوية عاليـة عـن الانكسار النفسي ـ والهبوط المعنوي ، فان هـذه الظروف تساعدهن في التجاوب مـع القيم والمبادىء الايجابية وتدفعهن الى تعلم واكتساب هذه القيم والمبادىء بسرعة، واخيراً تمكنهن مـن السلوك والحركة وفق مفردات هذه القيم والمبادىء وتعاليمها . أما إذا كانت الظروف الاجتماعية والاقتصادية والمعنوية المحيطـة بالفتيات سلبية وقاهرة ومثبطة فان الفتيـات لا يمكن ان يتعلمن القيم والممارسات الايجابية بـل عـلى العكس يتعلمن القيم والممارسات الضارة التي تتفق مع طبيعة الظروف الصعبة والمتناقضة التي يعشنها .

وأخيراً هناك عامل طبيعة شخصية الفتيات، هذا العامل الـذي يؤثر في درجـة تعلمهن واكتسابهن للمبادىء والقيم الايجابية التي يثمنها المجتمع ويقبلها الجميع . ان طبيعة شخصية الفتاة تلعب الدور الكبير في ايمانها او عدم ايمانها بالقيم الايجابية

التي يؤكد عليها المجتمع والقادة والمسؤولون . فلو كانت شخصية الفتاة ناضجة وكاملة ومؤثرة وبعيدة عن العُقد والادران والامراض الظاهرة والكامنة وتتسم بالاستقامة والوضوح والعدالة والخير ، فان مثل هذه الشخصية لا بد ان تمكنها من تعلم المبادىء والقيم الجيدة واعتمادها في سلوكها اليومي والتفصيلي[١١] . وهنا تصبح الفتاة متكيفة للمجتمع ومتجاوبة مع اخلاقيته وسلوكيته ومستقرة في مؤسساته البنيوية على اختلاف تخصصاتها واهدافها . ومثل هذه الفتاة تستطيع بسهولة تحقيق طموحاتها الذاتية والمجتمعية وتكون أداة نافعة للبناء والتنمية والتقدم الاجتماعي . أما إذا كانت شخصية الفتاة مريضة ومعقدة ومصابة بالادران والسلبيات كأن تكون مثلاً شخصية عصابية او ذهانية او شخصية دكتاتورية وسلطوية او شخصية انعزالية وانطوائية او شخصية عدائية فانها لا تستطيع تعلم واكتساب القيم الخيرة والفاضلة . وهنا تكون هذه الشخصية ناقصة وغير قادرة على أداء مهامها والقيام بالتزاماتها[١٢] .

جـ - دور الايمان والثقة بالنفس في بناء وتكامل شخصية الفتيات :

عندما تلتزم الفتاة بقيمة الايمان ، أي تكون مبدئية ومتمسكة بالعقائد والممارسات الاجتماعية الايجابية التي تؤمن بها امتها وشعبها ويثمنها الجميع فان سلوكها اليومي والتفصيلي وعلاقاتها مع الآخرين تكون بناءة ومثمرة وعلى درجة كبيرة من الايجابية والفاعلية . ان سلوك وعلاقات هذه الفتاة تكون منبعثة من مبادئها وقيمها وافكارها . لذا يكون سلوكها مبدئياً وعلاقاتها ملتزمة ومستقيمة مهما تكن الظروف والمناسبات التي تجد نفسها فيها . فعندما تؤمن الفتاة بمبادىء الصدق والاخلاص في العمل فان سلوكها اليومي أي اعمالها وواجباتها وطريقة خدمتها للجماعة والمجتمع تكون صادقة ومخلصة[١٣] . فهذه الفتاة نتيجة ايمانها بالصدق والاخلاص في العمل تؤدي مهامها الوظيفية باخلاص ولا تكذب على أحد ولا تغش في عملها وتقدم الخدمات النافعة والجليلة لمؤسستها ومجتمعها وتتفانى في خدمة المجتمع إذ تفضل المصلحة العامة على مصلحتها الذاتية . وامور كهذه لا بد ان تقود الى نجاح الفتاة في مهامها الوظيفية وعلاقاتها مع الآخرين ، وفي الوقت ذاته تقود الى نمو الجماعة وتطور المجتمع في المجالات كافة . وإذا ما نالت الفتاة النجاح في حياتها

الخاصة والعامة وحصلت على ثقة المجتمع وتقديره لها فان شخصيتها لا بد ان تكون قوية ومؤثرة ومتكاملة بحيث تستطيع ان تحتل مكانتها البارزة في المجتمع .

أما قيمة الثقة بالنفس التي تؤمن بها الفتاة فتجعلها واثقة من امكاناتها وقدراتها الموضوعية والذاتية ومتمكنة من اتخاذ القرار المستقل الذي يمس مستقبلها ويحدد مسارات عملها ويرسم صورة توجهاتها ، فالفتاة الواثقة من نفسها والملتزمة بمبادىء وقيم مجتمعها وامتها والتي يتمحور سلوكها حول ما تؤمن به وتعتقد بصلاحيته انما هي الفتاة التي تتخذ القرارات الناجعة التي تقود الى رفع مكانتها وتعزيز شخصيتها وتثبيت مركزها في الأسرة والمجتمع . أما الفتاة التي تفتقر قيمة الثقة بالنفس فهي الفتاة ضعيفة الشخصية ومفقودة الارادة وسليبة الرأي والموقف ، وهنا لا تستطيع هذه الفتاة اتخاذ أي قرار مستقل يدعم مكانتها ويعزز شخصيتها ويمكنها من تحسين اوضاعها وظروفها الخاصة والعامة . وهذه الفتاة لا تستطيع المساهمة في بناء المجتمع وتنميته وتطويره في المجالات كافة .

إذن ثقة الفتاة بنفسها وامكاناتها وامكانات أمتها انما تمكنها من اتخاذ القرار المستقل والصائب الذي يخدم مصالحها ومصالح أمتها ويمكنها من الاعتماد على قدراتها الظاهرة والكامنة واحتلال مواقعها المتميزة في الدولة والمجتمع . وامور كهذه لا بد ان تطور شخصيتها وتنميها بحيث تكون أكثر فاعلية والتزاماً من ذي قبل .

وعندما تكون شخصية الفتاة متكاملة وناضجة ومؤثرة نتيجة لتمسكها بقيم الايمان والشجاعة والثقة العالية بالنفس ، فان الفتاة تنزع الى الالتزام بقيم ايجابية أخرى تعزز القيم التي تحملها . فبجانب تمسك الفتاة بقيم الايمان والشجاعة والثقة بالنفس نراها تتمسك بقيم أخرى لا تقل أهمية عن القيم التي تعتقد بها كقيم التفاؤل والصراحة والنقد والتقد الذاتي والنزاهة والتعاون والموازنة بين الحقوق والواجبات والايثار والصبر والنفس الطويل والعدالة والديمقراطية والتواضع وعدم الغرور... الخ من القيم الايجابية التي يثمنها الجميع . وعندما تتمسك الفتاة بجميع هذه القيم

الايجابية فانها على مر الزمن تستطيع بناء وبلورة منظومة متكاملة من القيم الايجابية الخاصة بها ، هذه المنظومة التي تحدد معالم شخصيتها بحيث تكون الشخصية مؤثرة ومتجاوبة مع الوسط الاجتماعي الذي تعمل فيه [١٤] .

ولعل من المفيد ان نشير هنا الى ان تكامل شخصية الفتاة نتيجة تمسكها بقيم الايمان والشجاعة والثقة بالنفس لا تجعلها ملتزمة بمنظومة القيم الايجابية فحسب، بل تجعلها أيضاً ناقدة للقيم السلبية ورافضة لها ومستعدة على محاربتها وتطويقها وتصفية آثارها الهدامة . فالفتاة ذات الشخصية الناضجة والمتكاملة هي تلك الفتاة التي ترفض القيم السلبية التي تتجسد في الانانية وحب الذات والتعالي والغرور والخلاعة والتبرج والمجون والكذب والنفاق والغش في العمل والاتكالية والكسل والاقليمية والطائفية والطبقية والعنصرية . علماً بأن رفض الفتاة للقيم الضارة والمتخلفة والوقوف ضدها لا بد ان يسهم في تطويق هذه القيم والقضاء على آثارها المخربة والهدامة .

وتكامل شخصية الفتاة وبلورة عناصرها الايجابية انما يمكن الفتاة من اشغال العديد من الادوار الاجتماعية الوظيفية التي من خلالها تستطيع خدمة المجتمع والمساهمة في اعادة بناء صرحه الحضاري . فالفتاة ذات الشخصية الناضجة والمتكاملة تشغل عدة أدوار وظيفية في آن واحد ، فهي تشغل دور ربة البيت ودور البنت ودور الطالبة في الكلية ودور العضوة في الحزب ودور العضوة في المنظمة الجماهيرية كالاتحاد العام لنساء العراق مثلاً ... الخ . ومثل هذه الأدوار تحدد واجبات ومهام الفتاة في الأسرة والمجتمع ، وفي الوقت ذاته مكانتها الاجتماعية التي تتجسد في حقوقها المادية والمعنوية . علماً بان منزلة الفتاة وحقوقها هي التي تحدد شريحتها الاجتماعية وبالتالي مركزها في السلم الاجتماعي [١٥] .

لكن الفتاة قبل اشغالها لادوارها الوظيفية ينبغي ان تتدرب على اشغال هذه الادوار وخدمة المجتمع من خلالها . وتدربها على تبوء هذه الادوار يكون من خلال عملية التنشئة الاجتماعية التي تكون بمراحل زمنية نظامية وتشارك فيها العديد من

المؤسسات الوظيفية ذات الاهداف التربوية والاجتماعية كـالاسرة والمدرسة والجامع او الكلية ووسائل الاعلام والمنظمة الجماهيرية ٠٠٠ الـخ . إن ما مطلوب التركيز عليـه في هـذا المبحـث هـو ان تكامل شخصية الفتـاة يمكنها مـن أشـغال ادوارهـا الاجتماعيـة الوظيفية بصورة فاعلة وأداء مهامها ومسؤولياتها بكفاءة واتقان .

وأخيراً يؤدي تكامل شخصية الفتاة دوره الفاعل في تمكين الفتاة من الـربط بـين برامجها وسياقات عملها واهدافها الذاتية والمجتمعية . فالفتاة ذات الشخصية المتكاملة والناضجة تستطيع رسم صورة مستقبلها مـن خـلال تحديـد الـبرامج التي يمكـن ان تعتمدها في بلوغ الغايات والاهداف . فالفتاة التي تريد الحصول عـلى شهادة جامعية في موضوع من الموضوعـات النظريـة او التطبيقيـة لا تستطيع بلـوغ هـذا الهـدف دون انتهاج برامج عملية تمكنها من الوصول الى الهدف المنشـود . وهـذه الـبرامج تتجسد في الـدوام المنتظم في الجامعة وحضور الحصص الدراسية والسعي والاجتهاد واحـترام الاساتذة واتقان مواد ومفردات الموضوعات العلمية وأداء الامتحانات الفصلية والسنوية والنجاح فيها. ومثل هذه البرامج التي تعتمدها الفتاة في دراستها انما تمكنها مـن بلـوغ الهدف المحدد الا وهو التحصيل العلمي العالي والحصول عـلى الشهادة وتبوء المركز الوظيفي عن طريقها . كذلك تستطيع الفتاة الربط الواعي والمحكم بـين بـرامج العمـل الوظيفي الذي تزاوله واهدافها المهنية والخدمية . ومثـل هـذا الـربط يحقق الاهـداف الذاتية للفتاة واهداف المؤسسة التي تعمل فيها .

د-   دور الشخصية المتكاملة للفتاة في بناء المجتمع وتنميته:

قبل دراسة أثر الشخصية المتكاملة للفتاة في بنـاء المجتمـع وتنميتـه علينـا اولاً تحديد مواصفات الشخصية الناضجة والمتكاملة للفتاة ، ثم بعد ذلك علينـا الـربط بـين الشخصية المتكاملـة والقدرة عـلى بناء المجتمع وتنميته في المجالات كافة . تتسم الشخصية المتكاملة بعدة مواصفات أهمها ما يأتي :

١-   قدرة الشخصية عـلى لعـب الادوار المختلفـة التي تتخصص بهـا [١٦] . ذلك ان الشخصية المتكاملة للفتاة انما تمكنها من لعب عدة أدوار في آن واحد وأداء

هذه الأدوار بدقة وكفاءة . علماً بان الشخصية لا تستطيع القيام بهذه المهمة دون تدريبها وتنشئتها وقيادتها وتوجيهها على القيام بهذه المسؤوليات وان التدريب والتنشئة والتوجيه تتحمله عدة جماعات مؤسسية في آن واحد وليس الأسرة فقط .

٢- سيطرة العقل الظاهري اوالشعوري للشخصية على العقل الباطني او اللاشعوري، فعندما يسيطر العقل الظاهري على العقل الباطني ويوجهه وفق ما يريده المجتمع وما تقتضيه الاخلاق والقيم والمقاييس فان الشخصية تكون سوية وفاعلة في أداء مهامها وتحمل مسؤولياتها [١٧] . والعكس هو الصحيح عندما يفشل العقل الظاهري بقيادة وتوجيه العقل الباطني .

٣- ايمان وتحلي الشخصية المتكاملة بالقيم السلوكية الايجابية والاقتداء بها والتصرف وفق مفرداتها وتعاليمها كقيم الايمان والشجاعة والايثار والثقة بالنفس والتعاون والصراحة والصبر والتفاؤل والتواضع والعدالة ... الخ ، مع محاربة القيم السلبية والضارة كالانانية وحب الذات والكذب والغش والاتكالية والكسل والطائفية والعنصرية والطبقية والاقليمية ... الخ .

٤- قدرة الشخصية المتكاملة على حل وتطويق المشكلات والاخطار والتحديات التي تواجهها ، وذلك عن طريق دراسة هذه الاخطار والمشكلات ومعرفة اسبابها الموضوعية والذاتية وادراك آثارها ونتائجها ، ثم بعد ذلك التصدي لها ومواجهتها بحزم وشدة .

٥- قدرة الشخصية على التكيف للظروف والمناسبات والوسط البيئي الذي تجد نفسها فيه . علماً بأن مثل هذا التكيف لا يمكن ان يتحقق دون درجة من المران والممارسة التي تبلغها الشخصية وتستطيع من خلالها التفاعل مع المحيط والتجاوب مع ظروفه ومعطياته الموضوعية .

ومن الجدير بالملاحظة ان الشخصية المتكاملة التي تتسم بالمواصفات التي حددناها اعلاه هي الشخصية التي تستطيع المساهمة بنجاح وفاعلية في بناء المجتمع

وتنميته في المجالات كافة ، بمعنى آخر ان الشخصية المتكاملة للفتاة تمكنها من بناء المجتمع وتطويره مادياً وحضارياً وروحياً . أما المجالات التي يمكن ان تسهم فيها الفتاة في بناء المجتمع وتطويره فيمكن تصنيفها الى ثلاثة مجالات رئيسية هي :

١- دور الفتاة في مجال الأسرة .

٢- دور الفتاة في مجال الدراسة والتحصيل العلمي والتدريب والتأهيل الخدمي والتكنولوجي .

٣- دور الفتاة في مجال العمل والأنتاج .

والآن نود وصف وتحليل المجالات هذه موضحين المهام الرئيسية التي يمكن ان تضطلع بها الفتاة في هذه المجالات الحيوية .

١- دور الفتاة في مجال الأسرة :

تؤدي الفتاة الكثير من المهام والمسؤوليات داخل الأسرة لاسيما إذا كانت كبيرة وواعية ومدركة لطبيعة وماهية دورها الأسري . فهي تستطيع ان تشارك في رسم سياسة الأسرة واتخاذ القرارات الخاصة بمستقبلها ومستقبل أسرتها ، وتستطيع تربية الأطفال الصغار والمساهمة في تنشئتهم وتقويمهم وزرع القيم والاخلاق الايجابية عندهم [١٨] . كما تستطيع الفتاة المساهمة في العمل خارج البيت وكسب المقومات الاقتصادية للأسرة ، هذه المقومات التي ترفه عن الأسرة وتنمي مستوياتها المعيشية . زد على ذلك دور الفتاة في حل مشكلات الأسرة وتطويق آثارها السلبية والهدامة . كما ان الفتاة يمكن ان تتعاون وتتكاتف مع بقية افراد الأسرة من أجل تحقيق طموحات الأسرة واهدافها .

وأخيراً علينا ان لا ننسى الدورالذي يمكن ان تضطلع به الفتاة في الزواج وتكوين الأسرة الزواجية التي هي النواة الحقيقية لبناء المجتمع . كما ان الفتاة عند تكوينها للأسرة الزواجية بعد زواجها تؤدي الدور الفاعل في الانجاب وزيادة حجم الأسرة التي يعتمد عليها حجم السكان .

٢-   دور الفتاة في مجال الدراسة والتحصيل العلمي :

وتؤدي الفتاة الكبيرة والناضجة مهمة أخرى في المجتمع تلك هي مهمة السعي والاجتهاد والانكباب علـى الدراسـة والتحصيل العلمـي والتـدريب والتأهيـل المهنـي والتكنولوجي . فالفتاة تستطيع دخول المؤسسات التربوية والتعليمية علـى اختلاف مستوياتها وانواعها التخصصية ، وتستطيع الدراسـة فيها واكتساب الخبرات العلميـة والمعارف الأدبية والمعلومات التقنية . وبعد الدراسة هذه تحصل على المؤهلات العلمية التي تمكنها مـن تبـوء مختلف الأعمال والمهن ، وبالتـالي نيل درجـة لا بـأس بهـا مـن الاستقلالية والتفردية التـي تمكنهـا مـن تحسـين اوضاعها الاجتماعيـة ورفع منزلتها الحضارية في الأسرة والمجتمع .

وعندما برهنت الفتـاة العراقية المعاصرة قدرتها على الدراسة والتحصيل العلمي العالي سارعت الى فتح المزيد مـن المؤسسات التربوية والتعليميـة لهـا الى درجـة انها أصبحت تقف على صعيد واحد مع الشاب في اكتساب الثقافة والتربية والتعليم ودخول مجالات العمل الخدمي والانتاجي [١٩] . وهنا أصبحت الفتـاة قادرة علـى بناء المجتمع وتنميته وتحديثه ورسم آفاق المستقبل له .

٣-   دور الفتاة في العمل والأنتاج :

ان نجاح الفتاة في قطع اشواط متميزة في مضمار العلم والمعرفـة واكتسـاب مختلف الفنون والآداب والثقافات قـد مكنهـا مـن تبـوء العديد مـن الأعمال والمهن الخدمية والانتاجية التي يحتاجها المجتمع المعاصر حاجة ماسة . ودخول الفتاة في هـذه الأعمال والمهن قد رفع نسبة القوى العاملة النسوية في المجتمع العراقي مـن ١٨% في عام ١٩٧٩ الى اكثر من ٣٥% في عام ٢٠٠٠ [٢٠] . وهنا اصبحت الفتاة تشارك في عمليـة اعادة بناء الصرح الحضاري للمجتمع وتسهم في زيادة الانتاجيـة كمـاً ونوعـاً وتؤثر في المستوى المعاشي والحالة الاقتصادية للمجتمع .

ولعل من المفيد ان نشير هنا الى ان مشاركة المرأة للرجل في العمـل الاقتصادي خارج البيت قـد غيّر صورة تقسيم العمل الاجتماعـي داخل الأسرة وضاعف الادوار

الاجتماعية الوظيفية التي تشغلها المرأة في المجتمع المعاصر . فالمرأة او الفتاة سابقاً كانت تتخصص بادارة شؤون المنزل فقط ، والرجل كان يتخصص ويركز على مهمة كسب موارد العيش للأسرة . أما الآن فقد أصبحت الفتاة تعمل داخل البيت وخارجه ، وهذه الحقيقة شجعت الرجل على المشاركة في تحمل بعض الواجبات المنزلية التي كانت سابقاً من اختصاص المرأة [٢١] . ان الفتاة المعاصرة أصبحت تشغل دورين اجتماعيين متكاملين في آن واحد هما دور المسؤولة عن الأعمال المنزلية ودور العاملة أو الموظفة او الخبيرة خارج البيت . وحقيقة كهذه قد شاركت في رفع مكانة المرأة في المجتمع وعززت شخصيتها ومنحتها قوة وفاعلية بحيث أصبحت تحتل مكانها الطبيعي في الحياة الاجتماعية .

هـ - مشكلات الفتيات والنساء وكيفية مواجهتها :

يتناول هذا المحور من الدراسة جملة من المشكلات الانسانية التي تعاني منها الفتيات والنساء العراقيات في هذه المرحلة التي يمر بها مجتمعنا العراقي والتي تمت عملية رصدها وتحديدها عن طريق البيانات الاحصائية والخبر والتجارب والمشاهدة الميدانية . إن المشكلات الموضوعية والذاتية التي تعاني منها الفتيات والنساء في المرحلة الراهنة يمكن تقسيمها الى ست مشكلات أساسية هي ما يأتي :

١- البطالة بين الخريجات وغير الخريجات من النساء .

٢- القيم والممارسات الضارة عند العديد من الفتيات والنساء .

٣- النظرة المتخلفة عند العديد من الشباب ازاء المرأة .

٤- عدم قدرة المؤسسات الاجتماعية على استثمار طاقات الشابات لصالح المجتمع.

٥- هدر وقت الفراغ عند الشابات .

٦- القيم الأسرية المتخلفة التي تحد من قدرة الشابة (المرأة) على أداء مهامها الأنتاجية والمجتمعية [٢٠] .

والآن علينا وصف وتحليل هذه المشكلات لكي نطلع على طبيعتها وأثرها المخرب في دور المرأة في المجتمع المعاصر وفي مسيرة المجتمع نحو تحقيق أهدافه العليا التي يناضل من أجل بلوغها بأسرع وقت ممكن . وبعد تحليل هذه المشكلات ومعرفة جوانبها السلبية نستطيع معالجتها ووضع حد لها في محور المقترحات والتوصيات الذي سوف يختم هذا الفصل .

(١) البطالة بين الخريجات وغير الخريجات :

تعاني العديد من الشابات سواء الخريجات منهن او غير الخريجات من مشكلة البطالة ، أي عدم وجود الأعمال التي يرغبن بممارستها والتي تتجاوب مع تحصيلهن العلمي وميولهن واتجاهاتهن أزاء العمل او الأعمال التي يطمحن بأشغالها . فهناك الكثير من خريجات الكليات والمعاهد والاعداديات عاطلات عن العمل بسبب عدم وجود الأعمال الكافية والملائمة لهن ، وأن عدم أمتهانهن للأعمال والوظائف المناسبة انما يقتل طموحاتهن في خدمة المجتمع والمشاركة في عملية بنائه المادي والحضاري ويعطل طاقاتهن المبدعة والخلاّقة ويهدر الموارد البشرية للمجتمع ويضيع الأموال التي استثمرت في عملية تربية الفتيات وتعليمهن وتحصيلهن الثقافي والعلمي والتكنولوجي . الأمر الذي يحد من مسيرة المجتمع التنموية والحضارية والمجتمعية . زد على ذلك أن بطالة الخريجات تكسر معنوياتهن وتحطم حالتهن النفسية وتجعلهن يشعرن بحالة اليأس والضياع واللامبالاة بل والانحراف والولوج في عالم الشر والجريمة [٢١] .

هذا ما يتعلق ببطالة الخريجات والمؤهلات علمياً وتقنياً ، أما بطالة غير الخريجات فتعد من المشكلات المزمنة التي تنخر في جسم المجتمع والأمة . ويرجع هذا النوع من البطالة الى عاملين أساسيين هما قلة أو شحة الأعمال النسوية شبه الماهرة أو غير الماهرة نتيجة الظروف الاقتصادية والاجتماعية الصعبة التي يمر بها القطر ، ووجود القيم الاجتماعية المتخلفة والعتيقة التي لا تحبذ عمل المرأة وتريد المرأة ان تكون حبيسة البيت تنجب الأطفال وترعاهم وتهتم بشؤون الزوج والبيت. وحقيقة كهذه تؤدي دورها

المخرب في استثمار الطاقات البشرية وتحد من مشاركة المرأة في اعادة عمليات البناء والتقدم الاجتماعي .

(٢)   المفاهيم والقيم الضارة عند العديد من الشابات :

نتيجة للرواسب التأريخية والحضارية التي ورثها المجتمع من العهود والحقب السابقة ، ونتيجة لعملية الاحتكاك والانتشار الحضاري بين العراق والدول الصناعية المتقدمة اكتسبت العديد من الشابات والفتيات بعض المفاهيم والقيم الضارة التي ترسخت واستقرت في شخصياتهن وأخذت تؤثر تأثيراً ضاراً ومخرباً في سلوكهن اليومي والتفصيلي . ومن هذه القيم والمفاهيم تدني المنزلة الاجتماعية للمرأة بالنسبة للمنزلة الاجتماعية للرجل ، فالرجل دائماً يتقدم على المرأة في كل شيء . وشيوع هذه القيم واستقرارها في المجتمع أدى الى شعور المرأة بأنها لا يمكن ان تقف على صعيد واحد مع الرجل وأن الرجل يتفوق عليها ويحدد مستقبلها في كل الظروف والمناسبات . وأمر كهذا لعب دوره المخرب في تعطيل طاقات الفتيات والحد من نشاطهن في المجتمع [٢٢] .

زد على ذلك أن هناك مفاهيم ضارة وممارسات سلبية تتسم بها العديد من الفتيات كالتبرج والاستهلاك المظهري والتبذير وسوء التدبير المنزلي واستغلال الزوج وعدم التعاون معه في تمشية أمور الأسرة والعزوف عن الاختلاط البريء مع الجنس الآخر والتشكيك بنوايا الرجال والشباب وطلب المهور العالية وفرض الشروط التعجيزية على الشباب الذين يريدون الزواج بل وحتى العزوف عن العمل او الزواج لأسباب بعيدة كل البعد عن المنطق والعقل والتفكير السليم . وقيم سلبية كهذه تحط من قيمة المرأة في المجتمع وتجعل الرجل يحقد عليها ويتهرب منها ويتهمها بضيق الأفق والتحيز والجهل وبالتالي لا يمنحها الحرية التي تحرر طاقاتها وتزجها في عملية بناء المجتمع وتنميته في المجالات المادية وغير المادية .

(٣) النظرة المتخلفة عند العديد من الشباب أزاء المرأة :

يحمل العديد من الشباب نتيجة لظروف الكبت وعدم الاختلاط مع الجنس الآخر والرواسب التأريخية والاجتماعية التي ورثها مجتمعهم عبر الحقب المتخلفة والنظم الاقطاعية والاستبدادية والدكتاتورية جملة مفاهيم وقيم متخلفة أزاء المرأة تحط من قيمتها وتشكك بقدراتها وتعتبرها كائنة ضعيفة خلقت لأغراض معينة هي أشباع الحاجة الجنسية للرجل وانجاب الأطفال وتربيتهم وأداء المهام المنزلية [٢٢] . أن بعض الشباب في الوقت الحاضر يعتقدون بأن المرأة لا يمكن أن تتساوى مع الرجل ، فهي دون الرجل في تحمل المهام والمسؤوليات . كما يعتقدون بأن اختلاطهم ومعاشرتهم للنساء انما تدور حول عامل واحد هو الحصول على المتعة الجنسية دون التفكير بمكانة المرأة في المجتمع وشرفها وشرف عائلتها وما يمكن أن تضطلع به من مهام انشائية وبنيوية على جانب كبير من الأهمية والفاعلية . فبعض الشباب مع الأسف الشديد لا ينظرون الى المرأة نظرة مليئة بالاحترام والتقدير ولا يريدون رفقتها من أجل الزمالة والمحبة البريئة والتعاون معها في تحقيق الأهداف العلمية والانتاجية والمهنية والمجتمعية المشتركة . بل ينظرون اليها من أجل المتعة الجنسية العابرة أو الغزل الرخيص او الحب البعيد عن العفة والطهارة . وعندما تعي المرأة لنوايا الشباب الطائشة والرخيصة أزاءها تحاول تجنبهم والعزوف عن مخالطتهم كلما استطاعت الى ذلك سبيلاً ، او تحاول التحجب والتشكيك بنواياهم ومقاصدهم . الأمر الذي يدفعهم الى التحرش بها ومضايقتها والتقليل من مكانتها الاجتماعية . وهنا تتوسع الهوة بين الشباب والشابات بحيث ينعدم الاختلاط البريء ويقل التعاون بين الجنسين في بناء المجتمع وتنميته .

(٤) عدم قدرة المؤسسات الاجتماعية على استثمار طاقات الشابات لصالح المجتمع:

هناك العديد من المؤسسات الاجتماعية التي تستطيع تحريك واستثمار طاقات الشابات وزجها في المجالات الأنتاجية والمجتمعية والترويحية، ومن هذه المؤسسات مكاتب العمل والتشغيل ومكاتب الرعاية الاجتماعية والمنظمات الجماهيرية والشعبية

والنوادي الرياضية والاجتماعية ومراكز الشباب والاتحادات والجمعيات المهنية وغيرها. غير ان هذه المؤسسات بسبب ضعف كوادرها وامكاناتها المادية وعدم استقرار سياساتها واستراتيجياتها ومحدودية انشطتها واهتمامها المتزايد بشؤون الشباب دون الشابات .

نراها غير قادرة على استقطاب الشابات والنساء والاستفادة من طاقاتهن الأنتاجية والمهنية والخدمية لصالح المجتمع [٢٤] . لهذا السبب ولأسباب تتعلق بالقيم والافكار والمعتقدات القديمة والرجعية التي تحملها الشابات والنساء أزاء هذه المؤسسات والتي تتسم بالسلبية والتجنب واللامبالاة نلاحظ اغتراب الشابات عن هذه المؤسسات وعدم المشاركة في الأنشطة والخدمات والبرامج التي تقدمها للمجتمع . إن وجود الهوة الكبيرة بين هذه المؤسسات الاجتماعية والعناصر النسوية قد جعل معظم هذه المؤسسات تتعامل مع الشباب والرجال دون النساء مما أدى الى قصور أنشطة هذه المؤسسات وضعف كوادرها وضيق أفقها وبالتالي تلكؤها في أداء المهام الأنتاجية والمجتمعية والترويحية الملقاة على عاتقها . فضلاً عن تجميد الطاقات النسوية في المجتمع وقتل رغبتها في المبادرة والعمل الهادف .

(٥) هدر وقت الفراغ عند الشابات :

وقت الفراغ هو الساعات التي يتحرر فيها المرء من قيود العمل والأنتاج والكسب المادي ، وهو الوقت الذي يمكن أن يستفيد منه في ممارسة الأنشطة الترويحية الايجابية التي تجدد قابلياته الكامنة وتطور شخصيته وتفجر طاقاته المبدعة والخلاّقة . غير ان الخبِر والتجارب والمؤشرات الاحصائية والمادية تدل على ان معظم الشابات في مجتمعنا لا يعرفن كيفية تخطيط وقت الفراغ ولا يميزن بين وقت العمل ووقت الفراغ ولا يزاولن الأنشطة الترويحية الايجابية ولا يرسمن جدولاً زمنياً محدداً للفراغ والترويح [٢٥] . فضلاً عن عدم قدرتهن على التمييز بين الأنشطة الترويحية الايجابية والأنشطة الترويحية السلبية . إن مشكلة استثمار وقت الفراغ التي تعاني منها الشابات في مجتمعنا انما تكمن في ثلاث نقاط أساسية هي :

١- ضعف الوعي الاجتماعي عند معظم الشابات بأهمية وقت الفراغ وضرورة استثماره والاستفادة منه بمزاولة الأنشطة الترويحية الايجابية .

٢- عدم توفر أو ضعف الخدمات الترويحية المتاحة للشابات كالنوادي والجمعيات الاجتماعية والأدبية والعلمية والفنية والرياضية ، مع محدودية وقصور الهوايات التي يمكن أن تمارسها الشابات خلال وقت الفراغ .

٣- وجود المواقف والقيم السلبية التي يحملها المجتمع أزاء الشابات اللواتي يزاولن الأنشطة الترويحية الفردية او الجماعية خلال وقت الفراغ . هذه المواقف والقيم التي لا تشجع الشابات على استثمار اوقات الفراغ استثماراً نافعاً وخلّاقاً .

(٦) **القيم الأسرية المتخلفة التي تحد من قدرة الشابة (المرأة) على أداء مهامها الأنتاجية والمجتمعية :**

نتيجة للرواسب الحضارية والتأريخية للماضي السحيق ونتيجة للعهود الاستبدادية والدكتاتورية والرجعية التي مر بها العراق قبل عقد السبعينيات من القرن العشرين اكتسبت الأسرة العراقية العديد من القيم السلبية والمتخلفة أزاء المرأة ، هذه القيم التي حدت من أنشطة المرأة وقيدت حرياتها وجمدت امكاناتها المبدعة والخلّاقة . وقد بقيت هذه القيم تفعل فعلها المخرب على الرغم من المكاسب والانجازات التي حققتها الدولة العراقية لجموع النساء منذ عقد السبعينيات من القرن العشرين . أما القيم والمواقف الأسرية المتخلفة التي تحملها الأسرة العراقية أزاء المرأة وأنشطتها الانتاجية والمجتمعية فهي على النحو الآتي :

١- تفضيل الولد على البنت في كل شيء ، ومنحه مطلق الحريات في التصرف واتخاذ القرار مع تقييد حريات البنت ومراقبتها والتشكيك في نواياها وتطلعاتها وطموحاتها .

٢- قيام العديد من الأسر العراقية بمنع المرأة من مواصلة الدراسة ومزاولة العمل الأنتاجي والوظيفي خارج البيت .

٣- ميل العديد من الأسر العراقية بمنع المرأة من ممارسة الأنشطة الترويحية خارج البيت .

٤- ايمان معظم الأسر العراقية بمنع المرأة من الاختلاط مع الجنس الآخر مهما تكن طبيعة هذا الاختلاط .

٥- التدخل في شؤون المرأة وتحديد مسارات حياتها ضمن قيم الأسرة وتوجهاتها المثالية والضبطية المحافظة .

المقترحات والتوصيات والمعالجات :

بعد تحديد أهم المشكلات التي تعاني منها الشابات العراقيات في مجتمعنا المعاصر علينا تحديد ماهية التوصيات والمعالجات لتخفيف هذه المشكلات والحد من وطأتها على الشابات والنساء . وأهم هذه التوصيات والمعالجات ما يأتي :

١- معالجة مشكلة البطالة بين الخريجات وغير الخريجات من خلال توفير مجالات العمل الانتاجي والوظيفي والخدمي من قبل القطاع الاشتراكي والمختلط والخاص مع استحداث مكاتب العمل والتشغيل التي تجد الأعمال المناسبة للشابات وتخبرهن عن اماكن العمل والشواغر بغية أشغالها لكي تتم الفائدة من الطاقات النسوية المعطلة .

٢- ضرورة مبادرة القادة والمسؤولين والمربين وأرباب الأسر والمصلحين الاجتماعيين بتغيير القيم والممارسات السلبية التي تحملها العديد من الشابات كالتبرج والاتكالية والاستهلاك المظهري وسوء التدبير المنزلي وطلب المهور العالية ... الخ . ويمكن أن تتم هذه العملية من خلال المنظمات الاجتماعية والجماهيرية والشعبية واماكن العمل والعبادة ووسائل الأعلام الجماهيرية والأسر والمدارس والمجتمعات المحلية .

٣- ضرورة مبادرة القادة والمسؤولين والمربين وأرباب الأسر والمصلحين الاجتماعيين بتغيير القيم السلبية والمتخلفة التي يحملها الشباب أزاء المرأة كالاعتقاد بأن

المرأة هي دون الرجل في كل شيء وأن المرأة خلقت للمتعة الجنسية وانجاب الأطفال وادارة شؤون البيت وليس بمقدورها المشاركة في اتخاذ القرار والمساهمة ببناء المجتمع وتقويمه . ويمكن ان يتم هذا التغيير عن طريق وسائل الأعلام الجماهيرية والمنظمات الجماهيرية والشعبية والمؤسسات الاجتماعية والقادة والمربين والمصلحين .

٤- ضرورة مبادرة المؤسسات الاجتماعية كمكاتب العمل والتشغيل ومكاتب البحث الاجتماعي والرعاية الاجتماعية والمنظمات الجماهيرية والشعبية والنوادي الرياضية والاجتماعية ... الخ بالتحرك الفاعل والهادف نحو استثمار طاقات الشابات والنساء لصالح المجتمع . مع ضرورة تبديل قيم الشابات أزاء هذه المؤسسات الاجتماعية بحيث تنجذب الشابات لهذه المؤسسات وتستفيد من خدماتها الترويحية والمجتمعية والأنتاجية والتربوية . وهذا يتم عن طريق مد الجسور وتقوية العلاقات الانسانية بين الشابات والمؤسسات الاجتماعية المحددة أعلاه .

٥- ضرورة مبادرة الشابات باستثمار اوقات الفراغ عن طريق تخطيط وقت الفراغ ورسم جدول زمني يميز بين وقت العمل ووقت الفراغ ، مع معرفة ماهية الأنشطة الترويحية السلبية والأنشطة الترويحية الايجابية والتوجه نحو الأنشطة الترويحية الايجابية وتجنب الأنشطة الترويحية السلبية .

٦- ارشاد الأسر كافة من قبل القادة والمسؤولين ووسائل الأعلام الجماهيرية والمنظمات الجماهيرية والشعبية لاسيما منظمات المجتمع المدني الى ضرورة الأهتمام بتربية الشابات وتسخير طاقاتهن الجسمية والعقلية في خدمة المجتمع والحفاظ عليهن من الأخطار والتحديات المحدقة بهن .

(هـ) الخاتمة :

ركزت هذه الدراسة التحليلية على دور قيمتي الايمان والثقة العالية بالنفس في نضج وتكامل شخصية الفتيات . فقد حللت الدراسة مفاهيم الايمان والثقة بالنفس

وحددت العوامل المسؤولة عن ظهورها وبلورتها عند الفتيات ووضحت دورها في تكامل وفاعلية شخصية الفتيات . ولم تتوقف الدراسة عند هذا الحد ، بل ذهبت أبعد من ذلك إذ القت الاضواء الساطعة على أهمية الشخصية المتكاملة عند الفتيات في بناء المجتمع وتنميته في المجالات كافة . لقد حددت الدراسة مواصفات الشخصية المتكاملة عند الفتاة وبينت أهميتها في عملية اعادة البناء والتقدم الاجتماعي ، هذه العملية التي جسدت دور الفتاة في مجال الأسرة ودورها في الدراسة والتحصيل العلمي واخيراً دورها في العمل بصنفيه الخدمي والانتاجي . كذلك عالجت الدراسة موضوع مشكلات الفتيات والنساء العراقيات والتي تركزت على المشكلات الآتية :

١- البطالة بين الخريجات وغير الخريجات للفتيات والنساء .

٢- المفاهيم والقيم الضارة عند العديد من الفتيات والنساء .

٣- نظرة الشباب المتخلفة نحو الفتيات والنساء .

٤- ضعف قدرة المؤسسات الاجتماعية على استثمار طاقات الفتيات والنساء لصالح المجتمع .

٥- هدر وقت الفراغ عند الفتيات والنساء .

٦- القيم الأسرية المتخلفة التي تحد من قدرة الشابة (المرأة) على أداء مهامها الأنتاجية والمجتمعية .

وهناك توصيات ومعالجات للحد من هذه المشكلات

الهوامش والمصادر

(١)   Mc Dougall , W. Character and the Conduct of life, Methuen, London, ١٩٨٠, See Ch. ٥.

(٢)   Davis, K. Human Society, The Macmillan Press, New York, ١٩٧٨, P. ٦٢٢.

(٣)   Weber, Max , The Theory of Social and Economic Organization, New York, ١٩٨٩, P. ٢٢١.

(٤)   Krech , D. and D. Ctutch Field, Individual in Society , New York, ١٩٨١, P. See the Ch, on Attitude Formation.

(٥)   Ibid., P. ١٢١.

(٦)   Mannheim Karl. Man and Society in an Age of Reconstruction, Routledge and Kegan Paul. London, ١٩٨٥, P. ٢٧.

(٧)   الحسن، إحسان محمد (الدكتور) . التصنيع وتغير المجتمع ، بيروت، دار الطليعة للطباعة والنشر ، ١٩٨١، ص ١٧١ـ ١٧٢.

(٨)   اوتوكلينبرغ . علم النفس الاجتماعي ، ترجمة حافظ القباني ، دمشق ، المطبعة العمومية ، ١٩٦٥، ص ٦٨.

(٩)   العباسي،سناء نجم . دور العائلة في التنشئة السياسية ، رسالة ماجستير غير منشورة في الاجتماع ، كلية الآداب ، جامعة بغداد، ١٩٨٧، ص ٨٢ـ ٨٤.

(١٠) المصدر السابق، ص ٢٨٢ـ ٢٨٣.

(١١) Eysenck , H. Sense and Non-Sensein Psychology, A Pelican Book . Middlesex, England, ٢٠٠٠, PP.١٧٥- ١٧٧.

(١٢) Ibid., PP> ٢٦٥-٢٦٤.

(١٣) Patterson, Shela . Women in Modern Society , London, Longman , ١٩٨٣, P. ٣٣.

(١٤)   Eysenck, H. Sense and Non-sense in Psychology, P. ٢٠٨.

(١٥)   Gerth, H. and Mills . Character and Social Structure, New York, ١٩٩١, PP. ٧-١١.

(١٦)   Munn, N. Psychology: the Fundamentals of Human A djustment, George G. Harrap, London, ١٩٨١, P.٢٢٧.

(١٧)   Ibid., PP. ٣٠١- ٣٠٢.

(١٨)   الحسـن ، إحسـان محمـد(الـدكتور). التصـنيع وتغـير المجتمـع ، بـيروت، دار الطليعة للطباعة والنشر ، ١٩٨١، ص ١٠٠.

(١٩)   المصدر السابق، ص ١٣٥.

(٢٠)   الحسن، إحسان محمد(الدكتور). علم اجتماع الفراغ ، دار وائل للنشر ، عـمان، ٢٠٠٥، ص ١٧.

(٢١)   المصدر السابق، ص ٢٢.

(٢٢)   المصدر السابق، ص ٢٨.

(٢٣)   المصدر السابق، ص ٤٣.

(٢٤)   المصدر السابق، ص ٥٠.

(٢٥)   المصدر السابق ، ص ٥٦.

الفصل الخامس

أساليب التربية الاجتماعية للشابات في ضوء

القيم العربية الإسلامية

تهتم القيم العربية الأسلامية بكيفية تربية الشابات والبنات تربية اجتماعية
وخلقية نابعة من التراث القيمي للمجتمع العربي الاسلامي ومن العادات والتقاليد
الاجتماعية للامة العربية الاسلامية ومن معطيات وخصوصيات البيئة الثقافية التي
نعيش فيها وما فيها من ضوابط وقوانين شرعية منظمة لعلاقات وممارسات وتفاعلات
الأفراد والجماعات في مجتمعنا العربي الاسلامي .

وتراعي القيم العربية الاسلامية دور المؤسسات التربوية ودوائر الدولة عموماً
ووسائل الأعلام والعائلة العربية خصوصاً في ترسيخ القيم الوطنية والقومية في شخصية
الفتاة العربية بشكل عام والمرأة بشكل خاص [1] . وتؤكد الدراسة على العقيدة العربية
الاسلامية التي هي عقيدة متوازنة متأتية من أرضية الواقع الاجتماعي العربي الاسلامي
في تربية الشابة والحفاظ على حاضرها ومستقبلها من الشذوذ والانحراف والارتماء في
احضان التفسخ والرذيلة .

يمكننا تقسيم موضوع التربية الاجتماعية للشابات وفقاً للقيم العربية الاسلامية
وبخاصة قيمة الموازنة بين حقوق المرأة وواجباتها الى خمسة موضوعات أساسية هي ما
يأتي :

المبحث الأول : طبيعة الحرية التي نريدها للشابة .

المبحث الثاني: كيف نحافظ على الشابة ؟

المبحث الثالث : قنوات التربية الاجتماعية للشابات .

المبحث الرابع : دور العقيدة العربية الاسلامية في تربية الشابات والنساء.

المبحث الخامس : المرأة وقيمة الموازنة بين الواجبات والحقوق .

والآن علينا دراسة هذه المباحث الرئيسية مفصلاً .

المبحث الأول: طبيعة الحرية التي نريدها للشابة

تعتقد التعاليم العربية الاسلامية وما تحمله من قيم اخلاقية وسلوكية بحرية المرأة [٢]. غير ان حرية المرأة ينبغي ان لا تكون مقيدة بحدود ضيقة تفقد المرأة حريتها وحقها في اتخاذ القرار الذي يحدد حاضرها ومستقبلها . لذا فالحرية الممنوحة لها ينبغي ان تكون حرية متوازنة من شأنها ان تنمي شخصيتها وتطلق طاقاتها المبدعة والخلاّقة ولا تحسرها او تقيدها في زوايا ضيقة [٣]. إن الحرية التي نؤمن بمنحها للمرأة العراقية كما تعتقد القيم العربية الاسلامية هي حرية تختلف عن تلك التي يمنحها الغرب للشابة أوالمرأة الغربية ، فهذه الحرية تبدو غير مقيدة ولا صلة لها بواقعنا ومقاييسنا . كما انها حرية لا تحافظ على التوازن بين العام والخاص ، أي بين ما يريده المجتمع الكبير وما تريده المرأة [٤].

إن الحرية التي نريدها للشابة أو المرأة ينبغي ان تستند على ثلاثة أسس جوهرية سبق ان حددها الفكر العربي الاسلامي . وهذه الأسس الثلاثة هي ما يأتي :

١- إن الحرية الممنوحة للمرأة العربية ينبغي ان تكون حرية متصلة بواقعنا وعاداتنا وتقاليدنا وتراثنا الحضاري والقيمي الزاهر ، وان لا تكون حرية مطلقة غير مقيدة باحكام وضوابط وقوانين ونظم اجتماعية واخلاقية ، إذ ان هذه الحرية غير المقيدة انما تهدم بناء المجتمع وتخل بالقيم والاخلاق وتسيء الى سمعتنا في الداخل والخارج . وفي هذا الصدد يقول المصلح الاجتماعي والمربي ساطع الحصري " ان تكون الحرية التي نمنحها للشابة أو المرأة متصلة بواقعنا وتقاليدنا وموروثنا الديني اتصالاً يضمن تقدم المجتمع العربي الاسلامي ورقيه[٥] .

٢- الحرية التي نمنحها للشابة أو المرأة يجب ان تكون حرية متوازنة بين ما يريده المجتمع وما تريده المرأة ، أي حرية توفق بين مطاليب المجتمع وحاجات المرأة وان لا تنحاز لمطاليب جانب ضد الجانب الآخر [٦]. وفي هذا الصدد يقول

المفكر ساطع الحصري " ان الحرية التي ينبغي منحها للمرأة ينبغي ان تؤكد على التوازن بين الكل بمعنى الشمول كمجتمع وبين الجزء بمعنى التخصيص بالنسبة للمرأة "[٧] .

٣- الحرية التي نمنحها للشابة أو المرأة يجب ان تتصل بواقع المجتمع الذي تعيش فيه وبخصوصيته الحضارية وبالمرحلة التأريخية التطورية التي تشهدها المرأة . وإذا كانت حرية المرأة غير متصلة بهذه القوى والمعطيات فأنها تكون حرية مزيفة لا أساس لها .

المبحث الثاني: كيف نحافظ على الشابة ؟

يتساءل المصلح الاجتماعي محمد عبدة في حديثه التربوي الاجتماعي كيف يمكن الحفاظ على الشابة من أخطار الشذوذ والانحراف وتصدع الشخصية وانفصامها ، وكيف يمكن بناء القيم الايجابية عندها عبر مراحل التنشئة الاجتماعية التي تمر بها ، وعن طريق تهيئة الظروف والمعطيات الايجابية التي تستطيع من خلالها النمو الجسمي والعقلي مع بلورة الأدوار الوظيفية وتكاملها . إن طريق التربية كما يعتقد المصلح محمد عبدة هو الذي يمكننا من الحفاظ على الشابة من الضياع والانحراف . وطريق التربية هذا لا يمكن بلوغه الا من خلال ثلاثة أسس ينبغي انتهاجها لنكون في موقع نستطيع من خلاله الحفاظ على الشابة أو المرأة من الانحرافات والتشويهات التي قد تتعرض لها . والأسس الثلاثة هذه هي كما يأتي :

١- تناط عملية التربية الاجتماعية للشابات او البنات الى عدة جماعات ومؤسسات تربوية اجتماعية كالمدارس والعوائل والقادة والمربين ووسائل الأعلام الجماهيرية والمنظمات الجماهيرية والشعبية والمجتمعات المحلية والكليات والجامعات والمساجد والجوامع [٨] . ولا يمكن أن تناط هذه العملية التربوية الاجتماعية الى جماعة أو مؤسسة واحدة . فالمدارس ومديرات المدارس والمدرسات يشاركن في تربية البنات وتقويم سلوكهن وبناء شخصياتهن ولو ان بعض المدارس وبعض المديرات والمدرسات ليست على مستوى عالٍ من الانضباط والتوجيه كما نتمنى . ولكن في السابق ، وكما يقول المربي الاستاذ الدكتور أحمد حقي الحلي كانت المديرة تراقب وتفتش الطالبات في الصباح وعندما ترى خللاً في مظهر الطالبة او سلوكها توبخها أمام الجميع او تستدعيها الى الادارة لغرض التوجيه او التوبيخ حرصاً عليها . وتعلم الطالبة ان المديرة في عملها هذا انما تريد فائدتها [٩] .

٢- يجب ان تكون هناك درجة عالية من التعاون والتنسيق بين قنوات ومصادر التنشئة التربوية والاجتماعية للشابات بحيث تكون الرسائل التوجيهية والتهذيبية لهذه القنوات متناغمة ومنسجة بعضها مع بعض وليست متناقضة او متقاطعة . ذلك ان الرسالة التوجيهية والتربوية التي تقدمها المدرسة للطالبات يجب ان تكون منسجمة ومتناغمة مع الرسالة التوجيهية والتربوية للعائلة او وسائل الأعلام الجماهيرية أو المنظمات الجماهيرية والشعبية والمهنية [١٠] .

٣- العملية التربوية الاجتماعية للشابات او البنات يجب ان لا تكون حسب أهواء ورغبات وشهوات الأباء والأمهات والمدرسات وبقية المربين والمربيات بل يجب ان تتبلور في موقف عام يوازن ، كما يعلمنا المصلح ساطع الحصري ، بين رغبات واتجاهات الأفراد في المجتمع ، موقف يستخرج منه قانون ملزم ينظم المجتمع في ظل الدولة [١١] .

المبحث الثالث : قنوات التربية الاجتماعية للبنات

يؤكد الاستاذ الدكتور أحمد حقي الحلي في حديثه على أن التربية الاجتماعية للشابات والبنات انما هي عملية لا تناط بجماعة أو مؤسسة اجتماعية واحدة بل بعدة جماعات ومؤسسات ، كل جماعة أو مؤسسة تكون عادة مسؤولة عن جانب من الجوانب الاجتماعية التربوية التي تحتاجها الشابات في حياتهن اليومية والتفصيلية[١٢] . ان تربية الشابة تشارك فيها عدة جماعات وقنوات تنشيئية واجتماعية كالمدرسة والعائلة ووسائل الأعلام ومكان العمل والمنظمة الجماهيرية ٠٠٠ الخ . فالمدرسة تعلم الشابة احترام النظام والانضباط واحترام الزمن والتقيد بالمواعيد والسعي والاجتهاد وتعلم المعرفة واكتسابها . وان المدرسة تزرع عند الشابة القيم الايجابية كالصدق والاخلاص في العمل والتعاون والإيثار والتواضع والمبدئية والعدالة والاستقامة ٠٠٠ الخ [١٣] . وانها أي المدرسة تحث الشابة على التخلي عن القيم السلبية وهجرها كالكذب والغش والانانية وحب الذات والغرور والتكبر والجبن والطائفية والاقليمية والطبقية ٠٠٠ الخ . أما العائلة فتعلم الشابة او البنت طرق تعلم المهارات والخبر والتجارب وتصب في عروقها اخلاقية المجتمع الكبير وتدربها على لعب الأدوار الوظيفية وكيفية أدائها، هذه الأدوار التي تبلور معالم الشخصية وسماتها الأساسية [١٤] .

أما وسائل الأعلام وبخاصة الراديو والتلفزيون فتزود الشابات بالاخبار والمعلومات عن الدول والمجتمعات الأخرى وتملأ اوقات فراغهن او اوقاتهن الحرة وتمنحهن قسطاً من المتعة والراحة والسرور التي تطور شخصياتهن وتفجر طاقاتهن المبدعة والخلّاقة [١٥] . إضافة التي توسع مداركهن وتصوراتهن وتحسين اذواقهن واساليب حياتهن . والجامعة هي التي توسع معلومات الشابة وتدربها وتنمي عندها الاختصاصات بحيث تكون مؤهلة على الكثير من الأعمال التي يحتاجها المجتمع حاجة ماسة . إضافة الى أهمية الجامعة في رفع مستوى اذواق الشابة وتطوير الجوانب الجمالية في احساسها وشعورها بحيث تكون أكثر تكيفاً وانسجاماً مع الواقع الذي تعيش فيه .

يبدو أن قنوات التربية الاجتماعية للشابات تكون مؤثرة وفاعلة إذا كانت هـذه القنوات تتسم بالمواصفات الآتية :

١- أن تكـون قنـوات التربيـة الاجتماعيـة جذابـة ومغريـة للشـابات بحيـث تتـأثر الأخريـات في رسـائلها التوجيهيـة والتهذيبيـة وفي قيمهـا وممارسـاتها ورسـائلها الثقافية والاعلامية .

٢- أن تعتمد هذه القنوات في ممارستها التربوية وتوجيهها للشابات أساليب التأثير والاقناع والحوار ولـيس أسـاليب القسر والقهـر والتسـلط ، لأن الأخـيرة تجعـل الشـابات يتهـربن مـن تلـك الجماعـات والمؤسسـات كلـما اسـتطعن الى ذلـك سبيلا[١٦] .

٣- أن تتوافر أجواء العائلة في المؤسسات والجماعات المسؤولة عن تربيـة الشـابات والبنات . واجواء العائلة السائدة في المؤسسات تجعل رب العائلـة او الـوزير او المدير العام ينظر للعاملين كـأنهم ابنـاؤه أو بناتـه ، ويجعـل العـاملين ينظـرون للمدير العام او الوزير كانه ابوهم . وهكذا تتكامل الأدوار القيادية مـع الأدوار القاعدية ، ومثل هذا التكامل يقود إلى وحدة المؤسسة وتضامنها [١٧] . وفي مثـل هذه الوحدة تكون الجماعـة أو المؤسسـة فاعلـة ومـؤثرة في تربيتهـا للشـابة أو البنت .

المبحث الرابع : دور العقيدة العربية الاسلامية في تربية الشابات وتقويم سلوكهن

يعتقد المربون الاسلاميون المعاصرون بأن التربية الاجتماعية للشابات أو البنات ينبغي ان تنطلق من العقيدة العربية الاسلامية التي هي عقيدة متوازنة ، فهي لا شيوعية ولا رأسمالية ، أنها عقيدة توازن بين الفكر الجماعي والفكر الفردي ، وتوازن بين الفكر المادي والفكر الروحي [١٨]. ان العقيدة العربية الاسلامية عقيدة ولدت من رحم الأمة العربية الاسلامية وصيغت من ضميرها ومن عقلها . ان الشيوعية كمنهاج ينحاز الى الفكر الجماعي ، أي الى الجماعة ويسحق الفرد على انه لا شيء في الوجود الاجتماعي [١٩]. وتنحاز الشيوعية الى المادية ضد الروحية والقيمية والمثالية [٢٠]. في حين ان الرأسمالية تنحاز الى الفرد ضد الجماعة [٢١]. وتنحاز الى الأفكار والقيم المادية ضد الأفكار الروحية والمثالية [٢٢]. وعليه فان تربية الشابات في ظل النظام الشيوعي تكون تربية قاصرة وعقيمة لانها تعلم الشابات الانحياز الى الكل والجماعة ضد الفرد .

كما أن تربية الشابات في ظل النظام الرأسمالي تكون سقيمة وقاصرة ايضاً لأنها تعترف بالفرد فقط وتهمل الجماعة ولا تنظر اليها ككيان محترم ومقدر . في حين ان العقيدة العربية الاسلامية تعلم الشابات احترام وتقييم كل من الفرد والمجتمع، إذ ان هناك درجة من التكامل بين الكل والجزء ، وتربية الشابات ينبغي ان تقوم على الفكر المتوازن للاسلام الذي يوفق ويوازن بين الجوانب المادية والاعتبارية . في حين ينحاز الفكر الرأسمالي الى الجوانب المادية المستندة على أسس دينية وروحية كما في حالة اعتماده على البروتستانتية المسيحية [٢٣]. بينما يعتمد الفكر الشيوعي على المادة وينفي دور الروح في الوجود الاجتماعي . لذا فتربية الشابات تقوم على الفكر المتوازن للاسلام الذي يوفق بين الجوانب الفردية والجماعية من جهة ، وبين الجوانب المادية والروحية من جهة أخرى [٢٤]. وهذا الفكر ينبع من أرضية الواقع الاجتماعي للمجتمع العربي الاسلامي وليس من أرضية المجتمع الغربي كما في حالة الفكر الشيوعي او الفكر الرأسمالي .

في هذا السياق يقول المربي الاستاذ الدكتور أحمد حقي الحلي في بحثه " تنطلق معالجتنا لمختلف نواحي الحياة ومن ضمنها الزي الموحد في الجامعات من عقيدة العرب والمسلمين التي هي عقيدة متوازنة لا شيوعية ولا رأسمالية ، عقيدة تستند على أرضية الواقع الاجتماعي العربي الاسلامي . ويضيف الدكتور الحلي قائلاً " إذن التوازن مطلوب وإذا نظرنا الى الجامعة فأن الطالبة التي امكانيات أسرتها محدودة وترى ما تراه ، أما أن تختفي وتلبس (جبة) كي تخفِ تواضع امكانياتها او تشتط[٢٥]. وكلا الموقفين غير متوازنين (إخفاء ذاتيتها كلية او الاشتطاط) . فالفتاة بسبب تواضع امكانياتها يجب ان تكون متوازنة في تصرفها ، فهي يجب أن لا تلبس الجبة وتغطي ذاتيتها كلية ، وان لا تنحرف وتشط في ملابسها ومظهرها وسلوكها ، بل يجب ان تسلك مسلكاً متوازناً في ملابسها وهيئتها وسلوكها وعلاقاتها . انها يجب ان تكون معتدلة بملابسها وسلوكها وعلاقاتها مع الغير لكي تكون مقبولة ومقدرة ومقيمة وبالتالي منسجمة ومتكيفة مع الوسط الاجتماعي الذي تعيش فيه وتتعامل معه . وصفة الاعتدال والحشمة هذه أنما تتلائم مع القيم والعادات والتقاليد العربية وتتناغم مع التراث الديني والخلقي للمجتمع وتنسجم مع واقع ومعطيات المجتمع العربي المادية منها وغير المادية ، وأخيراً تتوافق مع القوانين والنظم والضوابط السائدة في المجتمع العربي والتي يقرها الأفراد ويتعاملون معها على الصعيدين الرسمي وغير الرسمي .

وامثلة العلاقات والممارسات المتوازنة للشابات في المجتمع كثيرة ولا حصر لها . فالشابة ينبغي ان لا تنحاز في علاقاتها لنفر من الناس دون النفر الآخر الا إذا كان هناك مبرر منطقي وعقلاني لهذا الانحياز . ذلك ان علاقاتها مع زميلاتها في الكلية مثلاً ينبغي ان تكون معتدلة كعلاقاتها مع زميلاتها في المنطقة السكنية . فلا يجوز لها ان تنحاز في علاقاتها مع زميلاتها في الكلية ضد زميلاتها في المنطقة السكنية ، لان مثل هذه العلاقة تعد علاقة متطرفة وليست متوازنة . كما ان علاقة الشابة بمعهدها او كليتها يجب ان لا تتقدم على علاقتها ببقية المؤسسات الاجتماعية كالأسرة والمجتمع المحلي وجماعة الرفقة ومكان العمل ... الخ . ان الشابة ينبغي ان تكون علاقاتها متوازنة مع بقية الجماعات والمؤسسات ، فهي يجب ان لا تفضل جماعة

أو مؤسسة على جماعة او مؤسسة أخرى إذ ان هذا التفضيل يجعل الشابة متحيزة في علاقاتها مع المجتمع . ومثل هذا التحيز لا يخدم مصالحها ولا مصالح المجتمع الكبير الذي تعيش فيه الشابة أو الفتاة .

كذلك ينبغي ان تكون ممارسات الشابة متوازنة مع نظم ومؤسسات المجتمع . فالشابة في هذا السياق يجب ان تعطي قدراً متساوياً من الاهتمام والتركيز لجميع المؤسسات والجماعات التي تنتمي اليها . فاهتماماتها بالدراسة والسعي والاجتهاد إذا كانت طالبة ينبغي ان تتكافأ مع اهتماماتها ببيتها وزوجها وأطفالها . والاهتمامات الأخيرة ينبغي ان تكون متوازنة مع اهتماماتها بجيرانها واقربائها .

فالاهتمامات المتوازنة للشابة بجماعات ونظم المجتمع تعد عنصراً مهماً من عناصر نجاحها وتكيفها للمجتمع . بينما تركيز جهودها على جانب واحد من جوانب الحياة والمجتمع وإهمالها للجوانب الأخرى إنما يكون سبباً مهماً من أسباب اخفاقها وفشلها في بلوغ طموحاتها واهدافها. وهذه هي الفلسفة الاسلامية التي ترشد الى الاعتدال والتعقل وعدم التطرف . عندما ننتهج هذه الفلسفة في تربية الشابات والبنات وتقويم سلوكهن ، كما يعلمنا القادة والمربون ورجال الاجتماع ، فأننا نكون قد قطعنا شوطاً متميزاً في تربية الجيل الجديد والأخذ بيده الى طريق الخير والهداية والرشاد ، ونكون في الوقت ذاته قد اغلقنا الطريق بوجه دعاة الشر والرذيلة والفساد .

ومن الاساليب التربوية والاجتماعية القويمة التي يمكن ان نوجه الشابات نحو السير في مجالها اسلوب زرع قيمة الموازنة بين واجبات الشابة وحقوقها في ذاتيتها [٣٦]. فهذا العمل الحصيف يجعل الشابة متكيفة لبيئتها وناجحة في اعمالها ومحترمة من قبل الجميع .

المبحث الخامس : المرأة وقيمة الموازنة بين الواجبات والحقوق

لعل من أهم القيم التي يعتز بها المجتمع الحديث قيمة الموازنة بين الواجبات والحقوق ، هذه القيمة التي ترى ضرورة قيام الفرد باداء واجباته للمجتمع ، وبعد أداء هذه الواجبات يمنحه المجتمع حقوقاً تتوازن مع حجم وأهمية الواجبات التي قدمها [٢٧] . ومكانة المرأة في المجتمع الحديث يمكن ان ترتفع وتتعزز فيما إذا حاولت المرأة في حياتها اليومية والتفصيلية ان تحقق نوعاً من المساواة بين الواجبات الملقاة على عاتقها والحقوق والامتيازات المادية والاعتبارية التي يمنحها لها المجتمع اعترافاً بالواجبات التي تقدمها له مهما تكن طبيعتها ومجالها ومستواها[٢٨] .

إن المرأة في مجتمعنا المعاصر تنتمي الى عدة جماعات ومؤسسات اجتماعية في آن واحد ، وان انتماءها هذا قد جعلها تشارك في تنظيم وادارة هذه الجماعات والمؤسسات على احسن وجه . فهي الأم أو الأخت في البيت والموظفة في الدائرة والعاملة في المصنع والفلاحة في المزرعة والتدريسية في المدرسة او الكلية أو الجامعة والعاملة في المختبر ... الخ . وأداء هذه الأدوار الوظيفية في الدولة والمجتمع قد جعلها انسانة محترمة ومقدرة من الرجل بصورة خاصة والمجتمع بصورة عامة . وهنا يمكن القول بان المرأة قد تمكنت من كسر الطوق الذي كان مفروضاً عليها في عهود الاقطاع والرجعية والظلم والاستبداد والخروج الى المجتمع والمشاركة في عملية بنائه واعادة بنائه الاجتماعي والحضاري [٢٩] .

بيد ان المرأة في الوقت الحاضر يمكن ان تكون أكثر فاعلية وتأثيراً في أجهزة الدولة والمجتمع فيما إذا استوعبت قيمة الموازنة بين الواجبات والحقوق وجسدتها في سلوكها اليومي والتفصيلي وفي تعاملها وتفاعلها مع الآخرين . بمعنى آخر ان المرأة يمكن ان تتعامل مع الجماعات والمؤسسات التي تنتمي اليها وفقاً لقيمة الموازنة بين الواجبات والحقوق ، أي الادراك بان عليها واجبات ينبغي القيام بها ولها حقوق يمكن ان تتمتع بها، وانها يمكن ان تجري موازنة عادلة بين ما تقدمه من واجبات الى المجتمع

وما تأخذه منه من حقوق وامتيازات [٣٠] . وإذا ما فعلت المرأة هذا وتقيدت بهذه القيمة الاجتماعية الجليلة فان علاقتها بالمجتمع لا بد ان تقوى وتتعمق وتكون فعلاً الأداة في عملية التغيير الاجتماعي الهادف .

أما إذا قصرت المرأة في تجسيد قيمة الموازنة بين الواجبات والحقوق فانها لا تكون بوضع يسمح لها بالمشاركة في عملية البناء الحضاري للانسان والمجتمع . وعليه فان المرأة ينبغي ان تضع امامها قيمة الموازنة بين الواجبات والحقوق ، أي تتفاعل مع المجتمع على نحو يسمح لها ان تعطي وتأخذ من المجتمع ،وان كفة العطاء يجب ان تكون متوازنة مع كفة الأخذ . ان تجسيد المرأة لقيمة الموازنة بين الواجبات والحقوق لا بد ان يجعلها المواطنة الصالحة بنظر الرجل وبنظر المجتمع. وهنا تتعزز مكانة المرأة وترتفع قيمتها في المجتمع الى درجة انها تتشجع على الدخول في ميادين الخلق والابداع وتفجير القدرات الذاتية والمجتمعية الكامنة .

علماً بان تجسيد قيمة الموازنة بين الواجبات والحقوق هو عملية صعبة تحتاج الى المزيد من المران والتدريب والممارسة . وعليه يمكن ان تتدرب المرأة على استيعاب هذه القيمة الاجتماعية الفاضلة منذ الصغر الى ان تتشرب هذه القيمة في دمها وعروقها لكي تكون الانسانة الفاعلة والواعية والمدركة لأهمية مكانتها ومجالها في المجتمع. وهنا تكون المرأة مساوية للرجل في الواجبات والحقوق، وإذا ما تحقق هذا فان المجتمع يكون قد قطع اشواطاً كبيرة في عملية البناء الاجتماعي والتغير الديمقراطي والتقدم الاجتماعي .

المصادر

(١) الحسن، إحسان محمد(الدكتور) . المرأة والقيم التراثية ، مجلة العلوم الاجتماعية ، العدد ٣٧ لسنة ٢٠٠٢ ، ص ١١.

(٢) المصدر السابق ، ص ١٨.

(٣) العقاد، انور (الدكتور) . المرأة والدين ، القاهرة، دار المعارف بمصر ، ١٩٩٢، ص ٥ف٦.

(٤) المصدر السابق ، ص ٦٠.

(٥) الحصري ، ساطع . الحرية الاجتماعية وقضايا المرأة، دمشق، مطبعة الحضارة ، ١٩٧٤، ص ١٣-١٤.

(٦) المصدر السابق، ص ١٧.

(٧) المصدر السابق، ص ٢١.

(٨) عبدة، محمد. تحرر المرأة ومشكلات العصر ، القاهرة ، المطبعة الحديثة ، ١٩٦٤، ص ١١٠.

(٩) الحلي، أحمد حقي (الدكتور). اصول تربية البنات ، المطبعة العصرية ، بغداد، ١٩٧٦، ص ١٤.

(١٠) المصدر السابق، ص ١٧.

(١١) الحصري، ساطع . الحربة الاجتماعية وقضايا المرأة ، ص ٧٦.

(١٢) الحلي، أحمد حقي (الدكتور). أصول تربية البنات ، ص ١٩.

(١٣) المصدر السابق، ص ٢١.

(١٤)   المصدر السابق، ص ٢٣.

(١٥)   المصدر السابق، ص ٣٢.

(١٦)   Broom , F. and M. King. Sociology of Education, London, the Lane Press , ١٩٩١, P. ٧.

(١٧)   Ibid., P. ١١.

(١٨)   Ibid., P. ١٩.

(١٩)   Popper, Karl . Poverty of History , London, University Press, ١٩٦٢, P. ٢٥٧.

(٢٠)   Ibid., P. ٢٥٥.

(٢١)   Weber, Max . The Protestant Ethics and the Spirit of Capitalism , New York, the Free Press , ١٩٥٩, P.٣١٩.

(٢٢)   Ibid., P. ٣٢١.

(٢٣)   Robinson, W. The Principles of Capitalism, London, Longman, ١٩٦٩, P. ١٧.

(٢٤)   الحسن ، إحسان محمد(الدكتور) . علـم الاجـتماع الـديني، مطبعـة الرسـائل ، بغداد، ٢٠٠٤، ص ٧٦.

(٢٥)   الحلي، أحمد حقي (الدكتور) . أصول تربية البنات ، ص ٣٢.

(٢٦)   الحسن ، إحسان محمد(الدكتور) . التبادل الاجتماعي وقيم المرأة، مجلة زانكو ،أربيل ، ٢٠٠٣، ص ١٠٣.

(٢٧)   Blau, Peter. Exchange and Power in Social Life, New York , John Wiley, ١٩٦٤, P. ٩٤.

(٢٨)   Ibid., P. ١٠١.

(٢٩)   Ibid., P. ١٠٩.

(٣٠)   Ibid., P. ٩٣.

الفصل السادس

المغالاة في المهور وأثرها على مستقبل المرأة والأسرة العراقية

مقدمة تمهيدية :

ارتفعت تكاليف الزواج في المجتمع العراقي ارتفاعاً حاداً وخطيراً في الآونة الأخيرة بحيث أثر هذا الارتفاع تأثيراً سلبياً على حوادث الزواج ، إذ أخذت حالات الزواج المسجلة في المحاكم الشرعية تنخفض نسبياً بازدياد تكاليف الزواج وكثرة شروطه التعجيزية وتعقد أموره الاجتماعية والنفسية وتناقض مطاليبه مع الظروف الموضوعية والذاتية التي يشهدها المجتمع المعاصر [١] . وتكاليف الزواج الباهضة الثمن لا تنطوي فقط على المهر العالي الذي تفرضه أسرة البنت المتزوجة على الرجل الذي يطلب الزواج منها أو على أسرته بل تنطوي أيضاً على الثمن العالي لخاتم الخطوبة وخاتم الزواج وملابس الزواج والأموال الكبيرة التي تنفق على حفلة الخطوبة والزواج وأثاث بيت الزوجية وسفرة شهر العسل . ناهيك عن تكاليف الهدايا التي يقدمها الرجل المتزوج لزوجته أو لأسرتها . علماً بأن مثل هذه التكاليف أصبحت ضرباً من ضروب العادات والتقاليد الاجتماعية المتعلقة بنظام الزواج ، وإذا لم يدفعها الرجل المتزوج فأنه لا يستطيع الحصول على الزوجة التي يريدها .

لكن تكاليف الزواج الباهضة الثمن خصوصاً ما يتعلق منها بالمهور المتقدمة والمتأخرة أصبحت تتناقض كل التناقض مع الامكانات المادية والاجتماعية التي يتمتع بها الشاب وهو في مقتبل سن الزواج. فالشاب في بداية حياته الوظيفية لا يمتلك الأموال الكبيرة التي يمكن أن يدفعها على شكل مهر للبنت التي يريد الزواج منها أو لأسرتها . ولا يستطيع مقابلة الشروط التعجيزية التي تفرض عليه من قبل البنت ذاتها أو

من قبل أسرتها كامتلاك دار للسكن أو سيارة خلاصة أو أثاث فاخرة او وظيفة كبيرة ... الخ .وشروط المهر مع شروط الزواج الأخرى لا تضر بالشاب الذي يروم الزواج فحسب ، بل تضر أيضاً بالفتاة حيث أن هذه الشروط قد تحول دون زواجها وبالتالي حرمانها من تكوين الأسرة الذي هو حق مشروع من حقوقها [٢] .

إذن تكاليف الزواج الباهضة الثمن تسبب هبوط حالات الزواج في المجتمع وبالتالي بطء زيادة الأسر الزواجية حديثة التكوين وعدم قدرة المجتمع على زيادة عدد أفراده . علماً بأننا في العراق نعاني من مشكلة النقص السكاني [٣] (Under Population) ، فالسكان من ناحية الكمية يقل بكثير عن كمية الموارد الطبيعية التي يمتلكها المجتمع . وهذا معناه بأن وحدات العمل لا تتناغم مع وحدات الطبيعة ورأس المال ، الأمر الذي لا يمكّن وحدات العمل من ان تستثمر الموارد الطبيعية والمالية المتاحة استثماراً اقتصادياً كاملاً [٤] . وهنا تكون بعض وحدات الموارد الطبيعية والمالية ليست مستغلة وبعيدة عن المشاركة في تنمية وتقدم المجتمع . كما أن نقص السكان له اخطاره الاجتماعية والسياسية والعسكرية . فعلى الصعيد الاجتماعي يؤدي نقص السكان الى ضعف وتلكؤ المؤسسات البنيوية وبطء حركة المجتمع وعدم قدرته في التغلب على المشكلات الانسانية والحضارية التي يعاني منها . أما على الصعيد السياسي والعسكري فان الدولة التي تمتلك الموارد البشرية الضخمة هي الدولة المحترمة خصوصاً إذا كانت مواردها البشرية مدربة ومؤهلة ومتخصصة علمياً وتكنولوجياً . كما أن الكم البشري لهذه الدولة يمكنها من بناء القوة العسكرية التي تردع كل من تسول له نفسه الاعتداء على حقوق الآخرين .

إذن إذا أردنا تفادي وتقليل حجم الأخطار الاجتماعية والسياسية والعسكرية الناجمة عن النقص السكاني علينا زيادة كمية السكان وذلك من خلال تشجيع الشباب والشابات على الزواج المبكر وحثهم على انجاب الأطفال الذين تعتمد عليهم الزيادة السكانية ، هذه الزيادة التي تضمن التنمية الشاملة للمجتمع وتضمن أمنه واستقراره ورفاهيته . وفي هذا السياق يعتقد أحد خبراء السكان العرب وهو الدكتور منصور الراوي ان الانجاب واحد من العناصر الأساسية لقوة المجتمع وامساكنا

بمستقبلنا بعيداً عن المخاطر والمداهمات التي يعد لها الأعداء . وأملنا كبير بالنساء العراقيات وبالرجال وبالعوائل بأنه ايضاً يكون موضوع الانجاب تضامنياً [٥] . غير أن تشجيع الشباب والشابات على الزواج والانجاب يعتمد على معالجة ظاهرة المهور العالية وتقليل نفقات الزواج الباهضة التكاليف والحد من الشروط والمطاليب التعجيزية للزواج .

تتوخى هذه الدراسة التركيز على عدة محاور أهمها العلاقة بين المهر والزواج في المجتمع العراقي ، والعوامل الموضوعية والذاتية للمغالاة والمبالغة في المهور ، والآثار الاجتماعية والسكانية للمهور العالية ، وآثار المهور العالية على مستقبل الحياة الأسرية في العراق ، وأخيراً المعالجات والتوصيات للحد من ظاهرة المهور العالية في المجتمع العراقي . والآن نود شرح وتحليل هذه المحاور كل على انفراد لكي نفهمها وندرك جوانبها وملابساتها لكي نضع حداً لسلبيات المهور العالية .

(أ)   العلاقة بين المهر والزواج في المجتمع العراقي :

قبل دراسة العلاقة المنطقية بين المهر والزواج علينا تعريف هذين المصطلحين الاجتماعيين تعريفاً علمياً ودقيقاً . فالمهر هو الاتاوة المالية والعينية التي يدفعها الرجل في المجتمع العربي الاسلامي الى الزوجة أو الى أسرتها لضمان موافقتها على الزواج منه [٦] . ويتم تحديد قيمة المهر من خلال الاتفاق الذي يعقد بين الزوجين أو بين اسرتيهما الأصلية ، وبعد التحديد تجري المكاتبة بصدد قيمته المتقدمة والمتأخرة أمام المجلس القبلي أو العشائري في المجتمع غير المتحضر وأمام المحكمة الشرعية في المجتمع المتحضر . والشهود يطلبون عادة لتثبيت المهر الذي يتفق عليه الطرفان المتعاقدان . أما الزواج فهو مؤسسة اجتماعية (Social Institution) مهمة لها نصوصها واحكامها وقوانينها وقيمها التي تختلف من مجتمع الى مجتمع آخر [٧] . والزواج هو علاقة جنسية شرعية بين شخصين مختلفين في الجنس (رجل وامرأة) يبرر وجودها المجتمع والدين والقانون وتستمر طيلة حياة الزوجين ويستطيع من خلالها الزوجان البالغان انجاب

الأطفال وتربيتهم تربية اجتماعية ودينية واخلاقيـة يقرهـا المجتمـع ويعـترف بوجودهـا وأهميتها [٨] .

غير ان من شروط الزواج في المجتمع العربي رفع مبلغ المهر من قبـل الرجـل الى المرأة التي يتزوج منها او لأسرتهـا . ووالـد البنـت أو أهلهـا قـد يسـتحوذون عـلى المهـر المدفوع لابنتهم أو قد ينفقون قسماً منه أو كله على احتياجات أبنتهم وبيتها الجديد أو قد يشترون به الهدايا التي يقدمونها الى البنت وزوجها وأسرتهما الحديثة التكـوين . أمـا التفسـير الاجتمـاعـي والقـانوني للمهـر فـيكمن في اعتبـارين أساسـيين الأول هـو اعتبـار التعويض والثاني هو اعتبـار اسـتمرارية الـزواج وعـدم فسـخه والتهـرب مـن التزاماتـه . فعندما يدفع الرجل المهر الى عائلة البنت التي يتزوجها فأن المهر هو تعـويض للنفقـات المالية التي تكبدتها العائلة وقت تربيتها ورعايتها للبنت خصوصاً عنـدما تغـادر البنـت المتزوجة دار أبيها الى دار زوجهـا أو دار عائلتـه الأصـلية [٩] . وهنـا تفقـد عائلـة البنـت الأصلية خدمات أبنتهم إذ تذهب خدماتها الى زوجها أو الى عائلته الأصلية . وأمـر كهـذا يحتم من الناحية الاجتماعية الزواج بدفع المهر الى زوجته أو الى أسرتها . والاعتبار الآخر لقيام الرجل بدفع المهر المتقدم والمتأخر الى الزوجة يرجع الى ضـمان اسـتمرارية الحيـاة الزوجية وضـمان مسـتقبل المـرأة المتزوجـة فيما إذا تعرضـت للطـلاق . ذلـك ان المهـر المتقدم الذي يدفعه الزوج لزوجته ونفقات الزواج التي يتحملهـا تجعلـه غـير راغـب في الوقوف ضد ارتباطه الزوجي . كما أن المهر المتأخر الذي تكـون قيمتـه أعـلى مـن المهـر المتقدم يشد وثـاق الزوجيـة ويحـول دون تفكـير الـزوج بـالتحرر مـن عقـد الـزواج لأن التحرر هذا يعني دفعه مبلغ المهر المتأخر وتكبيده خسائر مادية ومعنوية فادحة تضر بظروفه الاجتماعية الحاضرة وبمستقبله . إذن للمهر وظيفة اجتماعية مهمـة تتجسـد في شد وثاق الزوجية وتمتين الروابط الاجتماعية والنفسية بين الزوجين .

وقد أكد الاسلام على أهمية المهر واعتبره شرطاً من شروط الـزواج [١٠] ، فـالزواج لا يمكن أن يتم دون قيام الرجل بدفع المهر للمرأة. كما حث الاسـلام مـن خـلال القـرآن الكريم والاحاديث النبوية الشريفة على التساهل في دفـع المهـور وعـدم المغـالاة فيهـا . ذلك ان الزواج ينبغي أن لا يتحدد بقيمة المال الذي يدفعه الرجل للمرأة بل

يتحدد بموجب التفاهم والمحبة والاخلاص والوفاء تجاه بعضهما البعض . وان الله سبحانه وتعالى فرض المهر على الرجل للمرأة وحرّم على الرجل أن يأكل منه شيئاً بعد الزواج بدون رضاها . قال تعالى في كتابه الكريم " وآتوا النساء صدقاتهن نحلة ، فأن طبن لكم عن شيء منه نفساً فكلوه هنيئاً مريئاً " [(١١)] . والنحلة في اللغة هي العطاء الذي لا يقابله عوض. وحث الاسلام المسلمين على المساهلة واليسر في المهر لا على الحرجة والتعقيد . فقد قال الرسول الاعظم محمد صلى الله عليه وسلم " خير النساء احسنهن وجوهاً وارخصهن مهوراً " . وقال كذلك أن " أعظم النكاح بركة أيسره مئونة " . وحث الرسول الاعظم المسلمين على ضرورة عدم فرض المهور العالية على الذين يريدون الزواج لأن فرض مثل هذه المهور يتعارض مع روح الاسلام السمحاء ومع مبادىء الشريعة الاسلامية . ويصف الرسول الكريم صلى الله عليه وسلم الذين يطلبون مهوراً عالية لبناتهم بأنهم سماسرة يتاجرون ببناتهم وكأنهن سلعة تباع وتشترى ، فيقول " أن الذين يطلبون مهوراً عالية لبناتهم ما هم في الحقيقة الا سماسرة يريدون المتاجرة بما يملكون على الاسعار فمن دفع أكثر كانت الفتاة نصيبه ومن عجز عن الدفع الرفض نصيبه " [(١٢)] . إذن تتقاطع مبادىء وقيم الاسلام مع فرض المهور العالية ، فالفرض يعني التشدد والعسر والاسلام هو دين يدعو الى التسامح والمرونة واليسر .

وفي المجتمع العراقي كانت قيمة المهور واطئة ومعتدلة خلال فترة ما قبل التصنيع أي قبل فترة الخمسينيات من القرن العشرين وذلك لبساطة الحياة الاجتماعية وعدم تعقدها وإنخفاض مستويات المعيشة وتكاليف الحياة وعدم التخصص في العمل وتدني المستويات الثقافية والعلمية وعدم المساواة بين المرأة والرجل في الحقوق والواجبات الاجتماعية . وخلال فترة التحضر والتصنيع والتنمية الشاملة التي شهدها المجتمع العراقي منذ فترة الستينيات من القرن العشرين ، بدأت المهور بالارتفاع شيئاً فشيئاً على الرغم من تأكيد الدولة والمجتمع المحلي والمجتمع الكبير على ضرورة تسهيل أمور الزواج في المجتمع الجديد لأن الزواج هو واجب وطني مقدس عليه تعتمد صحة وسلامة وحيوية الأسرة تعتبر الخلية الأساسية لبناء المجتمع [(١٣)] . إضافة الى أهمية الزواج لمسألة الانجاب ، المسألة التي يعتمد عليها حجم السكان وتعتمد عليها مهمة

الحفاظ على الأرث الحضاري للمجتمع وقدرة المجتمع على الاستمرارية والتجديد والابداع . ناهيك عن أثر الانجاب في زيادة السكان وأثر زيادة السكان في الأمن القومي للمجتمع . ودعوة الدولة والمسؤولين الى تسهيل أمور الزواج تعني التسامح في المهور وتخفيض نفقات الزواج وتجاوز العقبات والمشكلات التي يضعها المجتمع في طريق الشباب الذين ينوون الزواج وانجاب الذرية .

كذلك ظهرت في المجتمع العراقي الكثير من السمات الاجتماعية والاجواء الحضارية التي تتناقض كل التناقض مع المهور العالية ومع التكاليف الباهضة للزواج التي لا مبرر لها . ومن هذه السمات والاجواء أنتشار الثقافة والتربية والتعليم وتكافؤ الفرص الاجتماعية بين المواطنين ومساواة المرأة مع الرجل في الحقوق والواجبات وتسريع ظاهرة الحراك الاجتماعي وشيوع الممارسات الديمقراطية بين الأفراد والجماعات وتعميق حالة التمازج الاجتماعي بين المواطنين على اختلاف شرائحهم الاجتماعية والمهنية (١٤) . وبالرغم من تنامي وتعاظم هذه الظواهر الاجتماعية الجديدة التي تتقاطع مع المهور العالية فأن المهور استمرت بالارتفاع الحاد في المجتمع العراقي الى أن وصلت مبالغ خيالية تكاد لا تصدق . فقد ارتفع معدل المهر المتقدم للفئات الوسطى من ٦٥٠ ديناراً في عام ١٩٦٧ الى حوالي ٢٥٠٠٠٠ دينار عام ٢٠٠٠ . أما المهر المتأخر لهذه الفئات الاجتماعية فقد ارتفع من ١٥٠٠ دينار الى ٥٠٠ر٠٠٠ دينار عام ٢٠٠٠ . أما معدل المهر المتقدم للفئات العمالية والفلاحية فقد ارتفع من ٢٤٠ دينار في عام ١٩٦٧ الى ٧٥٠٠٠ دينار في عام ٢٠٠٠ ، بينما ارتفع معدل المهر المتأخر لهذه الفئات الاجتماعية من ٤٦٠ دينار في عام ١٩٦٧ الى ١٥٠٠٠٠ دينار في عام ٢٠٠٠(١٥) .

بيد أن الارتفاعات الحادة في مبالغ المهور خلال الحقبة ١٩٦٧ ـ ٢٠٠٠، إضافة الى التكاليف الباهضة الأخرى للزواج مع تعقيدات الخطبة وتكوين بيت الزوجية قد أدت الى عزوف الكثير من الشباب عن الزواج وعدم زواج الكثير من الفتيات وحرمانهن عن حقهن المشروع في الزواج وتكوين الأسر الزواجية وانجاب الأطفال . وهذه خسارة لا بعدها خسارة . ذلك أن أضرارها لا تصيب الشباب والشابات فحسب ، بل تصيب المجتمع والدولة بأضرار جسيمة لا يمكن تفاديها وتجنب آثارها القريبة

والبعيدة بسهولة . ويمكننا في هذا البحث تشخيص الطرف المسؤول عن هذه الخسارة القومية وعن تعرض الفرد والعائلة والمجتمع لمشكلات نفسية واجتماعية واقتصادية واخلاقية حادة . إن الطرف الذي يغالي في المهور ويضخمها فوق مستواها المعقول انما هو عائلة البنت أو البنت ذاتها [*] وذلك نتيجة لتعرضها لضغوط نفسية وأجواء حضارية وضوابط اجتماعية تدفعها الى المطالبة بالمهر العالي والا ترفض الزواج وتبقى عانساً طيلة حياتها [١٦] . إن هذه الحالة الاجتماعية الماثلة في المجتمع العراقي تحتاج الى دراسة مستفيضة ومعالجات هادفة للحد من حجمها وتطويق آثارها الهدامة . وما الدراسة هذه الا محاولة جادة للوقوف عند أسباب مشكلة المهور العالية وآثارها وعلاجها .

(ب)   أسباب المغالاة في المهور :

تتعلق أسباب المغالاة في المهور بالظروف الاجتماعية والحضارية والنفسية المحيطة بالفتاة والتي تلزمها المطالبة بمهر عالٍ يثقل كاهل الشاب الذي يطلب الزواج كحق شرعي من الحقوق التي يتمتع بها كمواطن في المجتمع . غير أن المهر العالي الذي تطلبه الفتاة لا يمكن حصوله دون موافقة الرجل عليه ، وهناك الكثير من الرجال يستجيبون للمهور العالية التي تطلبها الفتيات رغبة في ضمان موافقة الفتيات على الزواج منهم . إذن في هذه الحالة نعتبر الرجال مشاركين في ارتفاع معدلات المهور في المجتمع العراقي . ومشاركتهم في ارتفاع معدلات المهور لا تقل بأية صورة من الصور عن مشاركة النساء في ارتفاع المهور لأن الرجال هم الطرف الذي يرفع المهور والنساء هن الطرف الذي يستلم المهور . ومهما يكن من أمر فأن هذا المحور من الدراسة يهتم بتوضيح الأسباب الموضوعية والذاتية التي تدفع النساء الى المطالبة بالمهور العالية . وهذه الأسباب يمكن درجها بالنقاط الأساسية الآتية :

(*)   على الرغم من مسؤولية البنت عن ارتفاع المهور فأن الرجل يتحمل جزءاً من المسؤولية هذه . فالرجل يظهر مسؤوليته من استعداده على دفع المهور العالية ويتنافس مع الرجال الآخرين في دفع مبالغ خيالية للمرأة التي يرغب أن يتزوجها .

(١) **المحاكاة الاجتماعية :**

يتجلى هذا السب بقيام الكثير من الفتيات بطلب مهور عالية تنطبق مع المهور العالية التي حصلت عليها صديقاتهن أو قريباتهن من اللواتي تزوجن قبلهم . فالفتاة العراقية أو أسرتها لا تقبل عادة مهراً يقل عن المهر الذي حصلت عليه صديقتها أو قريبتها ، وفي معظم الحالات تطمح أن تحصل على مهر يزيد على المهر الذي تقاضته الصديقة أو القريبة[١٧] . ذلك أن الفتاة العراقية تريد دائماً تقليد صديقاتها من الجيران والاقارب في مسائل المهور ومراسيم الزواج ودار الزوجية وتأثيثه وانجاب الأطفال والعلاقات القرابية ... الخ. فهي لا تريد أن تستلم مهراً أقل من مهر زميلتها ولا تريد أن تعيش في بيت أقل مستوى من بيت زميلتها لأن هذا يجرح شعورها ويحط من قيمتها ويتناقض مع أنفتها وكرامتها . زد على ذلك أن هناك ميلاً بين الفتيات في الحصول على أكبر قدر ممكن من المهور لأن المهور المرتفعة تعزز قيمتهن الاجتماعية وتدعم استقلاليتهن ومنزلتهن في الأسرة والمجتمع . لهذا أخذت المهور بالارتفاع شيئاً فشيئاً، وارتفاعها كان يعتمد على شدة المنافسة بين الفتيات في الحصول على المهور العالية .

(٢) **التظاهر والتفاخر :**

من الأسباب الأخرى التي تكمن خلف ظاهرة المغالاة في المهور سبب التظاهر والتفاخر . فالفتاة التي تحصل على مهر عالٍ تكون في موقع يدفعها الى التباهي والتفاخر بهذا المهر . وقد تنفق المبلغ الضخم للمهر على اقتناء سلع مظهرية كالحلي والمجوهرات والملابس الفاخرة والاثاث البراقة ... الخ . ولا تكتفي بأخذ المهر العالي أو شراء الحاجات المظهرية فقط بل تتعمد في أخبار الناس عن مقدارالمهر الذي حصلته وعرض الكماليات الغالية الثمن على الأصدقاء والجيران . ومثل هذه الأمور حسب رأي الفتاة لا بد أن ترفع قيمتها وتعزز مكانتها في المجتمع . إذن المهر العالي هو وسيلة من وسائل التظاهر والتفاخر التي تعتمدها الفتيات في كسب السمعة والجاه الاجتماعي . لذا تنزع الفتيات بصورة عامة الى طلب المهور العالية التي تضر بنظام الزواج وبمصالح وأهداف المجتمع العليا .

(٣)   القيمة الاجتماعية للفتاة :

تعتقد الكثير من الفتيات بأن قيمتهن الاجتماعية تتحدد بمقادير المهور التي يحصلن عليها من الرجال الذين يطلبون الزواج منهن . فكلما كان مهر الفتاة عالياً كلما كانت قيمتها ومكانتها في المجتمع متميزة، والعكس هو الصحيح إذا كان مهر الفتاة معتدلاً أو متدنياً . ولكي تنجح الفتاة في الحصول على قيمة مرموقة في المجتمع تحاول رفع مقدار مهرها وذلك من خلال المساومة مع الرجل الذي يتقدم اليها أو مع أسرته في نيل مهر يضمن مكانتها في المجتمع ويحافظ على كيانها المستقل كأمرأة أو زوجة تعتمد عليها الأسرة المعاصرة .

(٤)   كثرة عروض الزواج على الفتاة :

من الأسباب الداعية لارتفاع المهر كثرة عروض الزواج التي تحصل عليها الفتاة من الشباب خصوصاً إذا كانت جميلة أو تنتمي الى عائلة غنية وميسورة أو مؤهلة علمياً أو تعمل في وظيفة مرموقة . فكلما كان الأقبال على الفتاة شديداً كلما ارتفع مقدار مهرها . ومن الجدير بالاشارة الى ان أشغال المرأة لأكثر من دور واحد في آن واحد كأشغالها دور ربة البيت ودور العاملة أو الموظفة خارج البيت قد رفع مكانتها في المجتمع وحفز الرجال على الزواج منها [١٨] . وعندما تشتد المنافسة بين الرجال حول الزواج من امرأة معينة فأن هذا يؤدي الى ارتفاع مهرها . إذن كثرة عروض الزواج على الفتاة ينتج في ارتفاع مهرها .

(٥)   الرفاهية الاقتصادية :

تسبب الرفاهية الاقتصادية ارتفاع معدل دخل الفرد وتحسن الاوضاع المعاشية والاجتماعية للأسرة وتحقيق حالة الاستخدام الكامل للسكان مع زيادة الأسعار وتنامي ظاهرة التضخم المالي [١٩] . ومثل هذه الظروف الاقتصادية تشجع الفتيات على طلب المهور العالية وتمكن الشباب في ذات الوقت من دفع المهور اللازمة التي تضمن موافقة الفتيات على موضوع زواجهن . بينما الهبوط الاقتصادي يسبب إنخفاض مقادير

المهور نظراً لتدني الأجور والرواتب وظهور البطالة وانخفاض الأسعار وهبوط المستوى المعاشي والاجتماعي للأسرة .

(٦) ارتفاع تكاليف الزواج :

من العوامل المسببة لارتفاع المهور تضخم تكاليف الزواج كشراء الحلي والمجوهرات والملابس والاثاث وتهيئة دار للسكن واقامة الحفلات والولائم وتقديم الهدايا . والمهور العالية التي تفرضها الفتيات على الشباب يمكن ان تسد نفقات الزواج الباهضة الثمن . إذا كانت المهور منخفضة فأن الفتيات لا يستطعن تلبية تكاليف الزواج . وهنا لا يرقى الزواج الى المستوى الذي يطمحن بتحقيقه أو قد يتحول الى عبء يثقل كاهلهن بالمسؤوليات والمطاليب المتنافرة . إذن تكاليف الزواج باهضة الثمن تقود الى ارتفاع المهور والتشدد في تحديد مقاديرها .

(٧) عدم رغبة الفتاة في الزواج :

عندما لا ترغب الفتاة في الزواج اسبب أو لآخر تميل الى فرض مهور خيالية لكي تبعد الشباب عنها . فالفتاة قد لا ترغب في الزواج لأسباب تتعلق بتكملة دراستها أو رعاية والديها المسنين أو عملها الوظيفي خارج البيت او مشكلاتها الخاصة ... الخ. وعندما يقدم عليها الشباب لطلب يدها فأنها سرعان ما تفرض عليهم المهور العالية التي لا تشجعهم على الزواج منها . وهنا تتفرغ الفتاة للقيام بالعمل الذي تريد مزاولته بعيداً عن أعباء الالتزامات الزوجية والأسرية .

(جـ) الآثار السكانية والاجتماعية والأسرية للمهور العالية :

ذكرنا في المباحث السابقة بأن المهور العالية تسبب إنخفاض وتلكؤ حوادث الزواج في المجتمع وتقليص عدد الأسر الزواجية حديثة التكوين وبالتالي زيادة السكان زيادة بطيئة بحيث لا يستطيع المجتمع استثمار موارده وخيراته الطبيعية استثماراً اقتصادياً كاملاً خصوصاً إذا كان المجتمع يزخر بالخيرات والموارد الاقتصادية المتنوعة كالمجتمع العراقي مثلاً . إن المهور العالية تتعارض مع الزيجات . ذلك أنها لا تشجع الشباب على الزواج وتكوين الأسر الحديثة . وهنا لا تتمكن الأسر الموجودة في

المجتمع من زيادة حجم السكان ، أي ان السكان يكون متخلفاً من ناحية كميته وراء الموارد الاقتصادية . الأمر الذي يؤدي الى ظهور حالة لا يستطيع فيها السكان استثمار الموارد الاقتصادية استثماراً كلياً . وهنا تنخفض المستويات الاقتصادية وتردى الأحوال المعاشية لعموم الشعب ويصبح القطر غير قادر على الشروع بخططه الصناعية والزراعية والتجارية والتنموية . وإذا ما تخلف القطر في الميدان الاقتصادي فأن هذا لا بد أن ينعكس على الميادين والانشطة المجتمعية الأخرى كالنشاط التربوي والتعليمي والنشاط السياسي والعسكري والنشاط الأسري والقيمي فيؤدي الى تخلفها وعقهما وعدم قابليتها على النهوض والارتقاء في تحقيق أهدافها القريبة والبعيدة .

ومن جهة ثانية نلاحظ بأن التساهل في قضية المهور وتكاليف الزواج سيشجع الشباب على الزواج المبكر وتكوين الأسر الحديثة التي تستطيع انجاب الأطفال الكثيرين وتهتم بتربيتهم وتقويمهم وتأهيلهم العلمي والتكنولوجي . وهنا يرتقي السكان كماً ونوعاً ويكون بمقدوره استثمار الموارد والخيرات الاقتصادية المتاحة له . وفي ظل هذه الظروف ينمو المجتمع اقتصادياً ومادياً ،وهذا النمو ينعكس عاجلاً أم آجلاً على بقية البنى المؤسسية للمجتمع فيسبب نضوجها وتكاملها وقدرتها على أداء أدوارها الوظيفية بحيث يتمكن المجتمع برمته من التحول الى المراحل الحضارية المتطورة [٢٠] التي فيها يقف على صعيد واحد مع المجتمعات الناهضة والمتطورة في العالم. إذن من صالح نهضتنا الاقتصادية وتنميتنا الاجتماعية أن يزداد السكان كماً ونوعاً . غير ان زيادته مرهونة بتنامي وكثرة الأسر الزواجية الحديثة التكوين ، وتنامي هذا النمط من الأسر يرتكز على تسهيل مهمة الزواج من خلال تخفيض المهور والكف عن طلب الشروط التعجيزية الخاصة بالزواج وتقليص النفقات الباهضة للزواج مع تشجيع الزواج المبكر ومحاربة العزوبية والتصدي لمظاهرها السلبية .

وللمهور العالية آثارها الاجتماعية والاخلاقية الخطيرة . فهي لا تضر ببناء الأسرة ووظائفها وعلاقاتها الداخلية فحسب ، بل تضر أيضاً بتوازنها واستقرارها ونموها ومستقبلها وما يمكن أن تؤديه من مهام جليلة للفرد والمجتمع على حدٍ سواء . إضافة الى دورها المضر لكيان المرأة وسمعتها ومشاركتها في عملية البناء الاجتماعي

والحضاري للمجتمع . تعرقل المهور العالية زواج الشباب والشابات . فعندما تفرض الفتاة أو أسرتها مهراً عالياً على الشاب فأنه يعزف عن الزواج، وعزوفه عن الزواج يؤدي الى اضاعة فرصة زواج البنت . وهنا يبقى الشاب والشابة بدون زواج ، وعدم زواجهما يفرض عليهما السكن مع أسرتيهما الأصلية . الأمر الذي يسبب عدم تكوين الأسر الجديدة في المجتمع . إذن المهور العالية تتناقض كل التناقض مع نظامي الزواج والاسرة وتكون في ذات الوقت حجر عثرة أمام مسيرة المجتمع التي تتحدد بمقدار كفاءة السكان الانتاجية والخدمية وقابليته في الدفاع عن نفسه واحراز السمعة السياسية لوطنه .

وعدم زواج الشباب والشابات نتيجة للمهور العالية وتكاليف الزواج الباهضة الثمن له انعكاساته السلوكية والاخلاقية السلبية . عندما لا يتزوج الشاب بسبب العراقيل المفتعلة التي توضع أمامه فأنه يتعرض الى صدمات نفسية وانفعالية . وهذه الصدمات تضر بمستقبله المهني والاجتماعي وتؤدي الى سوء تكييفه للمجتمع الذي يعيش فيه ويتفاعل معه [٢١] . وعندما لا يجري الشاب التكيف المطلوب لمحيطه ومجتمعه فأنه قد ينزلق الى الشذوذ والانحراف وقد يرتكب أنواع الموبقات والجرائم التي تسيء الى أمن وسلامة واستقرار المجتمع [٢٢] . ذلك أن مستقبل الشاب يتحدد بمقدار الانجازات التي يحققها في الحياة كأكمال الدراسة وتبوء العمل المهني والزواج وتكوين الأسرة . فعندما يفشل الشاب في الزواج وتكوين الأسرة نتيجة لوجود المعوقات والملابسات التي تحول دون زواجه فأنه يكون قد فشل في جانب مهم من جوانب الحياة، وفشله في هذا الجانب قد يؤدي بطريقة وأخرى الى فشله في الجوانب الأخرى وبالتالي ضياع مستقبله وتدمير حياته .

ونفس الشيء ينطبق على الشابة التي تضيع مستقبل حياتها الزواجية والأسرية بسبب مطالبتها أو مطالبة أهلها بمهر عالٍ . ذلك أن المهر العالي الذي تؤكد عليه كما وضحنا أعلاه يفقدها فرصة الزواج وتكوين العائلة وانجاب الأطفال . ومثل هذه الحالة تعرض الفتاة الى مشكلات نفسية واجتماعية حادة ليس من السهولة بمكان حلها ووضع نهاية لها. فعدم زواجها يلزمها على السكن مع أسرتها الأصلية طيلة حياتها .

والدور الذي تلعبه مع أسرتها الأصلية لا يقاس بالدور الفاعل الذي يمكن أن تلعبه في الأسرة الجديدة التي تكونها بنفسها بعد زواجها . فدورها في اسرتها الأصلية انما هو دور هامشي يتحدد بالفعاليات الرتيبة التي تقوم بها اية بنت ، بينما دورها في الأسرة الزواجية التي تكونها هو دور الزوجة والأم والذي من خلاله تستطيع أداء العديد من الفعاليات التربوية والاجتماعية والتقويمية والأسرية لكي يعتمد عليها المجتمع الناهض في بنائه ونموه وتطوره . كما ان عدم زواج البنت بسبب المهر العالي وبقية الشروط الصعبة التي تفرضها على من يريد الزواج منها قد يعرضها الى صدمات نفسية مؤلمة أو قد يقود الى شذوذها وانحرافها ونقمتها على المجتمع الذي يعيش فيه لأنه لم يحقق طموحاتها الذاتية ولم يمكنها من الزواج وتكوين الأسرة [٢٣] .

لذا من صالح الفتاة أن تتزوج من يطلب يدها شريطة أن يكون ملائماً لها ومنسجماً مع طبيعتها ومستوياتها وظروفها . أما مسألة المهر والشروط الصعبة التي تفرضها على الرجل الذي يريد الزواج منها فيجب ان تتخلى عنها لأنها مسائل ثانوية لا ترقى الى مسألة عدم زواجها بسبب تزمتها لموضوع المهر وشروط الزواج الأخرى . إن الزواج ينبغي ان يعتمد على عوامل الحب والتفاهم والتضحية المشتركة بين الزوجين وليس على العوامل المادية والشكلية لأن العوامل الأخيرة لا يمكن أن تبني الأسرة السعيدة والحياة الزواجية المثالية المبنية على الصدق والاخلاص والمحبة والوفاء . فالزواج هو قبل كل شيء عقد مقدس يمكّن طرفيه من العيش سوية في أسرة متضامنة لها الحق الشرعي في انجاب الأطفال ورعياتهم وتربيتهم وليس هو مسألة تجارة بين شخصين أو أسرتين أسرة تبيع وأسرة تشتري .

إن الفتاة العراقية مطالبة ان لا تهتم بمقدار المهر الذي تحصل عليه من يطلب يدها وأن لا تهتم بالشروط الأخرى التي تفرضها عادة البنات على من يريد الاقتران بهن . فهناك أمور ينبغي ان تتوفر بالشاب أهم من أمور المهر وشروط الزواج الأخرى التي ذكرناها في بداية البحث كطبيعة شخصيته واستقامة خلقه ووطنيته واخلاصه للوطن والأمة وشجاعته واندفاعه في محاربة الاعداء وحماية الوطن من الاعداء والمارقين . فالشاب الذي يتسم بالصفات النفسية والاجتماعية والوطنية والقيمية الايجابية ولا

يمتلك الامكانات المادية الكبيرة التي تبحث عنها الفتاة التقليدية عند زواجها هو خير بكثير من الشاب أو الرجل الذي يمتلك الامكانات المادية غير المحدودة ولا يتسم بالصفات الاجتماعية والوطنية والاخلاقية الرفيعة . ان الفتاة مدعوة بالزواج من مقاتل صنديد دافع عن الوطن والشرف والمقدسات حتى ولو كانت امكاناته المادية قليلة ومحدودة . فشجاعته ودفاعه عن الوطن وايمانه بشعبه وأمته هي مؤهلات كافية أن تجعل منه زوجاً ناجحاً وأباً حريصاً ومواطناً غيوراً. إذن قد حان الوقت ان تبادر الفتاة العراقية الى تغيير قيمها ومقاييسها المتعلقة بشروط اختيار شريك حياتها .

ومن سلبيات المهور العالية التي تؤثر في استقرار الأسرة ورفاهيتها كون تلك المهور مؤشراً لعدم تساوي منزلة المرأة مع منزلة الرجل . فعندما يدفع الرجل مهراً عالياً للمرأة فأنه على مستوى اللاشعور يعتقد بأن من حقه أن يعاملها كيفما يشاء وان ليس من حقها الاعتراض على المعاملة التي تتلقاه منه حتى ولو كانت المعاملة قاسية ولا انسانية لأنه حسب تفكيره قد اشترى المرأة بنقوده . وهذا ما يخل بسلامة العلاقات الزوجية ويسيء اليها وبالتالي لا يمكن ان ترتكز الأسرة على أسس صلدة ومستقرة . إضافة الى هذا أن قيام الرجل بدفع مهر عالٍ للمرأة وعدم تحمل المرأة أية مسؤوليات مالية تجاه الأسرة في وقت يكون مدخولها ، إذا كانت عاملة أو موظفة ، بقدر مدخول زوجها انما هي قضية تثير الزوج وتجعله حاقداً على نظام الزواج . فلماذا هو يتحمل تكاليف الزواج كلها وهي لا تتحمل أي شيء علماً بانهما يقفان على صعيد واحد مهنياً ومادياً . إن معضلة كهذه يمكن ان توضع لها الحلول من خلال تخفيض مقادير المهور المتقدمة والمتأخرة ومشاركة الزوجين معاً خصوصاً إذا كانت الزوجة تعمل خارج البيت في تحمل تكاليف الزواج والنفقات المطلوبة على تكوين البيت الجديد . وهناك أسر زواجية حديثة التكوين احتك معها الباحث في دراساته المسحية في محافظتي بغداد ونينوى قد وضحت بأن الزوجات كن متساهلات في مسألة المهور وأن نفقات الزواج قد شارك فيها الازواج والزوجات سوية. كما أن الأباء والأمهات العاملات في مثل هذه الأسر العراقية يشتركون سوية في تحمل النفقات المالية لأسرهم وان الانفاق لا

يقع على كاهل الازواج فقط بل يقع على أهل الزوجات أيضاً . وقد شاهد الباحث درجة عالية من الانسجام والتوافق الزوجي بين هذا النمط من الأسر .

ومن المساوىء الاجتماعية والأسرية للمهور العالية كونها سبباً أساسياً من أسباب الخلافات الزوجية التي قد تقود الى الطلاق . فالبنت من جهتها لا تفرض مهراً عالياً على الشاب الذي يطلب الاقتران منها دون تسلمها أيعازاً من أهلها بعمل ذلك ، أي أن أهلها تدخلوا في تحديد المهر العالي الذي طلبته من زوجها وعندما تنجح البنت في الحصول على هذا المهر وذلك نتيجة تدخل أهلها في ذلك ، فأنهم يستمرون في التدخل في شؤونها والتأثير على حياتها الزوجية وفق آرائهم وتوجهاتهم ومصالحهم [٢٤] . ومثل هذه التدخلات لا يسمح بها الزوج ولا يريد حدوثها لأنها تقيد حريته وتسيء الى استقلالية حياته الزوجية . وهنا يبدأ الشجار والخصام بين الزوجة المتأثرة بأهلها وبين الزوج الذي يريد ان يعيش حياة هادئة ومستقلة مع زوجته وأطفاله . والرجل من جانبه يشعر بأن دفعه للمهر العالي وتحمله كافة نفقات الزواج قد أخلّ بوضعه المالي والاقتصادي وبوضع أسرته أيضاً . وهو في ظروف كهذه يحمل زوجته مسؤولية تردي اوضاعه المالية خصوصاً إذا كانت عاملة أو موظفة ولم تشارك في مقابلة بعض تكاليف الزواج . وهذه المسألة قد تتعقد وتقود الى حدوث الخلافات الزوجية بينهما . أما إذا كان الزوج غنياً وميسوراً فأنه يعتقد بأن المهور العالية انما هي واسطة يستطيع من خلالها الحصول على أية امرأة يشاء . فعندما لا تروق له الزوجة الأولى لسبب أو لآخر فأنه سرعان ما يتزوج عليها او يطلقها ويتزوج ثانية . ومثل هذه الأمور تؤثر تاثيراً سلبياً على سلامة واستقرار الأسرة وعلى تربية الأطفال واتزانهم النفسي والعقلي وتكيفهم للبيئة التي يعيشون فيها.

والمهور العالية تتوافق كل التوافق مع نظام الزواج المرتب (Arranged Marriage System) ونعني بالزواج المرتب الزواج الذي يرتبه الأهل والاقارب للرجل الذي يروم الزواج ، كما ويرتب للمرأة المؤهلة على الزواج [٢٥] . ويقضي نظام الزواج المرتب بأن الأهل وليس الرجل ذاته هم الذين يفتشون عن الزوجة الملائمة وعند ايجادهم لها وأخذ موافقة أهلها يخبر الرجل بأنه سيتزوج من فلانة ، والأخيرة تخبر بأن فلاناً

سيكون زوجها . والرجل والمرأة يوافقان على الزواج بمجرد أخبارهما من قبل الأهل والاقارب . غير أن نظام الزواج المرتب يعتمد على المهر حيث أن موافقة أهل الزوجة أو الزوجة ذاتها على موضوع زواجها يعتمد على مقدار المهر الذي تحصل عليه من الرجل الراغب في الزواج . فكلما كان المهر عالياً كلما كانت أحتمالية الزواج موافقة المرأة على زواجها من الرجل كبيرة، والعكس بالعكس إذا كان مقدار المهر صغيراً . إذن نظام الزواج المرتب بكل ما يحمله من سلبيات وتناقضات واخفاقات يعتمد كلياً على المهر . بينما إذا كان المهر مسألة رمزية أو غير موجود أساساً وأن نظام الزواج المرتب لا يمكن أن يظهر ويستمر ويتعاظم بحيث يصبح جزءاً لا يتجزأ من نظام الزواج في المجتمع العربي الاسلامي . ومن الواضح ان سلبيات الزواج المرتب لا تقل خطورة عن سلبيات المهر العالي ، فالزواج المرتب لا يتيح المجال للرجل باختيار زوجته بنفسه ولا يعطي الحق للمرأة بالتعرف على الرجل قبل موافقتها بالزواج منه او برفضه إذا كانت غير راغبة به. أما المهر العالي فيثقل كاهل الرجل ويضرـ بأحواله الاقتصادية ويدفعه الى الاعتقاد بأن الزواج هو مجرد عملية بيع وشراء امرأة.

من كل هذا نستنتج بأن المهور العالية تضر بمسألة زيادة السكان حيث أنها لا تشجع الشباب على الزواج المبكر وتكوين الأسر الزواجية الحديثة التكوين، وتخلّ باستقرار الأسرة وعلاقاتها الداخلية وتعرض بنيانها الى أخطار التصدع والتفكك الاجتماعي . ناهيك عن الآثار المخربة للمهور العالية على الأخلاق والقيم والمقاييس وسلامة العلاقات الزوجية والقرابية في المجتمع . وأخيراً تترك المهور العالية انعكاساتها السلبية على الأحوال الاقتصادية للمجتمع وتخلّ بمركزه وهيبته السياسية وتؤثر سلباً على وضعه العسكري وأمنه القومي . لذا علينا معالجة مشكلة المهور العالية ووضع نهاية سريعة لها لكي نضمن استقرار وسلامة ومستقبل الأسرة ونؤمن نهضة المجتمع وتقدمه في كافة الميادين الحياتية .

(د) المعالجات والتوصيات للحد من ظاهرة المهور العالية:

إذا أردنا التصدي لظاهرة المهور العالية كظاهرة اجتماعية سلبية تؤثر تاثيراً مخرباً في زيادة السكان وفي استقرار الأسرة ورفاهيتها وسعادتها وفي سلامة المجتمع وحصانته وفاعليته علينا اتخاذ جملة قرارات واجراءات تتعلق بهذه الظاهرة . وهذه القرارات والاجراءات يمكن أن تتخذها الأسر بصورة عامة والفتيات اللواتي يهمهن موضوع المهور بصورة خاصة ، ويمكن ان تتخذها أجهزة الدولة والمجتمع حيث ان معالجة هذه الظاهرة لا تتعلق بالأسر فحسب ، بل تتعلق بالدولة والمجتمع أيضاً . وعليه فأن المعالجات والتوصيات يمكن تقسيمها الى شقين أساسيين : الشق الذي يتعلق بالأسرة والفتاة ، والشق الذي يتعلق بالدولة والمجتمع .

(أ) التوصيات الموجهة الى الأسرة والفتاة :

١- على الأسرة الكف عن التدخل في تحديد مهر ابنتها وعدم تشجيعها على فرض الشروط التعجيزية على من يطلب الزواج منها كشروط ملكية الدار وملكية السيارة وملكية الثروة والنقود واستقلالية السكن واقتناء الأثاث والرياش الفاخرة ٠٠٠ الخ .

٢- على الأسرة تثقيف بناتها بالاغراض والغايات الحقيقية للزواج وبمستلزماته وشروطه الأساسية فمن الاغراض الجوهرية للزواج تكوين الأسرة وانجاب الأطفال وتنشئتهم ورعايتهم وفق قيم واخلاق ومثل المجتمع ، ومن مستلزماته وشروطه توافق طباع وخصال الزوجة بتلك التي تميز الزوج واحترام وتعاون وحب بعضهما البعض . أما المهر وبقية المستلزمات المادية والمظهرية فهي أمور ثانوية لا ترقى الى موضوع التفاهم والوفاق والانسجام بين الزوجين .

٣- على الأسرة والفتاة الامعان بتقليص نفقات الزواج وجعل الزواج مناسبة اجتماعية تتميز بالبساطة والتواضع والتساهل .

٤- ضرورة قيام الأسرة بتشجيع فتياتها على الزواج لأن الزواج هو واجب وحق مشروع لكافة المواطنين والمواطنات ، وانه متأصل في الأسرة التي هي الخلية الأساسية لبناء المجتمع . فضلاً عن كونه الأداة الموضوعية لزيادة السكان وتنمية ورفاهية المجتمع . علماً بأن زيادة السكان كماً ونوعاً لها أهميتها في تعزيز القدرات القتالية والدفاعية للمجتمع ووسيلة يمكن من خلالها جلب السمعة الدولية للمجتمع ورفع المكانة السياسية التي يحتلها بين مجتمعات المعمورة .

٥- على الأسرة حث فتياتها بالتخلي عن تقليد الفتيات اللواتي يحصلن على مهور عالية ويفرضن شروطاً تعجيزية وصعبة على الرجال الذين يطلبون الزوج منهن . لأن التقليد هذا يسبب عدم زواجهن وتهرب الرجال منهن وعزوفهم كليةً عن الزواج .

٦- على الفتاة أن تعلم بأن قيمتها الاجتماعية لا يحددها المهر العالي الذي تطلبه والشروط الصعبة التي تفرضها على من يريد الزواج منها، بل تحددها حشمتها وتواضعها وانسجامها مع زوجها وجهودها الخلاّقة في انجاح حياتها الزوجية التي تجلب السعادة والهناء والعيش الرغيد للعائلة الزواجية التي تكونها .

٧- ينبغي على الفتاة أن لا ترفع مقدار مهرها إذا كان أقبال الرجال عليها شديداً، بل ينبغي عليها اختيار الرجل المناسب الذي ينسجم معها وينجح في أسعادها وتحقيق أهدافها الزوجية والأسرية.

٨- على الفتاة أن تعلم بأن الرفاهية الاقتصادية للمجتمع يجب ان لا تكون عاملاً يدفعها الى رفع قيمة المهر ، بل يجب ان تكون مناسبة تستطيع من خلالها الترفيه عن أسرتها الزواجية برفع مستوياتها المادية والاجتماعية .

٩- على الأسرة والفتاة الوقوف ضد نظام الزواج المرتب لأنه سبب من أسباب ارتفاع المهور إضافة الى كونه نظاماً يتناقض مع واقع المجتمع المعاصر ويقف ضد مكانة المرأة في المجتمع الجديد.

١٠- على الأسرة أن لا تركز على مقدار مبلغ المهر والشروط المادية والمظهرية الأخرى بل يجب ان تركز على صفات الرجل الذي يروم الزواج من أبنتها ومدى انسجامه مع البنت وحبه لها واستعداده على اسعادها .

(ب) التوصيات الموجهة الى الدولة والمجتمع :

١- ضرورة قيام وسائل الأعلام الجماهيرية وبقية الجماعات المؤسسية في المجتمع كالمدارس والجامعات والمنظمات الجماهيرية واماكن العبادة والعمل والقادة والمسؤولين والمجتمعات المحلية بحث الأسر والفتيات على ضرورة تسهيل مهام الزواج وذلك من خلال تخفيض المهور وعدم فرض الشروط الصعبة على الشباب الذين يريدون الزواج .

٢- قيام المؤسسات التشريعية والقضائية بتشريع القوانين وأصدار التعليمات والقرارات التي من شأنها أن تحدد مقادير المهور المتقدمة والمتأخرة لكي لا تعتبر المهور كوسيلة للتجارة والربح الفاحش على حساب مصلحة الدولة والمجتمع والامن القومي للسكان .

٣- ضرورة مبادرة أجهزة الدولة والمجتمع الى توجيه العقوبات الى أية اسرة أو فتاة تخلّ بالتعليمات الصادرة حول التحديد الرسمي لمبالغ المهور .

٤- استعداد المجتمع على تقبل تغيير قيمه وممارساته المتعلقة بالزواج المرتب والمهور وحفلات ومراسيم الزواج الفخمة .

٥- قيام القادة والمسؤولين ورجال الشرع والقانون بمنح المكافآت المادية والمعنوية للفتيات والأسر التي تتساهل في موضوع المهور أي تطلب مهوراً متواضعة تنسجم مع الحالة الاقتصادية والاجتماعية للشباب الذين يرغبون في الزواج .

٦- مبادرة أجهزة الدولة والمجتمع كالاجهزة الأعلامية والمنظمات الحزبية والجماهيرية والمؤسسات الثقافية والتربوية واماكن العمل والعبادة ... الخ الى

تثقيف الأسر والفتيات بأخطار المهور العالية على الأمن السكاني واستقرار الأسرة وفاعلية ونهوض وداينيميكة المجتمع .

٧- قيام الدولة بتشجيع الشباب والشابات على الزواج وذلك من خلال تقديم سلف الزواج وتهيئة دور سكنية للمتزوجين بأسعار معتدلة وتقديم خدمات رعاية الامومة والطفولة والخدمات التربوية والصحية والاجتماعية التي تحتاجها الأسرة الزواجية .

٨- ضرورة مبادرة الدولة الى حث الشباب والشابات على الزواج باعتباره واجباً وطنياً مقدساً وحقاً مشروعاً من حقوق المواطنة الصالحة .

الخاتمة :

مما ذكر أعلاه نستنتج بأن معظم الأسر والفتيات في المجتمع العراقي يتجهن نحو فرض المهور العالية وشروط الزواج الصعبة على الشبان الراغبين بالزواج . مثل هذه الحالة الاجتماعية لها أخطارها الوخيمة على زيادة السكان ورفاهية المجتمع واستقرار الأسرة . علماً بأن للمهور العالية اسبابها الموضوعية والذاتية ونتائجها السلبية القصيرة والبعيدة التي حددتها الدراسة وشرحتها شرحاً وافياً . غير ان الدراسة ليست ضد المهر ذاته بل ضد المغالاة والمبالغة في المهور بحيث تكون الزيجات عملية تجارة بين الأسر أسرة تبيع فتاة وأسرة أخرى تشتريها، ووسيلة البيع والشراء هذه انما هي المهر الفاحش الذي نحن بصدد دراسته في هذا البحث . ينبغي على المهر كأداة لتعاقد الزواج أن يكون موجوداً ووجوده يجب أن لا يكون عبئاً على الشاب الذي يريد أن يتزوج. فالمهر يجب ان يكون معقولاً وإذا ما زاد على حدوده انقلب الى أداة معوقة للزواج وتكوين الأسرة الحديثة ومعوقة لتزايد السكان وقدرة المجتمع على الدفاع عن أمنه وسلامته ومعوقة لاستقرار الأسرة وثباتها ورفاهيتها وقدرتها على النمو والفاعلية .

وعندما تكون المهور عالية جداً في المجتمع العراقي وأن معوقاتها السكانية والأسرية والاجتماعية واضحة بصورة متميزة فلا مناص من معالجتها وتطويق آثارها السلبية . لذا حاولت الدراسة في محورها الأخير معالجة ظاهرة المهور العالية وذلك من خلال التوصيات والمقترحات التي رفعتها الى الأسرة ذاتها والى المجتمع الكبير للأخذ بها أولاً ثم القضاء على المشكلة المعوقة ثانياً .

الهوامش والمصادر

(١) أرجع الى احصاءات الزواج المسجلة في المحاكم الشرعية العراقية خلال الفترة ١٩٧٠ـ ١٩٨٥ .

(٢) الحريري ، خديجة أنيس . أثر التصنيع في العائلة العراقية ، إطروحة ماجستير غير منشورة ، كلية الآداب ، جامعة بغداد ، ١٩٨٢، ص ٢٠٩.

(٣) الحسن، إحسان محمد(الدكتور). التصنيع وتغير المجتمع ، بيروت، دار الطليعة للطباعة والنشر ، ١٩٨١، ص ٦٥ـ ٦٦.

(٤) Benham , F. Economics , London,Isaac Pitman, ١٩٥٩, PP. ١٢٩-١٣٠.

(٥) الراوي ، منصور (الدكتور) . سكان الوطن العربي ، بيت الحكمة ، ٢٠٠١، ص ٧٢ـ ٧٣.

(٦) البروفسور دينكن ميشيل ، معجم علم الاجتماع ، ترجمة الدكتور إحسان محمد الحسن ، بيروت، دار الطليعة للطباعة والنشر ، الطبعة الثانية ، ١٩٨٦، ص ٣٦.

(٧) الحسن، إحسان محمد (الدكتور) .العائلة والقرابة والزواج، بيروت، دار الطليعة للطباعة والنشر ، ١٩٨١، ص ١٥.

(٨) البروفسور دينكن ميشيل ، معجم علم الاجتماع ، ص ١٣٨.

(٩) Forde, C.D. Habitat, Economy and Society ,University paper backs , London, Methuen, ١٩٦٣, PP. ٣٥٩-٣٦٠.

(١٠) محمد ، صفوح الأخرس . تركيب العائلة العربية ووظائفها ، دمشق، ١٩٧٦، ص ١٣٠ـ ١٣١.

(١١) القرآن الكريم ، سورة النساء ، الآية (٤) .

(١٢) حديث نبوي شريف ، أرجع الى كتاب الاسلام والحياة الزوجية لمؤلفه عثمان سعيد الشرقاوي ، ص ٦٢.

(١٣) الحسن، إحسان محمد الحسن(الدكتور). مهام المرأة في المجتمع الحديث ، بغداد، مطبعة المعارف ، ١٩٨٧، ص ١٢.

(١٤) الحسن، إحسان محمد (الدكتور). العائلة والقرابة والزواج ، ص٩٤.

(١٥) أرجع الى احصاءات المحاكم الشرعية الخاصة بالزواج ، بغداد.

(١٦) العائلة والقرابة والزواج ، ص ٩٥.

(١٧) نفس المصدر السابق ، ص ٩٦.

(١٨) Jephcott, P. Married Women Working ,London, Routledge Kegan Paul, ١٩٦٢, See the Conclusions.

(١٩) Samuelson, P. Economics : An Introductory Analysis, New York, McGraw-Hill Book Company, ١٩٦١, PP. ٢٣٩-٢٤٢.

(٢٠) Zanden, J. Sociology, New York, John Wiley and Sons, ١٩٧٩, P. ٣٧٠.

(٢١) Clark, D. Social Therapy in Psychiatry, A, Pelican Book , Middlesex, England, ١٩٧٤.

(٢٢) Back, K. and et al. Social Psychology , New York, John Wiley and Sons, ١٩٧٤, P. ٣٩٨.

(٢٣) Ibid., P. ٣٩٩.

(٢٤) إبراهيم، يوسف وداود محمد . ظاهرة ارتفاع المهور في منطقة الجزيرة، بغداد، ١٩٨٥.

(٢٥) الشيباني، ضياء. العائلة في حي جميلة ، إطروحة ماجستير غير منشورة ، كلية الآداب، جامعة بغداد ، ١٩٧٤، ص ٩٨_ ١٠٠.

الفصل السابع

الطلاق : أسبابه وآثاره وطرق علاجه

مع إشارة لآثار الطلاق على المرأة

مقدمة تمهيدية :

الطلاق بمعناه الدقيق هو فسخ عقد الزواج المقدس الذي وقعه الزوجان البالغان قبل دخولهما الى نظام الزواج ، والفسخ يرجع الى أسباب كثيرة تحول دون استمرار الزواج والحياة الزوجية [1] . كما ان فسخ عقد الزواج يشير الى فشل الزواج في إشباع الحاجات التي دفعت الزوجين الى عقده والتوقيع عليه . ففسخ عقد الزواج وإنهاء مفعوله وتحرر الزوجين من التزامات الزواج وشروطه وقيوده هو خير من بقاء الزواج الفاشل الذي لا يحقق أماني ومطاليب الزوجين ويجلب لهما الشر والأذى والنتائج السلبية التي لا تحمد عقباها . علماً بأن الاديان السماوية والشرائع والقوانين تكره الطلاق وتحرمه الا عند الضرورات التي تبيحه لحل مشكلة قائمة لا يمكن حلها الا عن طريق الطلاق [2] . بيد ان الطلاق يكون نصيب الزواج الذي يقع في عجالة لا يستطيع الزوجان خلال مدته القصيرة التحسب لمستقبل الزواج والصدمات التي تؤثر فيه وتقصر مدة حياته وتنهيه في المحاكم الشرعية .

ان للطلاق أسبابه الموضوعية والذاتية وآثاره القريبة والبعيدة على الزوجين والأبناء والاقارب وأبناء المجتمع المحلي والكبير . وكما أن له آثاره فله علاجه الذي يأخذ مجال التوصيات والمقترحات لمواجهة معضلة الطلاق كمشكلة اجتماعية .

إن هذا الفصل يتكون من المباحث الآتية :

المبحث الأول : الاطار النظري والمنهجي للبحث .

المبحث الثاني : أسباب الطلاق .

المبحث الثالث : آثار الطلاق .

المبحث الرابع : التوصيات والمعالجات لمواجهة معضلة الطلاق .

والآن علينا دراسة هذه المباحث مفصلاً .

المبحث الأول : الاطار النظري والمنهجي للبحث

يرتكز البحث على إطار نظري يكمن في نظرية التبادل الاجتماعي التي أوجدها كل من كيلي وثيبوت وجورج هومنز وبيتر بلاو خلال فترة الخمسينيات والستينيات مـن القرن العشرين [٣] . ان النظرية تجمع على ان الحياة الاجتماعية التي نعيش فيها ما هي الا عملية أخذ وعطاء بين شخصين او جماعتين او مجتمعين ، فكل طرف مـن أطراف العلاقة التبادلية يعطي ويأخذ من الطرف الآخر [٤] . فإذا كان ما يأخذه الطرف الأول من الطرف الثاني أكثر مـما يقدمه الطرف الأخير للطرف الأول فـأن العلاقـة تضعف وتضمحل ويصيبها الخدر والجفاء وربما تنقطع [٥] ، بينما إذا كانت هناك مساواة بين مـا يأخذه ويعطيه كل طرف الى الطرف الآخر فان العلاقة ستستمر وتتوطد وتتعمـق [٦] . علماً بأن الأخذ والعطاء بين الشخصين المتبادلين قد يكون مادياً أو معنوياً ، وقـد يأخذ مكانه بين أشخاص كما أشار الى ذلك ثيبوت وكيلي أو يأخذ مكانه بين جماعات ومؤسسات ومجتمعات ودول كما أشار الى ذلك جورج هومنز وبيتر بلاو [٧] .

هذه باختصار أهـم مبادىء نظريـة التبادل الاجتماعي ، يمكن تطبيـق هـذه النظرية على ظاهرة الطلاق كظاهرة اجتماعية سلبية . ان الطلاق يمكن تفسيره بالعلاقة التبادلية غير المتوازنة بين الزوج والزوجة إذ ان الزوج قد يعطي لزوجته أكثر مـما يأخذ منها وان الزوجة تأخذ من زوجها أكثر مما تعطيه . والأخذ والعطاء هنا بين الزوجين قد يكون مادياً أو معنوياً . ان اختلال كفـة الأخذ والعطاء بـين الـزوجين لا بـد ان يـسبب تعكير العلاقات التبادلية . والجهـة التي تبـدأ بتعكير العلاقة هـو الـزوج لانـه اعطى لزوجته أكثر مما أخذ منها وان الزوجة ليست منتبهة لهـذا الاختلال في معادلة الآخذ والعطاء ، أي أنها تستمر بالأخذ دون العطاء . الأمر الذي يحفز زوجها الى إنهاء علاقتـه بها وبالتالي وقوع الطلاق بين الزوجين .

أما الاطار المنهجي للبحث فان البحث يستعين بطريقة المسيح الميداني التي حتمت على الباحث اختيار عينة عشوائية تتكون من ١٥٠ مطلق و١٥٠ مطلقة من محاكم الأحوال الشخصية في بغداد ، أي ان حجم العينة المختارة ٣٠٠ مطلق ومطلقة ينحدرون من خلفيات اجتماعية مرفهة ووسطى وعمالية وفلاحية . وبعد اختيار العينة تم تصميم استمارة استبيانية تتكون من مجموعة اسئلة تدور حول العوامل السببية للطلاق وآثار الطلاق في المطلقين انفسهما وفي الأطفال (الاولاد والبنات) وأخيراً آثار الطلاق في المجتمع المحلي والمجتمع الكبير . كما ان هناك اسئلة تتعلق بامكانية معالجة مشكلة الطلاق او تخفيف آثارها السلبية . وبعد تصميم الاستمارة الاستبيانية بدأت مرحلة المقابلات الميدانية للمطلقين والمطلقات . وقد ذهب الباحث الى دور المطلقين والمطلقات لمقابلتهم وتوزيع استمارة استبيانية واحدة لكل مطلق أو مطلقة . وعند الانتهاء من المقابلات الميدانية بدأت عملية تبويب البيانات (Data Processing) وهذه العملية تفرعت الى التدقيق للتأكد من مصداقية اجابات المبحوثين والترميز وتكوين الجداول الاحصائية [٨] .

وعند الانتهاء من تبويب البيانات الاحصائية وتصميم الجداول الاحصائية بدأت مرحلة التحليل الاحصائي للبيانات التي اعتمدنا عليها في كتابة البحث .

المبحث الثاني : أسباب الطلاق

أسباب الطلاق هي العوامل الموضوعية والذاتية المؤدية للطلاق. وقد يكون الزوج أو الزوجة او كلاهما مسؤولين عنها . وأسباب الطلاق بغض النظر عن الجهة او الطرف المسؤول عنها يمكن حلها إذا كان فعلها في النزاعات الزوجية طفيفاً او ثانوياً، بينما لا يمكن حلها إذا كانت خطيرة ومؤثرة بصورة هدامة على مجرى العلاقات الزوجية . وأسباب الطلاق عادة لا تكون محصورة بسبب أو سببين بل ترجع عادة الى عدة أسباب . والأسباب قد تظهر في البيئة التي يعيش فيها الزوجان،ذلك ان اضطراب البيئة وتفاقم العوامل والقوى المؤثرة فيها قد يثير الحالة النفسية والمزاجية عند الزوجين ، ومثل هذه الحالة قد تدفعهما الى الدخول في مشاحنات وصراعات قد تنتهي بالطلاق [٩] .

وقد أظهرت الدراسة الاستطلاعية التي أجريناها مع عدد من المطلقين تمت مقابلة بعضهم في بيوتهم الخاصة ومقابلة بعضهم الآخر في محاكم الأحوال الشخصية بان هناك ثمة أسباب رئيسية للطلاق أهمها عدم الانسجام بين الزوجين بسبب الفوارق العمرية والاجتماعية والاقتصادية والثقافية والنفسية بين الزوجين ، وضعف التكيف العاطفي والجنسي بين الزوجين وتدخل الأهل في شؤون الزواج والمرض العضال الذي يصيب أحد الزوجين او كلاهما ، مع وجود الخلافات الزوجية المستحكمة التي يتعذر حلها والهجر والانفصال بين الزوجين لمدة طويلة ... الخ .

وبعد تشخيص أسباب الطلاق بالدراسة الاستطلاعية الأولية صممنا الاستبيان وعرضناه على ٣٠٠ مطلق ومطلقة وطلبنا منهم تأشير أسباب الطلاق التي كانت مسؤولة عن ظهور النزاعات والخلافات المستمرة بينهما والتي انتهت بالطلاق . علماً بان معدلات الطلاق تكون عالية كلما تقدم المجتمع في المجالات الحضرية والصناعية والتنموية . ذلك ان معدلات الطلاق في الأقاليم الحضرية هي أعلى من معدلات الطلاق

في البوادي والأقاليم الريفية والقروية ، كما ان معدلات الطلاق تزداد في الأقطار الصناعية والمتقدمة والمعقدة وتقل في الأقطار النامية أو المتخلفة [١٠] .

إن أسباب الطلاق كما حددها ٣٠٠ مبحوث هي على النحو الآتي:

١- وجود الفوارق العمرية والاقتصادية والاجتماعية والسياسية والنفسية والمزاجية بين الزوجين :

يعد هذا العامل من أهم العوامل المسؤولة عن الطلاق إذ جاء بالتسلسل المرتبي الأول إذ أشره ٢٧٠ مطلقاً ومطلقة من مجموع ٣٠٠(٩٠%) . علماً بأن وجود مثل هذه الفوارق بين الزوجين ينتج في حالة عدم الانسجام بينهما وبالتالي كثرة المشاحنات والنزاعات التي تكدر حياتهما الزوجية وتدفع بأحد الطرفين او كلاهما الى طلب الطلاق وانهاء حياتهما الزوجية كليةً . إن فارق العمر بين الزوجين الذي يتراوح بين ١٠ الى ٢٠ سنة يؤدي الى اختلاف افكارهما وقيمهما واتجاهاتهما لانهما نتيجة هذا العامل ينتميان الى جيلين مختلفين مما يسبب تناقض مواقفهما ونظرتهما الى الحياة [١١] . أما الفوارق الاجتماعية بين الزوجين فهي ان كل زوج ينتمي الى طبقة او شريحة اجتماعية ، وان هناك اختلافات بينهما في أساليب الحياة وطراز المعيشة والانشطة الترويحية التي يزاولها الزوجان خلال وقت الفراغ . فضلاً عن اختلاف قيمهما الاجتماعية وميولهما واتجاهاتهما ، لأن الزوجين قد عاشا في بيئتين مختلفتين ، وهناك الفوارق الاقتصادية بين الزوجين التي قد تجعلهما غير متكيفين لبعضهما البعض . فقد تكون الزوجة منحدرة من أسرة غنية وميسورة ، بينما يكون الزوج منحدر من أسرة فقيرة . وهنا تكون أساليب العيش للزوجين مختلفة ومتناقضة كما تكون قيمهما الاقتصادية متقاطعة وليست متقاربة مطلقاً .

أما الحالة النفسية والمزاجية التي قد تعكر صفو العلاقات الزوجية فلا تقل أهمية عن الحالة العمرية والاقتصادية . فقد يكون مزاج الزوجة هادئاً ومطمئناً بينما يكون مزاج الزوج حاداً ومتنفرزاً .وهنا لا ينسجم أحدهما للآخر مما يثير النزاعات المستديمة بينهما . وأخيراً هناك الفوارق الثقافية بين الزوجين ، فقد يكون أحدهما

مثقفاً ثقافة عالية ، بينما يكون الآخر أمياً وضيق الفكر والأفق ، مما لا يدعو ذلك الى الانسجام والتآلف بين الزوج وزوجته ^(١٢). وهذا يكون سبباً للطلاق وإنهاء العلاقات الزوجية .

٢-   ضعف التكيف العاطفي والجنسي بين الزوجين :

يعد عامل ضعف التكيف العاطفي والجنسي ـ بين الزوجين من أهم العوامل المسؤولة عن النزاعات الزوجية الحادة المفضية الى الطلاق . فقد أكد هذا العامل السببي للطلاق الذي جاء بالتسلسل المرتبي الثاني ٢٥٥ مطلقاً ومطلقة من مجموع ٣٠٠ (٨٥%) . ان هذا السبب بعد ان يكتشف وجوده أحد الزوجين او كلاهما يؤدي الى التنافر بينهما وتجنب كل واحد منهما للآخر . علماً بان هذا السبب قد يحول العائلة الى عائلة القشر الفارغ ، أي عائلة لا تعرف معنى الحب وليس فيها علاقات عاطفية تربط الزوجين ، بل فيها تجنب وكراهية وبغضاء وعلاقات متصارعة ومتوترة تنغص حياة الزوجين ^(١٣). وبعد فترة من الزمن وبخاصة بعد تعمق هوة الخلافات الزوجية نتيجة فقدان عاطفة الحب والحنان بين الزوجين يميل كل زوج نحو الذهاب الى المحكمة لانهاء مثل هذا الزواج الذي لا يشبع فيه كل طرف من أطرافه حاجاته العاطفية والجنسية . علماً بأن غياب الجذب العاطفي والجنسي عند الزوجين يرجع الى عدة عوامل نفسية واجتماعية يمكن تحديد أهمها بالنقاط الآتية :

أ-   غياب الاغراءات الجنسية والعاطفية بين الزوجين .

ب-   ضعف ميل أحد طرفي الزواج او كلاهما الى إشباع حاجاته العاطفية من الزواج .

جـ -   وجود اتجاه عند أحد الطرفين او كلاهما نحو إشباع الحاجات الجنسية خارج نطاق الزواج ، أي تكوين علاقات غرامية خارج دائرة الزواج .

د-   وجود عقدة نفسية عند أحد طرفي الزواج من الطرف الآخر ، هذه العقدة التي تجعل ذلك الطرف يكره ويمج المعاشرة الجنسية مع الطرف الآخر .

جميع هذه الأمور تعجل في إنهاء الرابطة الزوجية عن طريق الطلاق .

٣- **تدخل الأهل في شؤون الزواج :**

ان سبب تدخل الأهل في شؤون الزواج يعد من أهم الأسباب المؤدية الى الطلاق . فأهل الزوج او الزوجة يتدخلون في الزواج عن طريق تحريض أبنهم او أبنتهم بأن زواجه او زواجها لا يرقى الى ما كانوا يتوقعونه من الزواج . وأمر كهذا يجعل الزوج يتهم زوجته بأنها السبب في المشكلات التي يتعرض لها الزواج او يجعل الزوجة تتهم زوجها بأنه سبب تعرض الزواج الى المشكلات والمنغصات التي تعكر صفو مسيرته [١٤] . وقد جاء هذا السبب من حيث الأهمية بالتسلسل المرتبي الثالث إذ أشره ٢٤٩ مبحوثاً من مجموع٣٠٠ (٨٣%) . بيد ان تدخل الأهل في شؤون الزواج يكون قضية لا بد منها عندمايعيش الزوجان الجديدان في دار أهل الزوج الأصلي او في دار أهل الزوجة الأصلي. لكن مثل هذا التدخل يقل أو ينعدم إذا كانت العائلة الزواجية حديثة التكوين تسكن في دار جديد خاص بها ، والدار بعيد من الناحية الجغرافية عن دار الأهل (أهل الزوج وأهل الزوجة) .

أما تدخل الأهل في شؤون الزواج فيعبّر عن نفسه في عدة طرق وأساليب لعل أهمها ما يأتي :

أ- تدخل أم الزوج أو أم الزوجة عن طريق الايعاز لابنها بعدم احترام زوجته لأنها غير مناسبة له . والشيء نفسه قد يحدث مع الزوجة من قبل أمها [١٥] .

ب- تعمد الأهل بإثارة الفتن والاضطرابات والقلاقل داخل بيت الزوجية لاحداث القطيعة او العلاقات المتوترة بين الزوجين .

جـ - حث الأهل لابنهم او لابنتهم بترك شريكة حياته او ترك شريك حياتها بالنسبة للبنت لدعاوي وأسباب مزيفة لا أساس لها من الصحة .

د- قيام الأهل ببث ونشر الاشاعات المغرضة التي تهدف الى الاساءة لسمعة الزوجة أو سمعة الزوج من أجل إحداث الخلافات والصراعات بين الزوجين .

جميع هذه الطرق التي يفتعلها الأهل في تخريب العلاقات الزوجية قد تفعل فعلها المخرب إذ تهدم عرى العلاقات الزوجية وتسيء اليها مما ينتج عن ذلك الطلاق الذي هو شيء مكروه في المجتمع .

٤- المرض العضال الذي يصيب أحد الزوجين :

إن هذا السبب لهو من الأسباب الخطيرة المفضية للطلاق فقد جاء بالتسلسل المرتبي الرابع إذ أشره ٢٤١ مبحوثاً من مجموع ٣٠٠(٨٠%). والمرض العضال الذي يصيب الزوجة أو الزوج يمنع الزوجة أو الزوج من أداء واجباته الزوجية التي هي إشباع الحاجات العاطفية والجنسية لزوجته ، والذهاب خارج البيت وكسب المقومات المعيشية للأسرة عن طريق العمل الشريف ، والمشاركة في تربية الابناء وتوجيههم وحمايتهم من أخطار الانحراف والجريمة التي قد يتعرضون لها لسبب او لآخر ، وأخيراً مساعدة الزوج في أداء بعض الأعمال والواجبات المنزلية التي لا تقوى الزوجة على القيام بها نتيجة إمكاناتها التكوينية والبايولوجية المحدودة . زد على ذلك ان المرض العضال الذي يتعرض له أحد الزوجين قد يمنع الأسرة من إنجاب الذرية التي هي أساس ديمومة الحياة الزوجية وسعادتها وحيويتها .

كما وقد يكون المرض العضال الذي يتعرض له أحد الزوجين معدياً وخطراً على صحة الزوج الآخر . مما يدفع بالأخير الى قطع الصلة بزوجها عن طريق الذهاب الى أهلها وعدم العودة لبيت الزوجية . ومهما يكن من أمر فأن المرض العضال الذي يصاب به أحد الزوجين يعكر الحياة الزوجية ، ويمنح الحق للزوج الآخر بطلب الطلاق وإنهاء الحياة الزوجية لاسيما عندما يكون المرض العضال مزمناً [١٦] .

٥- الهجر والانفصال بين الزوجين لمدة طويلة :

يعد عامل الهجر والانفصال بين الزوجين لمدة طويلة تزيد على الستة أشهر من العوامل او الأسباب الموجبة شرعياً ودينياً للطلاق لاسيما إذا كان الهجر او الانفصال ضد رغبة الزوج الآخر ، بمعنى آخر أن أحد الزوجين هجر أو انفصل عن زوجه او زوجته دون الحصول على موافقتها [١٧] ، هنا يكون الهجر او الانفصال سبباً شرعياً

للطلاق . وقد جاء هذا العامل من حيث الأهمية بالتسلسل المرتبي الخامس إذ أشره ٢٣٣ مبحوثاً (مطلق ومطلقة) من مجموع ٣٠٠ (٧٨%) .

وهجر الزوج لزوجته لمدة طويلة ودون وجود سبب لذلك يعني تقصيره وإهماله لأداء واجباته الزوجية مع إهمال أطفاله وبيته وفشله في سد او إشباع متطلباتهم . ومثل هذا العمل لا يجوز قانونياً وشرعياً ودينياً، لذا يكون من حق الطرف الذي تعرض للهجر او كان ضحية الانفصال طلب الطلاق وإنهاء مثل هذه الحياة الزوجية التي لا فائدة منها، والزواج ثانية إذا كان او كانت راغبة فيه .

ولعل من المفيد ان نشير هنا الى الأسباب التي تدفع بأحد الزوجين الى الهجر او الانفصال . ومثل هذه الأسباب تتمحور حول القسوة التي يستعملها طرف من أطراف الزواج ضد الطرف الآخر ، أو فشل الزواج في إنجاب الذرية ، او تقصير أحد الزوجين بواجباته نحو الزوج الآخر وإهماله لواجباته تجاهها . وأخيراً عدم التوافق الزواجي بين الزوجين وكثرة الخلافات بينهما .

ويمكن جمع الاحصاءات الخاصة بأسباب الطلاق بجدول مرتبي واحد يوضح العوامل السببية للطلاق كما أشرها ٣٠٠ مطلق ومطلقة :

أسباب الطلاق	التسلسل المرتبي	الوزن الرياضي	%
عدم الانسجام بين الزوجين بسبب الفوارق العمرية والاجتماعية والاقتصادية والتربوية بينهما	١	٢٧٠	٩٠
عدم التكيف العاطفي والجنسي بين الزوجين	٢	٢٥٥	٨٥
تدخل الأهل في شؤون الزواج	٣	٢٤٩	٨٣
المرض العضال الذي يصيب أحد الزوجين	٤	٢٤١	٨٠
الهجر أو الانفصال بين الزوجين لمدة طويلة	٥	٢٣٣	٧٨

المبحث الثالث : آثار الطلاق

يترك الطلاق آثاره السلبية والمخربة على المطلقين أنفسهم وعلى أطفالهم وعلى المجتمع المحلي والكبير الذي يعيش فيه المطلقون ويتفاعلون معه [١٨] . فالطلاق قد ينتج في اضطراب التنشئة الاجتماعية للأبناء واحتمالية انحرافهم وتعرضهم الى تيار الشر والجريمة مع تشرد الأبناء وسوء تكيفهم للمحيط الأسري والمجتمعي . أما الآثار السلبية التي يتركها الطلاق على المطلقين والمطلقات فلا تقل عن تلك التي تصيب الأطفال والصغار الذين هم ضحايا الطلاق . فالطلاق يعرض المطلقين والمطلقات الى الصدمات النفسية والتناقضات الاجتماعية التي تحد من درجة تكيفهم واستقرارهم في المجتمع ، مع اضطراب القيم السلوكية والاخلاقية عند المطلقين والمطلقات [١٩] . ناهيك عن التأثيرات التي يتركها الطلاق على المطلقين والمطلقات إذ قد يسبب لهم الأمراض النفسية والامراض النفسية الجسمية التي تحد من درجة نشاطهم وفاعليتهم في المجتمع وتسيء الى العلاقة التي تربطهم بالآخرين . وأخيراً يسبب الطلاق الاحباط للمطلقين والمطلقات والاحباط غالباً ما يقود الى العدوان [١٩] .

نستطيع في هذا المبحث دراسة آثار الطلاق كما اشرتها الدراسة الاستطلاعية مع القاء الاضواء الكمية والاحصائية عليها لنتعرف على اوزانها وكيفية تأثيرها في حياة المطلقين والمطلقات اليومية والتفصيلية. ولعل من أهم آثار الطلاق كما أشرتها عينتنا المطلقين والمطلقات ما يأتي:

١- اضطراب التنشئة الاجتماعية للأبناء :

من النتائج المهمة للطلاق اضطراب التنشئة الاجتماعية للأبناء إذ عند حدوث الطلاق تقل أو تنعدم اهتمامات الأبوين برعاية الأبناء والصغار [٢٠] . وقد جاء هذا الأثر بالتسلسل المرتبي الأول إذ أشره ٢٧٥ مبحوثاً من مجموع ٣٠٠ وبنسبة ٩٢% . عند وقوع الطلاق يتعرض الأطفال الى الاهمال التنشيئي والتربوي إذ قد يتنصل الأب عن واجباته التربوية ويضعف اهتمام الأم بتربية ولدها أو أولادها . كما ان تعرض علاقات الوالدين

الى التصدع بسبب الطلاق يجعل الأبناء مترددين عن الانصياع الى الرسائل التربوية والتنشيئية التي يعطيها الأب الى الأبن او تعطيها الأم الى البنت [٢١] .

واضطراب التنشئة الاجتماعية للأبناء نتيجة الطلاق يجعلهم بعيدين عن التمسك بالقيم الايجابية كالصدق والتعاون والثقة العالية بالنفس والصراحة والنقد والنقد الذاتي والصبر والنفس الطويل٠٠٠ الخ وقريبين من القيم الضارة كالانانية وحب الذات والجبن والتخنث والطائفية والاقليمية والطبقية والتشاؤم ٠٠٠ الخ ، الأمر الذي يدفع الأبناء الى الولوج في عالم الشر والانحراف .

إضافة الى ان اضطراب التنشئة الاجتماعية للأبناء يجعلهم يختلطون بأبناء السوء ، وأبناء السوء يؤثرون في سلوكهم وعلاقاتهم تأثيراً سلبياً مما قد يؤدي ذلك الى جنوحهم وانحرافهم عن الطريق السوي. وأخيراً نلاحظ بأن سوء التنشئة الاجتماعية للأبناء تبعدهم عن التحصيل العلمي وتؤدي الى عدم تدريبهم وصعوبة اشغالهم للأعمال المهمة والحساسة التي يحتاجها المجتمع ويثمنها عالياً [٢٢] .

٢- احتمالية انحراف الأبناء وارتكابهم للجرائم :

من الآثار المتمخضة عن الطلاق انحراف الأبناء وانزلاقهم الى هاوية الشر والجريمة . ذلك ان الطلاق يجعل الأبوين غير مهتمين بتربية الأبناء ورعايتهم وحمايتهم من أخطار الانحراف والجريمة . وقد جاء هذا الأثر بالتسلسل المرتبي الثاني إذ أشره ٢٦٦ مبحوثاً من مجموع ٣٠٠ (٨٩%) . ان الطلاق يدفع بالأبوين الى إهمال الأبناء ومنحهم الحد الأدنى من التربية والتوجيه والارشاد . والاهمال هذا قد يقودهم الى الاختلاط بأبناء السوء والتأثر بهم مما يؤدي الى اعوجاج سلوكهم وتحطم شخصيتهم أو انفصامها . وحالة كهذه قد تخلق من الأطفال والصغار والشباب منحرفين وجانحين وغير اسوياء مما يسيء ذلك الى حسن تكيفهم للمحيط الذي يعيشون فيه ويتفاعلون معه .

ومن الجدير بالذكر ان الطلاق الذي يحدث في الاسرة يسبب انخفاض مستوى القيم السلوكية عند الوالدين . وحالة كهذه لابد ان تذهب الى الابناء وتعمل على

تخريب قيمهم وتناقض بعضها مع بعض . وعندما تتعرض قيم الأبناء الى التخريب والاساءة نتيجة للطلاق الذي مس أسرتهم وهدم بنيانها فان سلوك الأبناء يميل الى الجنوح والجريمة . هذا السلوك الذي يترك أضراره على الأبناء أنفسهم إذ يعودهم على الانحراف والجريمة التي لا تضر بالأسرة فحسب ، بل تضر ايضاً بعموم المجتمع . إذاً الطلاق عندما يحدث في الأسرة يضر في حياة أبنائها، فالطلاق يسبب إهمال الأبناء وسوء رعايتهم وبالتالي تلكؤ قيمهم وسلوكهم ، وربما ارتكابهم لمختلف الجرائم والشرور ، بينما العلاقات السوية بين الزوجين تجنب الأبناء التعرض للانحراف والجريمة والفساد.

٣- تشرد الأبناء وسوء تكيفهم للمحيط :

من الآثار الأساسية للطلاق هي ان الطلاق في العديد من الحالات يؤدي الى تشرد الأبناء وسوء تكيفهم للمحيط الذي يعيشون فيه ويتفاعلون معه . فعندما يحدث الطلاق ويفترق الزوجان فان هذا الحدث يترك في نفوس الأبناء لاسيما إذا كانوا صغاراً صدمة كبيرة ليس من السهولة بمكان تجاوزها . وعند حدوث الطلاق غالباً ما يترك الأبناء بدون رعاية واهتمام كافيين من قبل الأبوين كما ذكرنا قبل قليل ، وقد تأخذ الأم مسؤولية رعاية الأبناء ويتزوج الأب من امرأة أخرى . فيفقد الأبناء والدهم ، بينما رعاية الأم لهم لا تكون بالمستوى المطلوب من حيث الارشاد والتوجيه والحماية وان إمكاناتها المادية تكون شحيحة او مفقودة كلية . مما يدفع الأبناء الى العمل المبكر وكسب موارد العيش ، والعمل هذا قد يقودهم الى الاختلاط بأبناء السوء والتأثر فيهم والانحراف عن الممارسات السوية [٢٣] .

ذلك ان الانحراف قد يدفعهم الى ترك البيت والذهاب الى مكان آخر لاسيما إذا تزوجت الأم من رجل آخر وقلة أو انعدم اهتمامها بالأولاد . وعندما يترك الأولاد بيتهم الأصلي الى مكان آخر بعد انحرافهم فأن هذا يعرضهم الى مشكلات عديدة منها سوء التكيف للمحيط وربما ارتكاب بعض الأفعال الجانحة التي تقود بهم الى

الاصلاحية . وقد أشر هذا الأثر ٢٥٠مبحوثاً من مجموع ٣٠٠ (٨٣%) وجاء بالتسلسل المرتبي الثالث من حيث الأهمية .

٤- تعرض المطلقين والمطلقات الى الصدمات النفسية والتاقضات الاجتماعية :

لقد جاء هذا الأثر بالتسلسل المرتبي الرابع إذ أشره ٢٢١ مبحوثاً من مجموع ٣٠٠ (٧٤%) . ان الطلاق يعرض ضحاياه لاسيما المطلق والمطلقة الى الصدمات النفسية والتناقضات الاجتماعية التي تؤثر سلباً في شخصيات هؤلاء وعلاقاتهم الاجتماعية ودرجة تكيفهم للوسط الاجتماعي الذي يعيشون فيه . فالصدمات النفسية الحادة التي يتلقاها أطراف الطلاق والناجمة عن النزاعات المستمرة بين الزوجين قبل طلاقهما وأعمال العنف التي يستعملها أطراف الطلاق والكراهية والبغضاء التي تعكر صفو حياتهما الزوجية قد تعرضهما الى الإصابة بالعديد من الأمراض النفسية والعقلية التي تسيء الى درجة تكيفهما للمجتمع كأمراض انفصام الشخصية والكآبة والهيستريا والوسواس والخوف والقلق والتوتر النفسي الحاد وعقد الذنب ... الخ . وقد تؤثر هذه الأمراض النفسية على الحالة الصحية للمطلقين إذ تؤدي الى الإصابة بالعديد من الأمراض الجسمية فيما بعد كأمراض الضغط الدموي العالي والسكري والقلب والقرحة المعوية والشقيقة ... الخ [٢٤].

أما التناقضات الاجتماعية التي يتعرض لها المطلقون والمطلقات فهي صراع القيم وصراع الأدوار التي تؤثر سلباً في التكييف الاجتماعي والانجاز العلمي والمهني والقدرة على تجاوز المشكلات والتحديات . إضافة الى الوقوع في عدد من المشكلات الاجتماعية كالادمان الكحولي وتناول المخدرات والجريمة وفقدان الشعور بالمسؤولية والاتكالية والفقر والمرض والبطالة ... الخ .

٥- زواج المطلقين مرة ثانية غالباً ما يؤدي الى ضياع الأموال وهدر الموارد :

ومن الآثار السلبية الأخرى للطلاق التي يتضرر منها المطلقون والمطلقات التكاليف المالية الباهضة التي يتكبدها المطلقون والناجمة عن زواجهم مرة ثانية ، إذ ان الزواج ثانية يكلف المطلقين أموالاً باهضة تكاد تخل بميزانيتهم وترهق كاهلهم ،

وربما تغرقهم بالديون التي قد تلاحقهم طيلة مدة حياتهم . إضافة الى تكاليف الطلاق التي يتحمل وزرها المطلقون إذا كانوا السبب في الطلاق . وقد جاء هذا الأثر بالتسلسل المرتبي الخامس إذ أشره ٢١٤ مبحوثاً من مجموع ٣٠٠ (٧١%) .

ان زواج المطلقين مرة ثانية يكلفهم مبالغ مالية طائلة تصرف على عدة أشياء منها المهر او الحك المتقدم والمتأخر والهدايا التي يقدمها للزوجة او لأهلها وتكاليف الخطبة وخاتم الخطوبة . إضافة الى تكاليف شهر العسل وتكاليف أثاث غرفة النوم وتأثيث البيت وشراء مستلزماته الأساسية ... الخ . ان مثل هذه التكاليف التي يتحملها المطلق الذي يتزوج مرة ثانية قد تؤثر في حياته الزوجية تأثيراً سلبياً فتسيء اليها ويكون زواجه بعد ذلك فاشلاً . ناهيك عن التكاليف الأخرى التي يتحملها والناجمة عن النفقة التي يدفعها لزوجته المطلقة وأطفالها .

بيد ان الظروف المالية الصعبة التي يمر بها المطلق الذي يتزوج مرة ثانية قد تدفعه الى الانحراف والجنوح عندما يحاول الحصول على الأموال التي يحتاجها بطرق غير مشروعة كأن يسرق الأموال او يختلسها أو يدخل في عالم الغش والتحايل . وهذا ما قد يسيء الى سمعته ويخل بمكانته في المجتمع ويعرضه الى المحاسبة والمساءلة القانونية داخل عمله او خارجه . والمساءلة القانونية قد تنهي عمله الوظيفي الذي يكون مصدر عيشه وتكون سبباً في سجنه في مؤسسة الاصلاح الاجتماعي . وهكذا نجد بأن الطلاق يسبب للمطلق أنواع المضايقات والمتاعب التي تخل بعملية استقراره في المجتمع مما يترك أثره في وضع أسرته ومستقبلها .

٦-الطلاق مصدر من مصادر ضعف ثقة الفرد بالآخرين:

ان من الآثار السلبية للطلاق انه يجعل المطلق لا يثق بالآخرين ولا يعتمد على أقوالهم وافعالهم ويشكك في واقعهم ومستقبلهم ويطعن بنزاهتهم وربما يكيل التهم الباطلة لهم التي تشوه سمعتهم ومكانتهم في المجتمع [٢٥] . وقد أشر هذا الأثر السلبي للطلاق ١٧٢ مبحوثاً من مجموع ٣٠٠ ، أي بنسبة ٥٧% وجاء بالتسلسل المرتبي السادس .

وعندما لا يثق المطلق بالآخرين لانهم بصورة عامة وزوجه بصورة خاصة قد خانوه وافتعلوا له أنواع المشكلات والمنغصات التي إنعكست سلباً في حياته الزوجية فان الناس بدورهم لا يثقون به ويشككون بنواياه ومقاصده . وأمر كهذا لا يدع المجال للمطلق بالاستقرار في المجتمع والتهيؤ لمطاليبه والعمل على مقابلتها . ان المطلق يعتبر المجتمع الكبير قد خانه قبل ان تخونه زوجته ، فالمجتمع هو الذي هيأ الظروف الموضوعية للخيانة الزوجية التي قادت الى الطلاق . لذا يبادر المطلق بتحميل المجتمع مسؤولية طلاقه . الأمر الذي يعرض المطلق الى إثارة الشكوك والشبهات نحو المجتمع، أي الاعتقاد بأن المجتمع هو المسؤول عن طلاقه ومشكلاته ، مما يدفع بالمطلق الى الابتعاد عن المجتمع وعدم التفاعل معه وتجنبه كلما استطاع إلى ذلك سبيلا. الأمر الذي يضعف عرى المطلق بالمجتمع ، ويعكر العلاقات التفاعلية بين الطرفين .

٧- الطلاق يؤدي الى الاحباط والاحباط هو سبب من أسباب العدوان :

الطلاق قد يجعل الفرد يحس ويشعر بالاحباط والفشل ، أي الفشل في الزواج والحياة الزوجية . علماً بان الفشل يقود الى العدوان . والعدوان هنا يكون مسلطاً على المجتمع الذي يعتبره الفرد السبب في فشل الزواج [٢٦] . وقد جاء هذا الأثر بالتسلسل المرتبي السابع إذ أشره ١٦٤ مطلقاً أو مبحوثاً من مجموع ٣٠٠ ، أي بنسبة ٥٥% . والعدوان الذي يقوم به المطلق نتيجة خيبة امله قد يأخذ عدة أشكال وصور لعل أهمها الكذب والغش والسرقة والايذاء والاعتداء على الآخرين . وإذا لم تجد هذه الأفعال نفعاً كما يتصور المطلق فأنه قد يقدم على الانتحار ويقضي على حياته كليةً ليتخلص من أوضاع المجتمع المزرية التي لم تجلب له أي شيء سوى الشر والأذى . من هنا نلاحظ بان الطلاق يحمل المطلق على الشعور بأنه فاشل في حياته الزوجية ، وفشله هذا يقوده الى العدوان على الآخرين . والعدوان ينتج في اضطراب الحياة الزوجية وتفكك المجتمع وضياع القيم وتداعيها . من كل هذا نخلص الى القول بأن الطلاق يعرض المجتمع الى شر وبيل واضطرابات لا نهاية لها .

بعد عرض أهم الآثار المتمخضة عن الطلاق نستطيع جمع هذه الآثار في جدول تسلسل مرتبي يوضح آثار الطلاق على الأبناء (ضحايا الطلاق) وعلى المطلقين والمطلقات كما اشرتها وحدات العينة (٣٠٠) مطلق ومطلقة .

أسباب الطلاق	التسلسل المرتبي	الوزن الرياضي	%
اضطراب التنشئة الاجتماعية للأبناء	١	٢٧٥	٩٢
احتمالية انحراف الأبناء وارتكابهم الجرائم	٢	٢٦٦	٨٩
تشرد الأبناء وسوء تكيفهم للمحيط	٣	٢٥٠	٨٣
تعرض المطلقين والمطلقات الى الصدمات النفسية والتناقضات الاجتماعية التي تحد من تكيفهم واستقرارهم في المجتمع	٤	٢٢١	٧٤
زواج المطلقين مرة ثانية يؤدي الى ضياع الأموال وهدر الموارد المالية	٥	٢١٤	٧١
الطلاق مصدر من مصادر ضعف ثقة الفرد بالآخرين	٦	١٧٢	٥٧
الطلاق يقود الى الاحباط ، والاحباط يقود الى العدوان	٧	١٦٤	٥٥

المبحث الرابع : التوصيات والمعالجات لمواجهة معضلة الطلاق

يمكن مواجهة مشكلة الطلاق عن طريق تفادي أسبابها الموضوعية والذاتية
وحـث كـل مـن الـزوجين مـع المجتمع الكبير إلى العمـل مـن أجـل تحقيق الرفاهية
والسعادة للـزوجين ومواجهـة المشكلات المجتمعية التي قـد تثـير وتعمق الخلافات
الزوجية مع مبادرة المجتمع الكبير بتوفير التسهيلات والخدمات الايجابية التي تمكن
العائلة من حل مشكلاتها لكي لا تـؤثر تلك المشكلات في استمرارية وديمومة الحياة
الزوجية . أما التوصيات التي مـن شـأنها ان تواجـه معضلة الطلاق فيمكن تحديدها
بالنقاط الآتية:

١-   ضرورة مبادرة الزوجين بمواجهة الأسباب الداعية للخلافات الزوجية كالفوارق
العمرية والاجتماعية والاقتصادية والتربوية والنفسية عـن طريق محاولة كـل
زوج بالتكيف الزواجي للزوج الآخر ، أي مبـادرة الـزوجين بالتكيف لبعضهما
البـعض وتجـاوز الفـوارق التـي قـد تظهـر بينهما وتعكر حياتهما الزوجيـة
والعاطفية .

٢-   مبادرة الزوجين بان يكون كل واحد منهما مغرياً وجذاباً للآخر . وحالـة كهـذه
تجعل الزواج شهر عسل مستمر وحب متجدد واغراء دائم مما ينجم عن ذلك
نجاح الحياة الزوجية وضمور المشكلات والتحديات التي قد تعصف بالزواج .

٣-   على الزوجين المحافظة على قدسية الرابطة الزوجية ضماناً لاسرتهما ومستقبل
أطفالهما الذين تعتمد عليهم الأمة في بناء مستقبلها وتحقيق طموحاتها .

٤-   على الزوجين الحرص على استمرر علاقاتهما الانسانية ومحاولة تفهم المشكلات
والخلافات الزوجية التي قد تنشأ بينهما وحلها بالاساليب الديمقراطية التي
تتيح لكليهما ابداء رأيه بصراحة ووضوح دون اللجوء الى العنف أو محاولة
أحدهما فرض سيطرته وتنفيذ قراراته بالقوة على الآخر .

٥- على الزوجين ان لا يفسحا المجال أمام الغرباء أو اصدقاء الأسرة بالتدخل في شؤونهما ومشاكلهما الخاصة كي لا تتسع شقة الخلاف بينهما ، وان يحاولا حل النزاع بالتفاهم المباشر دون اللجوء الى الآخرين .

٦- على الزوجين ان يتحلا بالصبر والتأني في اتخاذ أي قرار قد يضرـ بمصلحة الأسرة ويؤدي الى انهيارها وان لا يلجأ الى الطلاق إلا عندما يكون هـو العلاج الوحيد لحل مشكلاتهما .

٧- على الزوج ان لا يهمل أو يقصر في واجباته تجاه زوجته أو أولاده وان يحرص على توفير جميع الاحتياجات الضرورية للأسرة .

٨- على الزوج ان يظهـر حرصـه واحترامـه لزوجتـه في جميـع المناسبات ويشعرها بمكانتها وأهميتها .

٩- على الزوج ان يحسن معاملة زوجته ويعاملها برفق وان لا يلحـق الضـرر بهـا قولاً أو فعلاً ، فلا يسمعها من الكلام ما يجرح كرامتها أو يحط من منزلتها ، ولا يعاملها معاملة قاسية ولا يؤذيها ولا يضربها . وعليه مراعاة العدالة والمسـاواة في الحياة الزوجية .

١٠- يجب على الزوجة ان تبذل قصارى جهدها مـن أجـل سعادة زوجها وأسرتها وذلك بالعناية بشؤون الزوج ورعاية الأطفال واحترام رابطـة الزوجيـة والحفـاظ على سمعة زوجها وكرامته .

١١- على الزوجة ان تحرص على توفير الظروف المناسبة والجـو الملائم وتجعـل مـن المنزل المكان الذي يجد الزوج فيه الراحة والسعادة .

١٢- على الزوجة ان لا تبالغ في محاسبة زوجها على تصرفاته داخل الأسرة أو خارجها وعدم إظهار تخوفها الشديد عليـه مـن اختلاطـه ومجالسته للغير ، وملاحقـة حركاته وسكناته وتأويل اتجاهاته فأن مثل هذه الأمور تؤدي إلى انعـدام الثقـة بين الزوجين وتعكر صفو الحياة الزوجية .

١٣- على الزوجة مشاركة زوجها بروحها ومالها وعواطفها وتقاسمه متاعبه وهمومه وان تقف إلى جانبه في الأزمات التي يمر بها .

١٤- ضرورة عدم ترك مسألة الطلاق لهوى الأفراد وبمحض إرادتهم، إذ يجب ان يعرض أمر الطلاق على مجالس خاصة تضم رجال الشرع واختصاصيين اجتماعيين وممثلين عن الزوجة والزوج لدراسة قضية الطلاق قبل البت فيها .

الخلاصة والاستنتاجات :

الطلاق هو حالة إنهاء الحياة الزوجية التي لا خير فيها نظراً لتعرضها إلى ضغوط ومضايقات أدت إلى فشلها وعدم قدرتها على الاستمرارية والديمومة . والطلاق كمشكلة اجتماعية له أسبابه وآثاره وطرق علاجه ومواجهته . والطلاق يمكن تفسيره بالعلاقة التبادلية غير المتوازنة بين الزوج والزوجة إذ ان أحدهما يعطي الى الآخر أكثر مما يأخذ منه، والعطاء والأخذ هنا قد يكونان ماديين أو اجتماعيين . بيد ان اختلال كفة العطاء وكفة الأخذ بين الزوجين لا بد ان يسبب تعكير العلاقات الزوجية التبادلية او انقطاعها كلية عن طريق الطلاق .

البحث يستعمل نظرية التبادل الاجتماعي في تفسير ظاهرة اعتلال العلاقة الانسانية بين الزوج وزوجته وانتهاؤها بالطلاق . كما يستعين البحث بطريقة المسح الميداني التي تقابل عينة عشوائية تتكون من ٣٠٠ مطلق ومطلقة الغرض منها معرفة أسباب الطلاق وآثاره لكي يصار بعد ذلك إلى معالجة المشكلة بأكملها عن طريق المقترحات والتوصيات والمعالجات . لقد توصل البحث الى مجموعة أسباب تفسر ظاهرة الطلاق، ومن بين هذه الأسباب عدم الانسجام بين الزوجين نتيجة الفوارق العمرية والاجتماعية والاقتصادية والتربوية بينهما ، وعدم التكيف العاطفي والجنسي بين الزوجين ، وتدخّل الأهل والأقارب في شؤون الزواج ، والمرض العضال الذي يصيب أحد الزوجين ، وأخيراً الهجر والانفصال بين الزوجين لمدة طويلة .

أما الآثار التي يتمخض عنها الطلاق فقد شخصتها الدراسة الميدانية بسبع نقاط أهمها ما يأتي : اضطراب التنشئة الاجتماعية للأبناء واحتمالية انحراف الأبناء

وارتكابهم الجرائم ، وتشرد الأبناء وسوء تكيفهم للمحيط ، وتعرض المطلقين والمطلقات الى الصدمات النفسية والتناقضات الاجتماعية التي تحد من تكيفهم . إضافة الى زواج المطلقين ثانية وما يسببه هذا الزواج من هدر الأموال وإضاعتها ، فضلاً عن كون الطلاق مصدراً من مصادر ضعف ثقة الفرد بالآخرين . وأخيراً يسبب الطلاق الاحباط ، والاحباط يقود إلى العدوان .

وهناك التوصيات والمعالجات التي تضع نهاية سريعة للطلاق . علماً بأننا نحذر الناس من مغبة زيادة معدلات الطلاق في كل مكان ، إذ كلما تقدم الزمن كلما ازدادت معدلات الطلاق . لذا ينبغي على القادة والمسؤولين والمربين اتخاذ الاجراءات المحددة التي تقلل من معدلات الطلاق وتضعها في زوايا ضيقة .

مصادر البحث

(١)   Davis, K. Human Society ,New York, The Macmillan Company, ١٩٦٧, P. ٤٢٥.

(٢)   الحسن، إحسان محمد (الدكتور). محـاضرات في المجتمـع العـربي، مطبعـة دار السـلام، بغداد، ١٩٧٣، ص ١٢٩.

(٣)   Thibaut , T. and H. Kelley . The Social Psychology of Groups, New York, ١٩٥٩, P. ١٥.

(٤)   Ibid., P. ١٦.

(٥)   Ibid., P. ١٧.

(٦)   Ibid., P. ١٨.

(٧)   Blau, Peter, Exchange and Power in Social Life, John Wiley and Sons , New York , ١٩٦٤, PP. ١٥-١٦.

(٨)   Moser, C. A. Survey Methods in Social Investigation , London, Heinemann, ١٩٨٣, P. ٢٧٢.

(٩)   برتراند ، رسل. الزواج والأخلاق ، ترجمة عبد العزيز إبـراهيم فهمـي ، بـيروت، ١٩٥٨ ، ص ١٠٧.

(١٠)   الحسن، إحسان محمد(الدكتور). علم الاجتماع : دراسة نظامية ، بغداد، مطبعة الجامعة ، ١٩٧٦ ، ص ٣٠٦.

(١١)   Goode , W . Family Disorganization , in Contemporary Social Problems by Robert Merton and R. Nisbet , Harcourt , Brace , ١٩٧٩, P. ٤٠٢.

(١٢)   Ibid., P. ٤٠٣.

(١٣)   Ibid., P. ٤٠٧.

(١٤)   Ibid., P. ٤٠٩.

(١٥)   الباشا ، وسيلة عاصم . الطلاق : أسبابه وآثاره الاجتماعية ، إطروحـة ماجستير غير منشورة ، قسم الاجتماع ، كلية الآداب ، جامعة بغداد، ١٩٨٢، ص ٦٣.

(١٦)   Mac Gregor, O. Divorce in England, London, ١٩٨١, P. ٣٣.

(١٧)   Ibid., PP. ١١-١٢.

(١٨)   Goode , W . After Divorce , Glencoe , Illionis , The Free Press New York , ١٩٧٦ , P. ٣٠٨ .

(١٩)   Ibid. , P. ٣١٠ .

(٢٠)   Kirkpatrick , William . The Impact of Divorce On Children , London Longman , ١٩٩٢ , P. ٣ .

(٢١)   Ibid. , P. ١١ .

(٢٢)   الحسن ، احسان محمد (الدكتور) . علاقة البناء الطبقـي بالتحصيل العلمـي للأبناء ، مجلة العلوم الاجتماعية ، العدد الرابع، ١٩٨٠ ، ص ٦٩ .

(٢٣)   المصدر السابق ، ص ٦٩ ـ ٧٠ .

(٢٤)   غيث ، محمد عاطف (الدكتور) . المشاكل الاجتماعية والسلوك الانحرافي، دار المعارف ، مصر ، ١٩٧٩ ، ص ١٦٢ .

(٢٥)   المصدر السابق ، ص ١٦١ ـ ١٦٢ .

(٢٦)   Stewart , Elbert . The Human Bond , New York , John Wiley and Sons , ١٩٧٨ , P . ٢٦٠ .

الفصل الثامن

المرأة العراقية المعاصرة بين المهام الانجابية والأسرية ومهام ممارسة العمل خارج البيت

أ- مقدمة تمهيدية :

منذ منتصف القرن العشرين بدأت المرأة العراقية تحتل مكانة اجتماعية وحضارية مرموقة في المجتمع العراقي نظراً للادوار الفاعلة والمتميزة التي أصبحت تحتلها في الدولة والمجتمع والأسرة . فقد أخذت تحتل أكثر من دور اجتماعي في آن واحد ، فهي الأم والأخت والزوجة وربة البيت والعاملة والموظفة والمهنية والخبيرة والعالمة والفلاحة [١].

ومن خلال هذه الأدوار الأسرية والوظيفية والمجتمعية تخدم المجتمع وتساهم في عملية اعادة بنائه وتدعم الدولة وتشارك في تنفيذ مشاريعها الخدمية والتنموية وتضحي من أجل استقرار ورفاهية الأسرة وتعزيز مواقعها التربوية والانمائية في المجتمع .

ومن الجدير بالذكر ان ارتفاع مكانة المرأة وتشعب مسؤولياتها وتنامي أدوارها الاجتماعية كانت ترجع الى عدة عوامل موضوعية في مقدمتها شيوع أجواء الحرية واليمقراطية والعدالة الاجتماعية في المجتمع العراقي وارتفاع المستويات الثقافية والعلمية للمرأة وزيادة الطلب الفعال على خدماتها وجهوها البشرية المبدعة والخلاّقة خصوصاً خلال فترة تحضر المجتمع وتنميته الشاملة [٢] . إضافة إلى ارتفاع مكانتها في الأسرة ومشاركتها في اتخاذ القرارات مع زوجها ، تلك القرارات التي تحدد مسائل الانجاب وتربية الأطفال وادارة شؤون الأسرة وتقسيم العمل الاجتماعي .

ولعل من أهم مهام المرأة المعاصرة في مجتمعنا العراقي الناهض مهمة انجاب الأطفال وتربيتهم وفق أسس التربية الحديثة ومبادىء المجتمع والتراث العربي الخالد،

ومهمة ممارسة العمل الوظيفي خارج البيت جنباً الى جنب مع الرجل [٣]. بمعنى آخر ان المرأة العراقية المعاصرة مطالبة بأشغال دورين اجتماعيين متكاملين ، هما دور ربة البيت ودور الموظفة أو العاملة أو الخبيرة خارج البيت في آن واحد . واشغالها لمثل هذين الدورين في آن واحد لا بد ان يسهم في رفع مكانتها في المجتمع ويعطيها مجالاً اوسع في عملية اعادة بناء المجتمع وتثوير قطاعاته البنيوية وتسريع حركة نموه وتطوره المجتمعي والحضاري [٤]. وربما في هذا المجال قد يتساءل البعض بأن المرأة غير قادرة على الجمع بين متطلبات الانجاب وتربية الأطفال وادارة شؤون البيت وبين متطلبات العمل الانتاجي والمهني الذي يمكن ان تزاوله خارج البيت . فالمرأة كما يعتقد هؤلاء أما تكون ربة بيت وتشغل نفسها في شؤون الانجاب ورعاية الأسرة أو تكون عاملة أو موظفة خارج البيت حيث ان الجمع بين المهمتين انما هو عملية صعبة أو شاقة إذا لم تكن مستحيلة [٥]. إن البحث هذا لا يؤيد هذا الاعتقاد مطلقاً طالما ان المرأة تستطيع الجمع والتوفيق بين مهام الانجاب والرعاية الأسرية ومهام العمل والانتاج الوظيفي خارج نطاق البيت شريطة ان يبادر الرجل بمساعدتها في مهامها الأسرية والمهنية وتبادر الدولة بتوفير الخدمات والمستلزمات الضرورية التي تمكنها من أداء الدورين الاجتماعيين المتكاملين في آن واحد . كما ان المرأة من جانبها ينبغي ان تندفع نحو الدخول في معترك الحياتين الأسرية والوظيفية وتوجه قدراتها غير المحدودة في إحراز نتائج باهرة في واجباتها الأسرية وواجباتها الوظيفية والمهنية ، بعد قيامها برسم جدول زمني ينظم أوقات عملها الوظيفي وأوقات عملها الأسري واوقات فراغها وترويحها .

تتعلق هذه الدراسة بمعالجة خمسة محاور تدور حول مساهمة المرأة في الانجاب والأعمال المنزلية ومساهمتها في العمل خارج البيت وهذه المحاور هي :

أ-   المهام الانجابية والأسرية للمرأة العراقية .

ب-   المهام الانتاجية والخدمية للمرأة العراقية خارج البيت .

جـ-   ازدواجية دور المرأة العراقية المعاصرة في الانجاب والاعمال المنزلية وممارسة العمل خارج البيت .

د-	المشكلات الناجمة عن جمع المرأة بين مهام الانجاب والعمل .

هـ -	التوصيات والمعالجات لحل مشكلات التناقض بين مستلزمات الانجاب ومستلزمات العمل .

والآن علينا دراسة هذه المحاور بالتفصيل .

## أ-	المهام الانجابية والأسرية للمرأة العراقية :

أدت المرأة العراقية ولا زالت تؤدي دورها المرموق في مهام الانجاب وتربية الأطفال ورعاية الأسرة واستقرارها وتحقيق أهدافها القريبة والبعيدة . فخصوبة المرأة العراقية نتيجة العوامل البايولوجية والاجتماعية والقيمية والدينية تعتبر عالية بالنسبة لخصوبة النساء في الأقطار الأخرى خصوصاً الأقطار الصناعية المتقدمة في الغرب والشرق . تشير إحصاءات الأمم المتحدة الى ان معدل الولادات في العراق عام ١٩٩٧ بلغ ٤٠ طفلاً لكل ١٠٠٠ مواطن ومواطنة وبلغ في مصر في نفس السنة ٣٧ طفلاً وفي تونس ٣٤ طفلاً وفي كندا ١٥ طفلاً وفي كوبا ١٦ طفلاً وفي الولايات المتحدة الامريكية ٢٧ طفلاً وفي المجر ١٢ طفلاً وفي بريطانيا ١٣ طفلاً وفي اسبانيا ١٣ طفلاً وفي هونك كونك ١٤ طفلاً وهكذا [٦] . أما إحصاءات الزيادة الطبيعية للسكان عام ١٩٩٧ والتي هي الفرق بين معدل الولادات ومعدل الوفيات فتشير الى ان العراق يتمتع باعلى معدل للزيادة الطبيعية للسكان . فقد كان معدل الزيادة الطبيعية لسكان العراق ٣٤ لكل ١٠٠٠ مواطن وفي مصر ٢٦ لكل ١٠٠٠ مواطن وفي تونس ٢٤ طفلاً لكل ١٠٠٠ مواطن وفي كندا ٨ لكل ١٠٠٠ مواطن وفي كوبا ١٠ لكل ١٠٠٠ مواطن وفي الولايات المتحدة الامريكية ٢١ لكل ١٠٠٠ مواطن وفي هونك كونك ١٠ لكل ١٠٠٠ مواطن وفي المجر ٢ لكل ١٠٠٠ مواطن وفي السويد ٤ر٠ لكل ١٠٠٠ مواطن وفي بريطانيا ١ر١ لكل ١٠٠٠ مواطن وهكذا [٧] .

أما المعدل السنوي لزيادة سكان العراق في عام ١٩٩٧ فقد كان من اعلى المعدلات في العالم إذ بلغ ٥ر٣% . في حين بلغ في الجزائر ٣ر٣% وفي مصر ٩ر١% وفي السودان ٩ر٢% وفي تونس ٤ر٢% وفي كندا ١ر١% وفي السلفادور ٢ر٣% وفي كوبا ٧ر٠%

وفي الولايات المتحدة الامريكية ١% وفي هونك كونك ٦ر١% وفي المجر ١ر٠% وفي بريطانيا ١ر٠% وفي اسبانيا ٨ر٠% وفي بولندا ٩ر١% وفي السويد ١ر٠% وهكذا [٨] . من هذه الاحصاءات الرسمية للامم المتحدة نستنتج بان كلاً من معدل الولادات ومعدل الزيادة الطبيعية والمعدل السنوي لزيادة السكان في العراق هي معدلات مرتفعة إذا ما قورنت بمعدلات الاقطار الأخرى . وهذه الحقيقة ان دلت على شيء فإنما تدل على الدور المتميز والشاخص الذي تؤديه المرأة العراقية في مسألة الانجاب . وفي هذا الصدد علينا القول بان المرأة العراقية مطالبة بالمضي قدماً في الحفاظ على مستويات الخصوبة السكانية عندها وعدم تخفيض هذه المستويات المقنعة مهما تكن الظروف لاسيما وان العراق بحاجة الى المزيد من السكان لمواجهة الطلب الشديد على الايدي العاملة ومواجهة المستلزمات الامنية المتعلقة بحماية حدود الوطن والدفاع عن تراثه وخيراته وموارده .

ومع هذا فان هناك ادلة مادية تشير الى ان بعض النساء يمتنعن عن الزواج وانجاب الأطفال بسبب انشغالهن في الدراسة والتحصيل العلمي أو انشغالهن في العمل الوظيفي الذي يمارسنه خارج البيت وانشغالهن في رعاية ابناء اسرهن الأصلية . كما ان هناك بعض النساء المتزوجات اللواتي يتعمدن في تقليص عدد أطفالهن إذ لا ينجبن أكثر من طفلين بسبب اعمالهن الوظيفية ورغبتهن في التمتع بحرية الحياة وعدم التقيد بمسؤوليات الأسرة والاطفال [٩] . ان مثل هذه الحالة تؤثر تأثيراً سلبياً على السكان إذ تسبب بطء نموه وعدم قابليته على الزيادة المستمرة والسريعة . بمعنى آخر عدم قابلية الأسر على زيادة حجم السكان وبالتالي هبوط السكان من ناحية الكمية بالنسبة للموارد والخيرات الاقتصادية ، الأمر الذي يؤدي الى ظهور حالة لا يستطيع فيها السكان استثمار الموارد الاقتصادية استثماراً كلياً [١٠] . وهنا يصبح القطر غير قادر على الشروع بخططه الصناعية والزراعية والتنموية والتجارية ويكون بالتالي متخلفاً اقتصادياً ومادياً . وإذا ما تخلف القطر في الميدان الاقتصادي والمادي فان هذا لا بد ان ينعكس على الميادين والانشطة المجتمعية الأخرى كالنشاط التعليمي والتربوي

والنشاط السياسي والنشاط الأسري والقيمي ، فيؤدي الى تخلفها وعقمها وعدم قابليتها على النهوض والارتقاء في تحقيق أهدافها القريبة والبعيدة .

إذن قلة الانجاب يسبب الجمود المادي والتخلف الاقتصادي ، وفي ذات الوقت يضعف الامكانات الامنية والدفاعية للمجتمع .

لذا يتطلب من النساء العراقيات الاهتمام المتزايد بموضوع الانجاب لانه يؤثر على الكم السكاني ، ويتطلب من الأسرة العراقية الاهتمام بموضوع التنشئة الاجتماعية والرعاية التربوية لابنائها لانه يؤثر على نوعية السكان ودرجة قابليته في استثمار الموارد الطبيعية والمشاركة الفعالة في بناء وتطوير المجتمع (١١) . إذن من صالح نهضتنا الاقتصادية وتنميتنا الاجتماعية ان يزداد السكان كماً ونوعاً . غير ان زيادته مرهونة بتنامي وكثرة الأسر الزواجية الحديثة التكوين . وتنامي هذا النمط من الأسر يرتكز على تسهيل مهمة الزواج من خلال تخفيض المهور والكف عن طلب الشروط التعجيزية الخاصة بالزواج وتقليص النفقات الباهضة للزواج مع تشجيع الزواج المبكر ومحاربة العزوبية والتصدي لمظاهرها السلبية .

والانجاب لا يتعلق بمواقف المرأة نحوه بل يتعلق أيضاً بمواقف الرجل وموقف الدولة والمجتمع (١٢) . فمواقف كل من المرأة والرجل ينبغي ان تكون ايجابية ومشجعة على انجاب الأطفال . وينبغي ان يكون الأبوان مستعدين على رعاية الأطفال والاهتمام بهم وتلبية حاجاتهم اليومية وحل مشكلاتهم اليومية والتفصيلية (١٣) .

أما اهتمام الدولة بالانجاب فيعبّر عن نفسه في عدة صور أهمها القيام بالحملات الاعلامية والتوجيهية التي توضح أهمية الانجاب لمسألة التنمية الاقتصادية والاجتماعية ودوره الفاعل في الاغراض الامنية والدفاعية وأثره الواضح في الامن القومي السكاني . إضافة الى زيادة اهتمام الدولة برعاية الأسرة والترفيه عنها اقتصادياً واجتماعياً والمشاركة الفاعلة في مشكلاتها التربوية والمجتمعية . واخيراً يمكن ان تتدخل الدولة في موضوع توفير المزيد من الحضانات والمدارس التي تستوعب العدد المتنامي من الأطفال والصغار مع توفير المستلزمات الحياتية التي تحتاجها الأسرة والتي

تمكن المرأة من الانجاب ورعاية الأسرة والمساهمة في العمل الاقتصادي خارج البيت في آن واحد . كل هذه الاجراءات التي تقوم بها الدولة ازاء الأسرة وأطفالها لا بد ان تشجع الأسرة على انجاب العدد الكافي من الأطفال الذي يتلاءم مع حاجة المجتمع والدولة للسكان ويتوافق مع ظروف الأسرة وامكاناتها المادية والاجتماعية .

ان حث الأسر على زيادة حجمها من خلال الانجاب يكمن في الايجابيات الكثيرة التي تتسم بها الأسر الكبيرة الحجم . فكثرة الانجاب تمكن المجتمع من زيادة عدد نفوسه وبالتالي قدرته على استثمار موارده وخيراته الطبيعية استثماراً اقتصادياً كاملاً وهادفاً ، وكفاءته في المضي قدماً في طريق التنمية والتحضر والتحديث وشروعه في بناء حضارته ورسم سماتها الجوهرية والموضوعية [١٤] . إضافة الى دور كثرة السكان في المكانة السياسية الايجابية التي يحتلها المجتمع بالنسبة للمجتمعات الأخرى خصوصاً إذا كان السكان متخصصاً ومدرباً على فنون العلم والتكنولوجيا . وأخيراً يؤدي السكان الكبير دوره المساعد في بناء القوة العسكرية التي تدافع عن أمن الوطن والدفاع عن حدوده وصيانة أمنه الوطني .

ب- المهام الانتاجية والخدمية للمرأة العراقية خارج البيت :

ازدادت اعداد النساء العاملات في العراق زيادة تتوازى مع طبيعة التحولات الحضارية والاجتاعية والمادية والتكنولوجية التي شهدها بعد الخمسينيات والستينيات من القرن العشرين . فقد دأبت الدولة وحاول المسؤولون على تحرير المرأة العراقية من المظالم والقيود الاجتماعية التي فرضتها عليا النظم الاقطاعية والاستبدادية والسلطوية. وفسح المجال امامها باكتساب الثقافة والتربية والتعليم واشغال شتى الأعمال والمهن التي لا تعود مردوداتها الايجابية للعراق فحسب ، بل تعود للمرأة أيضاً عن طريق رفع مكانتها الاجتماعية وتغيير المواقف السلبية التي كان يحملها الرجل ازاءها وازاء امكانياتها المبدعة والخلاّقة [١٥] .

إن استراتيجية الدولة الخاصة بمسألة المرأة هي استراتيجية نابعة من المبادىء الأخلاقية والانسانية للتراث الحضاري للأمة العربية الاسلامية ، هذه المبادىء التي

تعتقد بحتمية تحرير المرأة العربية من القيود الاجتماعية والضغوط الحضارية وازالة مظاهر التخلف والتداعي التي سيطرت على مجتمعها لفترة طويلة من الزمن (١٦). وقد حاولت هذه المبادىء الخيرة تغيير الدور المتدني الذي كانت تحتله المرأة العربية في السابق . وفي نفس الوقت العمل من أجل دعم مركزها وكيانها المهم الذي تتطلبه المرحلة الراهنة التي يمر بها مجتمعنا العربي (١٧).

إن انتشار التعليم الأساسي والعالي بين الإناث وقبول المرأة في كافة المعاهد والكليات والجامعات ونجاحها في إكمال الدراسة الجامعية وتأهيلها العلمي الجيد خصوصاً في السنوات القليلة الماضية قد تركت آثارها الايجابية في هيكل التوزيع المهني للأعمال حسب متغير النوع السكاني (١٨). ففي الوقت الحاضر يشاهد المرء تزايد أعداد النساء اللواتي يشغلن الأعمال الروتينية والانتاجية والادارية والمهنية (١٩). ولم تبقَ مهنة واحدة سواء كانت هذه المهنة قديمة أو حديثة الا ودخلتها المرأة العراقية وبرهنت كفاءتها واقتدارها على اشغالها والقيام بمهامها ومتطلباتها (٢٠). إن عدد النساء العاملات في المهن البيروقراطية والادارية والوظيفية خصوصاً المعلمات والطبيبات والممرضات والمهندسات والباحثات الاجتماعيات والمحاميات والاقتصاديات والصيدلانيات ٠٠٠الخ أخذ في الزيادة السريعة كل عام (٢١). وهناك نسبة عالية من القوى العاملة النسوية تشتغل في المصانع والمزارع على اختلاف أنواعها . كما أتاحت الدولة المجال أمام المرأة باشغال المراكز الحساسة في نقابات العمال والمنظمات المهنية والوزارات والمديريات العامة . تشير الاحصاءات الرسمية الى ان نسبة الاستخدام بين النساء بسن العمل قد ارتفعت من ٢ر١٣% في عام ١٩٧٤ الى حدود ١٨% في عام ١٩٨٠(٢٢).

واستمرت النسبة بالارتفاع السريع حتى أصبحت حوالي ٢٨% في عام ١٩٩٧ (٢٣). كما ارتفعت نسبة النساء من مجموع القوى العاملة في البلاد من ١٧% في عام ١٩٧٦ الى ١٩% في عام ١٩٨٠ (٢٤). واستمرت النسبة بالارتفاع حتى بلغت ٣١% في عام ١٩٩٧ . ويقدر معدل الزيادة السنوية في أعداد المشتغلات خصوصاً خلال فترة الحرب بحدود ٦ر١١% .

وبجانب اقبال النساء على أماكن العمل الانتاجي والخدمي وعلى أماكن الدراسة الأساسية والجامعية والعليا فأنهن في ذات الوقت يتمتعن بالمزيد من الحقوق السياسية كحق الانتماء إلى صفوف الأحزاب السياسية وحق انتخاب المجالس البلدية والمحلية والتشريعية وحق الانتماء إلى المنظمات الجماهيرية والشعبية والمشاركة في أدارتها وتوجيه سياستها المهنية والاجتماعية والتعبوية (٢٥). واستطاعت المرأة في ظل قوانين الدولة ان تحصل على الكثير من حقوقها الشرعية كحقها في رفض زواجها من الرجل الذي لا ترغب فيه كزوج لها وحقها في طلب الطلاق من زوجها إذا كانت هناك أسباب موجبة للطلاق وحقها في اتخاذ القرارات مع زوجها في الانجاب وتربية الأطفال وادارة شؤون الأسرة وتنظيم العلاقات مع الأقارب . وأخيراً حقها في الوصية والميراث والملكية .

إن جميع المكاسب والحقوق التي حصلت عليها المرأة العراقية مؤخراً تعتبر بمثابة العوامل المساعدة على عملها خارج البيت خصوصاً وان هناك الكثير من الأعمال الانتاجية والخدمية التي تنتظرها . وعلى الرغم من ذلك نرى بأن نسبة القوى العاملة النسوية في العراق واطئة إذا ما قورنت بنسبة القوى العاملة النسوية في الدول الصناعية المتقدمة ، لذا يتطلب تحفيز النساء على كافة انحدارتهن الاجتماعية ومستوياتهن الثقافية والمهنية بالمساهمة في العمل الاقتصادي خارج البيت لكي يكون بمقدور القطر الحصول على القوى العاملة المدربة وغير المدربة التي يحتاجها في المرحلة الراهنة ويستغني عن العمال العرب والأجانب .

إن انخراط جموع النساء إلى العمل المثمر سيمكن العراق من سد حاجته إلى الايدي العاملة ، وهنا تتحسن الأحوال الاقتصادية والاجتماعية ويعم الخير والرفاه والازدهار في ربوع المجتمع .ولكن عمل المرأة خارج البيت ومساهمتها في مشاركة زوجها في كسب موارد العيش للأسرة غالباً ما يؤدي إلى رفاهية الأسرة المادية وقدرتها على سد كافة متطلباتها (٢٩) . فالأسرة الميسورة هي الأسرة التي تستطيع العيش في دار تتوفر فيه جميع شروط السكن الجيد وتستطيع تأثيثه بالاثاث اللازمة، كما نستطيع اقتناء جميع وسائل أداء العمل المنزلي كسيارة البيت والثلاجة والمكنسة الكهربائية

والمروحة وطباخ الغاز ٠٠٠ الخ . إضافة إلى قدرتها على ممارسة انشطة الفراغ والترويح الجيدة خلال اوقاتها الحرة ، وممارستها مثل هذه الانشطة لا بد ان تطور شخصيات أفرادها وتفجر قابلياتهم المبدعة والخلاّقة [٢٧] .

ومن الجدير بالذكر ان عمل المرأة خارج البيت ومشاركتها في تحمل بعض الأعباء المادية للأسرة لا بد ان تدفع الزوج او الأخ او الابن إلى احترامها وتقديرها والدفاع عن حقوقها ومساعدتها في أداء واجباتها المنزلية . علماً بأن هناك ادلة احصائية تشير إلى ان عمل المرأة أدى الى تعميق العلاقات الزوجية وزيادة المحبة والتفاهم والتعاون بين الزوجين . كما ان توفر فرص العمل للمرأة ستدفعها إلى المضي قدماً في اكتساب التربية والتعليم والتدريب على المهارات والاختصاصات التي يحتاجها المجتمع المعاصر .

ج- ازدواجية دور المرأة العراقية المعاصرة في الانجاب والاعمال المنزلية وممارسة العمل خارج البيت :

ان المرأة العراقية المعاصرة نتيجة لظروفها الموضوعية والذاتية وظروف مجتمعها وطبيعة المرحلة الحضارية التأريخية التي يمر بها مطالبة بالتركيز على أداء مهمتين أساسيتين هما انجاب الأطفال وتربيتهم تربية اجتماعية وأخلاقية ووطنية ايجابية ومزاولة العمل الانتاجي أو الوظيفي أو الخدمي خارج البيت . ذلك ان الانجاب هو وظيفة أساسية من وظائف الأسرة وواجب جوهري من واجبات المرأة المتزوجة . فمن أهداف الزواج وتكوين الأسرة انجاب الأطفال الذين يحافظون على سلالة الأسرة ويربطون حاضرها بماضيها ويؤدون الدور الكبير في استمرارية ومواصلة عطاءاتها للمجتمع الكبير [٢٨] . إضافة إلى أهميتهم في قوتها ومتانتها ووحدتها التي تمكنها من تحقيق أهدافها القريبة والبعيدة . كما ان الانجاب هو من العوامل الأساسية التي تحافظ على السكان من القلة أو الانقراض وتمكنه من الزيادة المستمرة عبر الاجيال والعصور [٢٩] ، تلك الزيادة التي تتمخض عنها قوة المجتمع وقابليته على استثمار موارده الطبيعية والدفاع عن تراثه ومقدساته ومنجزاته المادية والحضارية ضد الاعداء والطامعين .

أما عمل المرأة خارج البيت فله عدة فوائد ومردودات للمرأة ذاتها وأسرتها ومجتمعها الكبير . ان مساهمة المرأة في العمل الانتاجي والمهني يمكنها من الاستفادة من طاقاتها وخبراتها ومؤهلاتها العلمية والتكنولوجية . ويعزز مكانتها الاجتماعية في الأسرة والمجتمع ويساعد أسرتها على بلوغ الرفاهية الاقتصادية والمادية ، هذه الرفاهية التي تنتج في وحدتها وتماسكها وقوتها بحيث تستطيع تحقيق كافة طموحاتها واهدافها . فعمل المرأة خارج البيت يضاعف الموارد الاقتصادية للأسرة ويمكنها من سد حاجتها ومطاليبها الأساسية والثانوية [٣٠] . وهنا تكون الأسرة مؤسسة فاعلة في البناء الاجتماعي لها اهميتها ووزنها المؤثرين في تنمية المجتمع وتحوله المجتمعي الهادف . كما ان عمل المرأة خارج البيت يرفد المجتمع الكبير بالطاقات البشرية المبدعة والخلاّقة التي تساعده في استثمار موارده الطبيعية وتنظيم ماكنته الادارية وتمشية اموره الانتاجية والخدمية على افضل صورة ممكنة . إذن عمل المرأة خارج البيت يضاعف حجم القوى العاملة في البلاد ويساعد القطر في تنفيذ خططه التنموية دون الاعتماد على الايدي العاملة الاجنبية . أما إذا كانت الطاقات البشرية النسوية غير معبئة وحبيسة واسيرة القيم والعادات والتقاليد الاجتماعية البالية فان نصف الطاقات البشرية للمجتمع ستكون معطلة وجامدة . وهنا لا يستطيع المجتمع استثمار موارده وخيراته الطبيعية ويفشل في تنفيذ خططه التنموية ويواجه صعوبات جمّة في ادارة اموره الانتاجية والخدمية . لذا والحالة هذه ينبغي على المرأة تبوء العمل الاقتصادي والوظيفي خارج البيت والعمل جنباً إلى جنب مع الرجل بغية إحراز التنمية الشاملة المطلوبة وتطوير المجتمع في شتى الميادين .

مما تقدم نستنتج بان المرأة مطالبة بالموازنة بين ضرورات الانجاب وضرورات مزاولة العمل الاقتصادي والوظيفي خارج البيت . بمعنى آخر أنها مطالبة بالانجاب وتربية الأطفال ورعاية الأسرة ومطالبة في ممارسة العمل في آن واحد . ومساهمة المرأة في مهمة الانجاب ومهمة العمل خارج البيت ستجعلها تحتل دورين اجتماعيين وظيفيين في آن واحد . هما دور ربة البيت (الأم) ودور العاملة أو الموظفة خارج البيت ، واحتلالها لمثل

هذين الدورين المتكاملين في آن واحد لا بد ان يرفع مكانتها في الأسرة والمجتمع ويؤدي إلى تحسن المستوى المعاشي والاجتماعي والثقافي للأسرة كمنظمة اجتماعية .

لكن المرأة المؤهلة على أداء المهمتين الوطنيتين في آن واحد ، مهمة الانجاب ومهمة العمل خارج البيت هي المرأة التي تتسم بمواصفات معينة سنذكرها بعد قليل ، ليست كافة النساء قادرات ومؤهلات على أداء هاتين المهمتين المعقدتين ، ومع هذا يطمح القادة والمسؤولون والمخططون الاجتماعيون والاقتصاديون على قيام نسبة كبيرة من النساء باداء مهمة الانجاب ومهمة العمل الاقتصادي ، تتسم المرأة المؤهلة على أداء هاتين المهمتين الوطنيتين بالصفات الآتية :

أ-   ان تكون المرأة مثقفة ومدركة وواعية لاهمية الانجاب والعمل الاقتصادي لذاتيتها واسرتها ومجتمعها الكبير .

ب-   ان تكون المرأة مؤهلة جسمياً وعقلياً واجتماعياً وثقافياً على أداء المهمتين المذكورتين .

ج-   ان تكون هناك حوافز مادية ومعنوية تشجع المرأة على الانجاب والعمل في آن واحد .

د-   ان يقبل كل من الرجل والمجتمع الكبير الدورين الوظيفيين المتكاملين اللذين تقومان بهما المرأة (دور الأم ودور العاملة أو الموظفة في آن واحد .

هـ-   ان يكون الرجل أو الزوج مستعداً على مساعدة زوجته وتمكينها من أداء المهمتين المذكورتين كأن يشارك في أداء العمل المنزلي ورعاية الأطفال والصغار خصوصاً وقت غياب الأم من البيت .

و-   ان يكون المجتمع الكبير ناهضاً ومتقدماً بحيث يوفر للمرأة العاملة كافة التسهيلات التي من شأنها ان تساعد المرأة في أداء المهمتين المشار اليهما سابقاً كتوفير الحضانات ورياض الأطفال الجيدة وتوفير المواد الغذائية المطبوخة أو نصف المطبوخة والملابس الجاهزة وتوفير الاجهزة والمعدات التكنولوجية

الحديثة التي تساعد على تسهيل العمل داخل البيت كطباخ الغاز والمكنسة الكهربائية والغسالة والثلاجة وتوفير وسائط النقل والمواصلات التي تسهل مهمة الذهاب والاياب من العمل بالنسبة للمرأة العاملة.

ي- ان تكون المرأة مستعدة ومقتنعة ذاتياً واجتماعياً في أداء مهام الانجاب والعمل، وان تكون قادرة على رسم جدول زمني يوازن بين مهام رعاية الأطفال وتدبير شؤون البيت والاهتمام بالزوج ومهام العمل الوظيفي الذي تمارسه خارج البيت وبين امور الفراغ والترويح والراحة والاستجمام .

من جهة ثانية نلاحظ بان مواصفات المرأة وحدها غير كافية على قيامها بمهمتي الانجاب والعمل . فبجانب مواصفات المرأة التي ذكرناها أعلاه هناك مواصفات المجتمع الكبير الذي تعيش فيه المرأة وتتفاعل معه. فالمجتمع ينبغي ان يفسح المجال للمرأة ويشجعها على الانجاب والعمل وذلك من خلال التسهيلات الاجتماعية التي يقدمها للأسرة كخدمات رعاية الأسرة ورعاية الأمومة والطفولة والخدمات السكنية والخدمات الطبية والخدمة التعليمية والتربوية والخدمات الترويحية (٣١) . إضافة إلى ضرورة توفر خدمات التشغيل والاستخدام والضمان الاجتماعي والنقل والمواصلات والخدمات التسويقية والتوزيعية التي تضمن وصول السلع الأساسية والكمالية إلى الأسرة باستمرار . كما ان هيئات العمل ومدراء الدوائر والمؤسسات التي تعمل فيها المرأة ينبغي فهم ظروف المرأة وملابساتها وتقديم المساعدات لها التي تمكنها من الاستمرار في العمل والانجاب ورعاية شؤون الأسرة .

إذن كل من مواصفات المرأة والمجتمع تساعد على قيام النسوة باداء المهمتين الوطنيتين المذكورتين اعلاه . غير ان المواصفات الايجابية التي ينبغي ان تتوفر عند المرأة والمجتمع يمكن خلقها وبلورتها وترسيخها عند النساء والمجتمعات المحلية من خلال عدة قنوات اهمها ما يأتي :

أ- المؤسسات التربوية والتعليمية والثقافية .

ب-	وسائل الأعلام الجماهيرية كالتلفزيون والرايو والصحف والمجلات والاعلان ... الخ .

ج-	المنظمات المهنية والشعبية والحزبية .

د-	اماكن العبادة والعمل .

هـ -	القادة والمسؤولون .

و-	العائلة والاقارب .

**٥-	المشكلات الناجمة عن جمع المرأة بين مهام الانجاب والعمل .**

تتعرض المرأة التي تجمع بين مهام الانجاب والعمل إلى الكثير من المشكلات والتحديات التي تهدف هذه الدراسة إلى تشخيصها وتوضيح مظاهرها السلبية ثم معالجتها لكي تتمكن المرأة من النجاح في مهمة الانجاب ومهمة العمل والجمع بين المهمتين تلبية لطموحات واهداف المجتمع الكبير الذي يحتاج إلى السكان ويحتاج إلى الايدي العاملة المنتجة والخلّاقة التي من خلالها يستطيع المجتمع بلوغ الرفاهية المادية واحراز التقدم الاجتماعي . ان هناك أربع مشكلات أساسية تواجه المرأة العراقية التي تجمع بين مهمتي الانجاب والعمل ، وهذه المشكلات هي :

أ-	تعرض المرأة للتعب والارهاق والملل .

ب-	إهمال مهمة تربية الأطفال والتقصير فيها .

ج-	اضطراب الحياة الزوجية للمرأة .

د-	التناقض بين مهام البيت ومهام العمل (*)

(*) شخّص الباحث هذه المشكلات بالدراسة الميدانية التي اجراها على عينة من ٢٠٠ امرأة عاملة في مدينة بغداد عام ٢٠٠٥ . وقد تمخضت الدراسة عن البحث الميداني الموسوم " المشكلات الأسرية والمهنية التي تعاني منها المرأة العاملة .

والآن نود شرح هذه المشكلات بالتفصيل علماً بأن معالجتها ستأتي في المبحث القادم من الدراسة .

أ- **تعرض المرأة للتعب والارهاق والملل :**

من المشكلات المهمة التي تواجهها المرأة التي تجمع بين مهام الانجاب والعمل مشكلة تعرض المرأة للتعب والارهاق والملل خصوصاً إذا كان للمرأة عدد كبير من الأطفال يزيد على خمسة أطفال . فالمرأة تصرف كافة اوقاتها في أداء مهام البيت ومهام العمل بحيث لا يكون عندها وقت للفراغ والترويح ووقت لتنمية شخصيتها وتطوير امكاناتها ووقت تقضيه مع زوجها واقاربها . وهنا تتعرض المرأة للاعياء الجسماني والعقلي وينتابها الملل والضجر وتخيم عليها أجواء الحياة الرتيبة التي لا تستطيع المرأة التحرر منها والافلات من قبضتها بسهولة[٣٢] .

في بداية اليوم أي قبل ذهاب المرأة إلى العمل تتولى العناية بالاطفال إذ تهيأهم للذهاب إلى الحضانات أو رياض الأطفال أو المدارس ثم تذهب إلى العمل لتقضي هناك ساعات طويلة في أداء مهام العمل الوظيفي المطلوب منها . وبعد الانتهاء من العمل الوظيفي ترجع الى البيت لتتولى أداء الواجبات المنزلية التي لا تعد ولا تحصى ـ فهي المسؤولة عن التنظيف والطبخ وغسل الملابس والعناية بالاطفال ومعالجتهم في حالة المرض . إضافة إلى مسؤوليتها نحو زوجها إذ يتوقع منها سد كافة حاجاته ومتطلباته الحياتية والعاطفية . ناهيك عن الجهود والمسؤوليات التي تتحملها الزوجة ازاء اقاربها خصوصاً أهلها وأهل زوجها . فالمجتمع يتوقع منها زيارتهم بين فترة وأخرى وتقديم المساعدات لهم والمشاركة في افراحهم واحزانهم . وأخيراً تكون المرأة مسؤولة عن العناية بالمرضى من أفراد عائلتها واقتناء الحاجيات وشراء الاثاث وتدبير الأمور الأخرى للمنزل . ان كافة هذه المهام والمسؤوليات المرهقة تعرض المرأة إلى الاعياء الجسمي والعقلي خصوصاً إذا كان زوجها لا يقدم لها المساعدات ولا يشاركها في تحمل أداء هذه المسؤوليات ويتوقعها القيام بكل شيء[٣٣] .

إن اعياء المرأة جسمياً وعقلياً ومعاناتها من روتينية الحياة الرتيبة والمملة سيعرضانها إلى المرض الجسمي والعقلي الذي يقلل من درجة تكيفها للمحيط الاجتماعي الذي تعيش فيه وتتفاعل معه . لذا يجب على الزوج أو الرجل معرفة المعاناة الحقيقية التي تتعرض لها المرأة في البيت والمجتمع ثم تقديم المساعدة الايجابية لها ، المساعدة التي تقلل من درجة اعيائها وتمكنها من العيش بصورة هادئة ومستقرة في العائلة والمجتمع . كما يتطلب من الدولة تقديم الخدمات الاجتماعية والاقتصادية التي تساعد المرأة على تحمل اعبائها ومسؤولياتها ازاء الانجاب والعمل.

ب- مشكلة تربية الأطفال ورعايتهم :

تعاني المرأة العاملة من مشكلة تربية اطفالها . فقضاء المرأة ساعات طويلة في العمل خارج البيت يعرض الأطفال إلى الاهمال وضعف التربية . ناهيك عن قلق المرأة على أطفالها عندما تتركهم في البيت وحدهم ، وقلقها هذا لا يساعدها على التركيز على العمل المناط بها مما يسبب انخفاض انتاجيتها وتدني مستوى الخدمات التي تقدمها للمؤسسة أو الجهة التي تعمل فيها (٣٤) .

إن المرأة العاملة في معظم الاوقات والحالات تتعرض إلى مشكلة عدم وجود من يرعى اطفالها ويشرف عليهم ويلبي متطلباتهم خلال فترة خروجها إلى العمل . فالازواج في معظم الحالات لا يستطيعون مساعدة زوجاتهم في تحمل مسؤولية العناية بالاطفال خلال فترة خروجهن إلى العمل وذلك أما لانشغالهم في العمل الوظيفي أو عزوفهم عن تحمل مسؤولية تربية الأطفال والاشراف عليهم لاسباب نفسية واجتماعية وحضارية بحتة . فمعظم الازواج يرفضون تنظيف الأطفال أو اللعب معهم أو السهر على رعايتهم ، لان مثل هذه الواجبات هي من اختصاص النساء وليس من اختصاصهم (٣٥) . كما ان قلة حضانات الأطفال وبعدها الجغرافي عن الاماكن السكنية وهبوط نوعيتها لا يشجع الأمهات على ارسال اطفالهن لها خلال فترة عملهن . زد على ذلك عزوف الجيران والاقارب عن تحمل مسؤولياتهم حول العناية باطفال المرأة العاملة نظراً لضعف العلاقات الاجتماعية بين العائلة الزواجية واقاربها من جهة والعائلة الزواجية وجيرانها من جهة

أخـرى وذلـك لسـيطرة مظـاهر التحضر ـ والتصـنيع والتحـديث الشـامل عـلى قطاعـات ومؤسسات المجتمع .

ومن الجدير بالذكر انه عنـدما لا يوجـد مـن يسـاعد المـرأة العاملـة في العنايـة باطفالها والاشراف عليهم خلال فترة غيابها عن البيت فان الأطفال غالباً ما يعـانون مـن مشكلة تـردي اوضـاعهم الاجتماعيـة والصـحية والتربويـة والسـلوكية أو ينحرفـون عـن الطريق السوي بعد اختلاطهم بابناء السوء وتـأثرهم فـيهم مـما يولـد عنـدهم خصـائل الجنوح والاجرام [٣٦] . ونتيجة لعدم وجود الابوين في البيت فقد يهمل الأطفال واجباتهم المدرسـية ويتهربـون مـن السـعي والاجتهـاد بسـبب عـدم وجـود مـن يشرـف علـيهم ويوجههم . وهنا يتعرض هؤلاء الصغار إلى الرسوب وترك الدراسة وعـدم الاسـتفادة مـن قابلياتهم وامكانياتهم الذكائية والعقلية . ولمعالجة هـذه الحالـة السـلبية تضـطر المـرأة العاملة إلى طلب الاجازات المتوالية أو عدم المواظبـة عـلى العمـل أو اسـتعمال الهـاتف وقت عملها للاطمئنان على سلامة الأطفال أو حتى جلـب الأطفـال معهـا إلى العمـل[٣٧] . وجميع هذه الأمور تضر بمصالح المؤسسـات والمصـانع وتمنـع تحقيـق أهـدافها القريبـة والبعيدة .

ج- اضطراب الحياة الزوجية للمرأة :

هناك مشكلة أخرى تعاني منها المـرأة العاملـة الا وهـي مشـكلة تـوتر علاقاتهـا الزوجية . علماً بان عمل المرأة خارج البيت كما تشير الدراسـات والابحـاث الاجتماعيـة يجلب للمرأة الاحـترام والتقـدير ويرفـع منزلتهـا الاجتماعيـة ويثبـت اقـدامها في الأسرة والمجتمع ويرفه عنها مادياً وحضارياً ويقوي معنوياتها ويعزز ثقتهـا بنفسـها وامكاناتهـا ويدعم استقلاليتها وذاتيتها [٣٨] . بيد ان ضـعف وتـوتر العلاقـات الزوجيـة يتأتيـان مـن غياب المرأة ساعات طويلة عن البيت وتعرضها للارهاق والتعب والملل بسبب انشـغالها باداء الواجبات الوظيفية والمنزلية في آن واحد وعدم قدرتها على تقديم العناية المطلوبة للزوج والأطفال .

ومما يسيء إلى العلاقات الزوجية عدم مبادرة الزوج إلى مساعدة زوجته في أداء الواجبات المنزلية والعناية بالاطفال وتراكم الأعمال والمسؤوليات عليها وعدم قدرتها

على الايفاء بالتزاماتها داخل وخارج الأسرة . وهنا يعتقد الزوج بأن زوجته مقصرة في خدمته وخدمة أطفاله وغير قادرة على ادارة وتمشية أمور البيت . ومثل هذا الاعتقاد يسيء إلى العلاقات الزوجية ويسبب التصادم بين الزوجين مما يؤثر على استقرار الأسرة ووحدتها [٣٩] .

تشير الدراسة الموسومة " المشكلات الأسرية والهنية التي تعاني منها المرأة العاملة " التي هي دراسة ميدانية في محافظة بغداد اجراها الباحث الدكتور إحسان محمد الحسن إلى ان اغلب النساء العاملات اللواتي قابلهن في صيف عام ٢٠٠٤ (١٢٣) من مجموع ٢٠٠ (٦٢%) يشعرن بان عملهم خارج البيت يسبب اهمالهن لرعاية ازواجهن واطفالهن [٤٠] . كما ان (٩٨) من مجموع ١٢٣ امرأة عاملة (٨٠%) يعلمن بان هذا الاهمال ينتج في عدم استقرار الأسرة وبالتالي زيادة نسب الطلاق في المجتمع . هذه الحالة صحيحة في ظل الظروف الصعبة التي تعمل فيها المرأة العراقية . بيد ان مساعدة الزوج لزوجته في أداء أمور البيت وعدم توقعه قيامها بتحمل مسؤوليات رعايته ورعاية اطفاله والاهتمام بتلبية جميع متطلبات بيته ، إضافة إلى انشاء المزيد من الحضانات ورياض الأطفال وتطوير مستوياتها ومبادرة الدولة بتقديم الخدمات الاقتصادية والثقافية والاجتماعية والصحية والسكنية والترويحية، كل ذلك سيخفف من وطأة المسؤوليات الجسام والالتزامات المتشعبة التي تضطلع بها المرأة المعاصرة ويسهل عليها القيام بواجباتها الوظيفية والمنزلية . الأمر الذي يوطد العلاقات الزوجية داخل الأسرة ويحمي الأسرة من اخطار التفكك والتصدع وعدم الاستقرار .

د- التناقض بين مهام البيت ومهام العمل :

ان المرأة العاملة ليست مسؤولة فقط عن اعباء العمل الوظيفي الذي تمارسه خارج البيت بل مسؤولة أيضاً عن اعباء الأسرة ومتطلبات الزوج والأطفال والاقارب . وعمل المرأة ساعات طويلة خارج البيت لا بد ان يتعارض مع مسؤولياتها المنزلية وواجباتها الأسرية . والتعارض هذا يوقع المرأة العاملة في مشكلات التوفيق بين متطلبات عملها المنزلي ومتطلبات عملها الوظيفي بحيث لا تعرف على أي واجبات

تركز ^(٤١). فإذا ركزت على واجباتها المنزلية والأسرية واهملت واجباتها المهنية الوظيفية فان هذا لا بد ان يعرض عملها الانتاجي أو الخدمي إلى الخطر. أي انتاجيتها تتعرض إلى الهبوط وتضطرب الخدمات التي تقدمها إلى المجتمع وتسيء علاقاتها مع الادارة والمسؤولين مما يضطرها إلى التوقف عن العمل أو تركه كلياً. وإذا ما ركزت المرأة العاملة على عملها الوظيفي واهملت واجباتها الأسرية فان بيتها يتعرض إلى الاضطراب والفوضى وسوء الادارة مما يترك أثره المخرب في سلوك الأطفال وسلامة تنشئتهم الاجتماعية ويسيء الى العلاقات الزوجية بحيث تكون الأسرة عرضة للتفكك والتحلل وعدم الاستقرار.

ان المشكلة التي تعاني منها المرأة العاملة في الوقت الحاضر تتجسد في عدم وجود من يحل مكانها في البيت اثناء خروجها إلى العمل. فعندما تذهب الى العمل لا يوجد من يكون مسؤولاً عن رعاية الأطفال وتربيتهم وأداء الأعمال المنزلية اللازمة. ذلك ان الزوج في الأعم الأغلب لا يساعد زوجته في رعاية الأطفال وفي أداء الأعمال المنزلية بسبب القيم والمواقف الكلاسيكية السائدة في المجتمع والتي لا تحبذ قيام الرجال بهذه الأعمال وتتوقع من النساء تحمل وزرها دون مساعدتهن من قبل الرجال. كما ان قلة المعينات وصعوبة الحصول عليهن وضعف العلاقات القرابية وهامشية صلات الجيرة تجعل المرأة العاملة وحيدة في أداء واجباتها المنزلية دون وجود من يساعدها ويخفف عنها عملها الثقيل. وهذه الحقيقة تعرضها الى الارهاق والاعياء الجسدي والنفسي خصوصاً وانها مسؤولة عن تحمل اعباء ادوارها المنزلية والوظيفية في آن واحد.

تشير دراسة الدكتور إحسان محمد الحسن الموسومة " المشكلات الأسرية والمهنية التي تعاني منها المرأة العاملة " إلى ان اغلبية النساء اللواتي تمت مقابلتهن (١٠٥) من مجموع (٢٠٠) (٥٣%) يتحملن وحدهن مسؤولية الواجبات المنزلية بضمنها تربية الأطفال ولا يوجد من يساعدهن في أداء هذه المسؤوليات. وان عدداً قليلاً منهن ٦٢ من مجموع (٢٠٠) (٣١%) يتلقين المساعدات في أداء الواجبات المنزلية من ازواجهن عند

ذهابهن الى العمل . أما المساعدات التي يقدمها الاقارب والابناء الصغار للنساء العاملات وقت عملهن خارج البيت فهي قليلة ومحدودة .

٦- **التوصيات والمعالجات لحـل مشكلات التقـاطع بيـن مستلزمات الانجاب والعمل:**

بعد تشخيص أهم المشكلات التي تعترض سبيل المرأة في التوفيق بين متطلبات الانجاب ومتطلبـات العمل ، علينـا في هـذا المبحـث معالجتها والتصدي لمسبباتها الموضوعية والذاتية . والعلاج هذا يأخذ التوصيات والمعالجات الآتية :

١- ضرورة قيام وسائل الاعلام الجماهيرية وبقية الجماعات المؤسسية في المجتمع كالمدارس والجامعات والمنظمات الجماهيرية واماكن العبادة والعمل والقادة المسؤولين والمجتمعات المحلية حث الأسر والنساء على :

أ- تسهيل مهام الزواج وذلك لكون الزواج شرطاً أساسياً من شرط الانجاب . وتسهيل أمور الزواج يكون عن طريق تخفيض المهور وعدم فرض الشروط الصعبة على الشباب الذين يريدون الزواج .

ب- حث المرأة مهما تكن خلفيتها الاجتماعية ومستواها الثقافي والعلمي على مزاولة العمل الوظيفي خارج البيت .

ج- حث المرأة على ضرورة الجمع والتوفيق بين مهام الانجاب ومهام العمل.

٢- ضرورة تخفيف حدة التعب والارهاق والملل عن كاهل المرأة وذلك من خلال الاجراءات الآتية :

أ- حث الزوج والابناء الكبار على تقديم المساعدات للزوجة في العناية بالاطفال والصغار والتدبير المنزلي خصوصاً وقت ذهاب المرأة للعمل خارج البيت .

ب- حث الاقارب على تقديم العون والمساعدة للزوجة التي لديها اطفال وتمارس العمل الوظيفي خارج البيت . والمساعدة تاخذ عدة جوانب

أهمها رعاية الأطفال والتدبير المنزلي والزيارات المستمرة لتفقد اوضاع الأسرة الزواجية.

ج- حث الادارة واصحاب العمل على عدم تطبيق الشروط الصعبة للعمل على المرأة العاملة التي لديها أطفال ومسؤوليات بيتية والتساهل في مسائل الدوام ومتابعة شؤون العمل والدقة في أداء العمل .

٣- ضرورة عدم توقع الازواج من زوجاتهم القيام بكافة المهام المتعلقة بتربية الأطفال وتدبير شؤون المنزل خصوصاً عندما تكون الزوجات عاملات أو موظفات خارج البيت . وهنا يتطلب من هؤلاء الأزواج مساعدة زوجاتهم في مهام تربية الأطفال والتدبير المنزلي .

٤- على الدولة والمنظمات المهنية والشعبية فتح المزيد من الحضانات ورياض الأطفال في طول القطر وعرضه وتحسين نوعيتها والاشراف عليها لكي تتولى من جانبها العناية بالاطفال والصغار والاشراف عليهم خلال ساعات غياب الأم عن البيت . كما يتطلب من المدارس الابتدائية زيادة ساعات دوامها لكي تتلاءم ساعات الدوام فيها مع ساعات عمل الأم في المؤسسات الانتاجية والخدمية. أما إذا كانت ساعات الدوام في المدارس الابتدائية قصيرة فأن الأطفال يذهبون الى بيوتهم في وقت مبكر ولا توجد خلاله الأمهات . وهنا تضطر النساء العاملات أو الموظفات خلق الاعذار للخروج عن العمل وتركه لكي يشرفن ويراقبن اطفالهن في البيوت .

٥- ضرورة مبادرة الدولة واجهزة القطاع الخاص توفير السلع الأساسية والكمالية والملابس الجاهزة والمواد الغذائية الجاهزة ونصف الجاهزة وتوزيعها على تجار المفرد في كافة أنحاء القطر لكي تكون في متناول الأمهات . وهنا تتفرغ الأمهات لاداء الأعمال المنزلية والوظيفية .

٦- على المرأة العاملة والموظفة تنظيم جدول زمني يحدد أوقات عملها المنزلي واوقات عملها الوظيفي ويقسم العمل على أفراد الأسرة ويوازن بين أوقات العمل واوقات الفراغ والترويح .

٧- على وسائل الاعلام الجماهيرية ودوائر الارشاد والبحث الاجتماعي واماكن العبادة والمنظمات الجماهيرية والشعبية خصوصاً الاتحاد العام لنساء العراق تثقيف المرأة بطبيعة مشكلات عملها ومتطلبات أسرتها ولا تعكس مشكلاتها الخاصة في عملها وتتسلح بالقيم الاجتماعية الايجابية التي تدفعها الى حب العمل الجماعي والتضحية في سبيل الغير وتحمل المسؤولية كاملة والصدق في القول والاخلاص في العمل والنقد والنقد الذاتي والانضباط والتحمل والمعاناة والدقة في أداء العمل ... الخ . كما تعني محاربة اميتها الحضارية تزويدها بالمعلومات الصحية والاقتصادية والسياسية التي تجعل منها امرأة يمكن الاعتماد عليها في المهمات والشدائد .

٨- على المرأة العاملة ان تتحمل مسؤوليتها المهنية كاملة وتقدر العمل الذي تزاوله وتعي حاجة المجتمع الماسة لجهودها الانتاجية والخدمية واحترام الادارة والمسؤولين والتعاون معهم كلما استطاعت إلى ذلك سبيلا .

٩- على الادارة والمسؤولين احترام المرأة العاملة وتثمين جهودها الانتاجية والخدمية الخلاّقة وعدم استغلالها وتقدير ظروفها ومسؤوليتها الوظيفية والأسرية والمنزلية ومنحها الحوافز المادية والمعنوية التي تستحقها وزيادة اجورها أو رواتبها إذا كانت مستحقة لذلك ورفع كفاءتها ومهارتها في أداء العمل .

١٠- ينبغي على المجتمع تغيير مواقفه ازاء منزلة المرأة في المجتمع ومساواتها مع الرجل في الواجبات والحقوق والسماح لها بالدخول إلى كافة الأعمال الانتاجية والخدمية . ذلك ان تغيير مثل هذه المواقف سيؤدي دوره الكبير في تفجير طاقات المرأة وبعث قواها وامكاناتها الخلاّقة خدمة لاهداف الدولة والمجتمع .

الخلاصة والاستنتاجات :

تضطلع المرأة العراقية المعاصرة بمهمتين وطنيتين أساسيتين هما الانجاب من خلال الزواج وتكوين الأسرة الزواجية ومزاولة العمل الانتاجي والوظيفي خارج البيت . ومشاركة المرأة العراقية في هاتين المهمتين جعلتها تحتل دورين اجتماعيين متكاملين هما دور الزوجة والأم في البيت ودور العاملة أو الموظفة خارج البيت . واشغالها لمثل هذه الأدوار المهمة والخطيرة قد رفع مكانتها في المجتمع وجعلها تقف على صعيد واحد مع الرجل في الواجبات والحقوق الاجتماعية .

إن معدلات الانجاب للمرأة العراقية كما تشير الاحصاءات الرسمية للأمم المتحدة تعتبر من بين المعدلات العالية في العالم . وعليه نهيب بالنساء العراقيات المحافظة على معدلات الانجاب العالية هذه . الا ان مشاركة المرأة العراقية في العمل الانتاجي والوظيفي خارج البيت لا ترقى الى طموحات المسؤولين على الرغم من زيادة معدلات القوى العاملة النسوية في العراق خلال فترة السبعينيات والثمانينيات من القرن العشرين. ومع هذا فان المرأة العراقية مطالبة بالدخول إلى مجالات العمل المختلفة لاسيما بعد تحررها من الأمية وقطعها اشواط متميزة في ميادين التربية والثقافة والتعليم اسوة باخيها الرجل .

لكن المرأة العراقية المعاصرة مطالبة بالزواج وتكوين الأسرة الزواجية وانجاب عدد من الأطفال يتلاءم مع ظروفها وظروف اسرتها وحاجة المجتمع الكبير للسكان . ومطالبة في ذات الوقت بتبوء العمل الانتاجي أو الوظيفي خارج البيت خصوصاً بعد تحررها من أميتها واكتسابها للتربية الأساسية والثقافة والتعليم . بمعنى آخر ان المرأة العراقية مطالبة بضرورة الجمع بين الانجاب والعمل لاسيما وان العراق يخوض في الوقت الحاضر معركتين فاصلتين هما معركة البناء والتنمية والتقدم ومعركة ازالة آثار الحروب التي خاضها العراق لاسيما الحرب مع ايران والكويت وامريكا وحلفائها .

بيد ان الابحاث والمسوحات العلمية الميدانية تشير إلى ان النساء العراقيات اللواتي يجمعن بين مهام الانجاب ومهام العمل يواجهن عدة مشكلات أهمها : تعرض

المرأة للتعب والارهاق والملل ومواجهة المرأة لمشكلة تربية الأطفال ورعايتهم واضطراب الحياة الزوجية . وأخيراً التناقض بين مهام البيت ومهام العمل . بعد تشخيص ووصف وتحليل هذه المشكلات يحاول البحث وضع التوصيات والمقترحات والمعالجات لحلها والقضاء عليها كيما يشجع النساء العراقيات على المزاوجة بين وظيفة الانجاب ووظيفة العمل اللتين تعتبران من أهم واخطر الوظائف التي تضطلع بها المرأة العراقية المعاصرة في المجتمع الحديث .

الهوامش والمصادر

١- الحسن ، إحسان محمد (الدكتور) . آثار التصنيع في المنزلة الاجتماعية للمرأة العراقية ، الاتحاد العام لنساء العراق ، بغداد، ١٩٨٠، ص ٢٨ .

٢- المصدر السابق، ص ٢٦_ ٢٧.

٣- الحسن، إحسان محمد (الدكتور) . علم الاجتماع : دراسة نظامية، مطبعة الجامعة ، بغداد، ١٩٨٦ ، ص ٢١٣.

٤- Klein, Viola. Married Woman Working , London , ١٩٨٥, See the introduction .

٥- الخولي ، البهي . المرأة بين البيت والمجتمع ، القاهرة، ١٩٨٣، ص ٣٠٠_ ٣٠٢.

٦- Demographic Yearbook United Nations, New York , ٢٠٠٠ , See the section on Birth, Deaths, and Natalincrease.

٧- Ibid., See Section on Natural increase of Population

٨- Ibid., See the section on Annual Population Increase .

٩- السابق، جروان . المرأة في القرن العشرين ، مطبعة جوزيف سليم ، بيروت ، ١٩٩٦ ، ص ٢٣_ ٢٨.

١٠- Hanson, J. L. Textbook of Economics, ٧th Ed., ١٩٩٦, Macdonald and Evans Limited , London, PP.٨٢- ٨٣.

١١- الحسن، إحسان محمد (الدكتور) . العائلة والقرابة والزواج ، بيروت، دار الطليعة للطباعة والنشر ، الطبعة الثانية ، ١٩٨٦ ، ص ١٦٧ .

١٢- Jephcott, P. Married Women Working, London, ١٩٨٢, See the conclusions.

١٣- Ibid., P. ٥٣.

١٤- الحسن ، إحسان محمد (الدكتور) . ايجابيات العائلات الكبيرة الحجم في عصر التحضر والتصنيع ، دراسة منشورة في مجلة المرأة ، العدد ٩٧٥ ، لسنة ١٩٨٣، ص ٧.

١٥- الحسن، إحسان محمد (الدكتور) . الثورة والقادسية الجديدة ، مركز البحوث والمعلومات ، بغداد، ١٩٨٢، ص ٢٣ـ ٢٤.

١٦- المصدر السابق، ص ٣٧.

١٧- المصدر السابق ، ص ٥٢.

١٨- المصدر السابق، ص ٧١.

١٩- المصدر السابق، ص ٧٧.

٢٠- المصدر السابق، ص ٨٢.

٢١- حميد ، احلام شيت . الثورة والتغيرات الاجتماعية والحضارية للمرأة العراقية، إطروحة ماجستير غير منشورة في الاجتماع ، كلية الآداب ، جامعة بغداد، ١٩٨٣، ص ١٠٢ـ ١٠٣.

٢٢- الحسن ، إحسان محمد (الدكتور) . الثورة والقادسية الجديدة ، ص ٨١.

٢٣- المجموعة الاحصائية السنوية لوزارة التخطيط ، الجهاز المركزي للاحصاء، ١٩٩٠ . مع احصاءات عمالة المرأة في الاتحاد العام لعمال العراق ، ١٩٩٨ .

٢٤- احصاءات عمالة المرأة في الاتحاد العام لعمال العراق ، ١٩٩٥.

٢٥- حميد ، احلام شيت . أثر الثورة في التحولات الاجتماعية والحضارية للمرأة العراقية ، ص ١١١.

٢٦- Japhcott, P. Married Woman Working , See the introduction.

٢٧- الحسن، إحسان محمد(الدكتور) . الفراغ ومشكلات استثماره ، دراسة مقارنة في علم اجتماع الفراغ ، دار الطليعة للطباعة والنشر ، ص ٥٨ـ ٥٩.

٢٨- الحسن، إحسان محمد(الدكتور). العائلة والقرابة والزواج ، ص١٥.

٢٩- Hicks , M. X. The Social Framework , London, ١٩٩١, PP. ١٤-١٦.

٣٠- عبد الله ، اسو إبراهيم . المشكلات الاجتماعية والحضارية للمرأة في منطقة الحكم الذاتي ، إطروحة ماجستير في علم الاجتماع غير منشورة ، كلية الآداب ، جامعة بغداد، ١٩٨٢، ص ١٩٠.

٣١- البطريق ، محمد كامل . منهاج خدمة المجتمع ، القاهرة، مكتبة القاهرة الحديثة ، ١٩٨٨، ص ٣٢٢_ ٣٢٤.

٣٢- الحسن، إحسان محمد(الدكتور). علم الاجتماع الصناعي ، مطبعة جامعة بغداد، بغداد، ١٩٨٦ ، ص ٢٠٤.

٣٣- نفس المصدر السابق، ص ٢٠٥.

٣٤- الحسن ، إحسان محمد(الدكتور) . المشكلات الأسرية والمهنية التي تعاني منها المرأة العاملة ، بحث مقدم إلى الندوة العلمية المتعلقة بزيادة مساهمة المرأة العراقية في تعزيز البناء الاقتصادي للقطر خلال الفترة ٩_ ١١ تشرين الأول ١٩٩٥، تحت اشراف اتحاد نقابات عمال بغداد ، ص ٩ .

٣٥- نفس المصدر السابق، ص ١٠.

٣٦- Goode , W. Family Disorganization , in Contemporary Social Problems by R. Merton and Nisbet,New York , ١٩٨١, P. ٣٩٠.

٣٧- الحسن، إحسان محمد (الدكتور) . المشكلات الأسرية والمهنية التي تعاني منها المرأة العاملة ، ص ١١ .

٣٨- Rosenfeld ,J. The Marriage and Family , lllinois, ١٩٨٢, PP. ٢١٦-٢١٧.

٣٩- الحسن، إحسان محمد (الدكتور) . المشكلات الأسرية والمهنية التي تعاني منها المرأة العاملة ، ص ١٢.

٤٠- نفس المصدر السابق، ص ١٣.

٤١- عبد الله اسو إبراهيم . المشكلات الاجتماعية والحضارية للمرأة العاملة في منطقة الحكم الذاتي ، ص ١٧٧.

الفصل التاسع

الإسلام والدفاع عن حقوق المرأة

مقدمة تمهيدية :

لقد دافع الإسلام عن حقوق المرأة وكرامتها وعفتها وطهارتها أكثر من أي دين آخر . ودفاع الإسلام عن المرأة قد ورد في القرآن الكريم وفي السنّة النبوية الشريفة والشريعة الإسلامية السمحاء . ففي القرآن الكريم هناك سورة خاصة توضح مكانة المرأة في المجتمع وحقوقها وواجباتها وضرورة الدفاع عنها والأخذ بيدها الى طريق الهداية والخير والعدالة والإنصاف ، وهذه السورة هي سورة النساء . وهناك أحاديث نبوية شريفة كثيرة توصي بالمرأة وتحث على احترامها وتقديرها والانصاف لها ووضعها في المكان الذي تستحقه باعتبارها عنصراً أساسياً من عناصر الحياة فلولاها لما وجدت الحياة ولما ولد الانسان ، ذلك انها عنصر مكمل للرجل ، فالرجل لا يستطيع الاستغناء عنها وانها لا تستطيع الاستغناء عن الرجل بأية صورة من الصور . وان المصاهرة بين الرجل والمرأة إنما هي أساس الأسرة [1] ، والمصاهرة في الإسلام هي التي تجيز الانجاب، والانجاب هو مرجع الحياة وأساس استمرارية المجتمع وزيادة سكانه [2] . أما الشريعة الاسلامية فتدافع هي الأخرى عن حقوق المرأة وتوضح أهمية كيانها في المجتمع وتصون حرمتها وحريتها واستقلاليتها كانسانة يوصي بها الاسلام ويقيّمها كما يقيّم الرجل [3] .

إن حقيقة دفاع الإسلام عن المرأة وضمان حقوقها الثابتة والمشروعة واتاحة المجال لها بالمشاركة في عملية بناء الأسرة وتقويمها والمشاركة في إدارة شؤون المجتمع وتمكينه من التنمية والتطور انما تتناقض كل التناقض مع التهم التي ألصقت بالاسلام من قبل الأعداء والحاقدين والكفرة والمحلدين . فهؤلاء مع شديد الأسف

اتهموا الإسلام انه ظلم المرأة وقيد حريتها وأساء الى سمعتها ومنعها من المشاركة في إدارة شؤون المجتمع والمساهمة في حل مشكلاته [٤] . لكن هذه التهم هي باطلة من أساسها ولا يمكن ان تصمد أمام الحقيقة الناصعة التي يجسدها الإسلام في تعاليمه ومبادئه وممارساته واجتهاداته كما وردت في القرآن الكريم والسنّة النبوية الشريفة والشريعة الاسلامية السمحاء .

إن دفاع الإسلام عن حقوق المرأة قد تجسد في عدة مجالات وصور أهمها الاعلان عن مساواة المرأة مع الرجل في الأعمال والممارسات التي تقوم بها والتي يقيّمها الله سبحانه وتعالى ويحاسب عليها في الحياتين الأولى والثانية ، والدعوة الى احترام المرأة وحسن معاشرتها والحث على زواجها وأخذ رأيها في الزواج . كما أكد الإسلام على حق الزوجة على زوجها وحق الزوج على زوجته [٥] . كذلك أراد الإسلام الحفاظ على سمعة المرأة وعفتها إذ أوصاها بالابتعاد عن التبرج وتجنب الزنى وعدم إظهار مفاتنها أمام الرجال الغرباء . أما الطلاق فلم يبيحه الإسلام الا عند الضرورات ، ففي حالة وقوعه فان الإسلام حث على انصاف المطلقة وحسن معاملتها وعدم الاساءة لسمعتها [٦] . وأخيراً أكد الإسلام على حق المراة في التملك والميراث وحقها في التعلم وطلب العلم والمعرفة وحقها في العمل والكسب الحلال .

يهتم هذا الفصل بدراسة المحاور الآتية :

أ- الإسلام ومساواة المرأة مع الرجل في الأعمال والنوايا والذنوب والحساب .

ب- احترام المرأة في الإسلام وحسن معاشرتها .

جـ- حث الإسلام على زواج المرأة .

د- الإسلام ونهي المرأة عن التبرج والمنكرات .

هـ - كراهية الإسلام للطلاق .

و- الإسلام وحق المرأة في التملك والميراث .

ز- الإسلام وحق المرأة في طلب العلم .

والآن علينا دراسة وتحليل هذه المحاور مفصلاً .

أ‌- **الإسلام ومساواة المرأة مع الرجل في الأعمال والنوايا والذنوب والحساب :**

لو تصفحنا القرآن الكريم لشاهدنا بان الإسلام يساوي بـين المرأة والرجل في الأعمال والنوايا والذنوب ويحاسب المرأة مثلما يحاسب الرجل عـلى الأعمال المنكرة او السيئة التي يرتكبها ، كما ان الإسلام يكافأ المرأة مثلما يكفأ الرجل على الأعمال الصالحة او الطيبة التي يقومان بها في المجتمع . علماً بان العقاب او الثواب الـذي يمنح للمرأة والرجل من الله سبحانه وتعالى ، كما يعتقد الإسلام ، والذي يعتمد على أعمالها انما يمـس حياتهما الأولى والثانية . ومن الجدير بالـذكر ان مساواة الإسلام بـين المرأة والرجل في الأعمال الصالحة او الطالحة التي يقومان بهاوفي نواياهما أيضاً انما هو دليل واضح يشير الى ان الإسلام لا يفرق بين المرأة والرجل في المهام والأعمال التي يقومان بها . ذلك ان نصيب المرأة من الثواب او العقاب كنصيب الرجل ، وهذا يعتمـد بطبيعة الحـال عـلى نوعية أعمالها سواء كانت صالحة ومفيـدة او طالحة ومضرة . والآيـة الكريمـة توضح مساواة المرأة مع الرجل بالثواب عن العمل (وَمَنْ يَعْمَلْ مِنَ الصَّالِحَاتِ مِنْ ذَكَرٍ أَوْ أُنْثَى وَهُوَ مُؤْمِنٌ فَأُولَئِكَ يَدْخُلُونَ الْجَنَّةَ وَلا يُظْلَمُونَ نَقِيراً) [7] .

كذلك يعاقب الله سبحانه وتعالى المرأة كما يعاقب الرجل على الأعمال المنكرة التي يرتكبانها كما هو موضح في الآيـة الكريمـة)مَنْ عَمِلَ سَيِّئَةً فَلا يُجْزَى إِلَّا مِثْلَهَا وَمَنْ عَمِلَ صَالِحاً مِنْ ذَكَرٍ أَوْ أُنْثَى وَهُوَ مُؤْمِنٌ فَأُولَئِكَ يَدْخُلُونَ الْجَنَّةَ يُرْزَقُونَ فِيهَا بِغَيْرِ حِسَابٍ) [8] .

ولا يكتفي الإسلام بالتذكير حول مساواة المرأة مع الرجل في الثواب والعقاب على الأعمال الصالحة والطالحة التي يقومان بها في المجتمع بل يذهب الى ابعد مـن ذلك إذ يحدد ماهية الأعمال الصالحة التي يمكن ان يقومان بها لنيل الثواب والحصول على الغفران . وهذه الأعمال التي تكسبهم الثواب والأجر العظيم هي الجهـاد في سبيل الله ومحاربـة المشركين وتصدي المشركين لهـم لايمانهم بالله ، وطردهم مـن ديارهم وهجرتهم الى اماكن بعيدة ليكونوا بعيدين عن شرور المشركين والكافرين . إضافة

الى مقاتلتهم للكافرين واستشهادهم أثناء القتال . إن مثل هؤلاء المؤمنين من نساء ورجال سيجازيهم الله خير الجزاء ويدخلهم جناتٍ تجري من تحتها الأنهار يبقون فيها خالدين . والآية الكريمة توضح الأعمال التي تكسب المؤمنين خير الجزاء (**فَاسْتَجَابَ لَهُمْ رَبُّهُمْ أَنِّي لا أُضِيعُ عَمَلَ عَامِلٍ مِنْكُمْ مِنْ ذَكَرٍ أَوْ أُنْثَى بَعْضُكُمْ مِنْ بَعْضٍ فَالَّذِينَ هَاجَرُوا وَأُخْرِجُوا مِنْ دِيَارِهِمْ وَأُوذُوا فِي سَبِيلِي وَقَاتَلُوا وَقُتِلُوا لأُكَفِّرَنَّ عَنْهُمْ سَيِّئَاتِهِمْ وَلأُدْخِلَنَّهُمْ جَنَّاتٍ تَجْرِي مِنْ تَحْتِهَا الأَنْهَارُ ثَوَاباً مِنْ عِنْدِ اللَّهِ وَاللَّهُ عِنْدَهُ حُسْنُ الثَّوَابِ**)[٩].

ومن الجدير بالذكر ان مساواة الإسلام بين النساء والرجال في الأعمال والنوايا ومحاسبتهم على اعمالهم ونواياهم دون تمييز انما هو قرار ضمني وواضح لا يقبل الجدل او الشك على ان الإسلام لا يميز بين المرأة والرجل في النظرة والمعاملة ويعتبرهما مسؤولين عن أعمالهما سواء كانت مفيدة او مضرة . وعندما ينظر الإسلام نظرة واحدة للمرأة والرجل فانه في الوقت ذاته يسمح لهما بالمشاركة في عملية بناء المجتمع وتقويمه وتربية الأبناء وحمايتهم والسهر على رعاية الأسرة والحفاظ عليها من الانحراف والتفكك .

ب- احترام المرأة في الإسلام وحسن معاشرتها :

يحث الإسلام على احترام المرأة وتقييمها ووضعها في المكان الذي تستحقه باعتبارها شريكة الرجل وعنصراً أساسياً من عناصر الحياة ودعامة الحياة ودعامة التربية الاجتماعية والاخلاقية والدينية للجيل الجديد وحجر الأساس لبناء الأسرة التي تعد بحق الخلية الأساسية في المجتمع[١٠] . كما يطلب الإسلام من الرجال حسن معاملة المرأة ومعاشرتها والانفاق عليها وعلى أولادها وعدم التفريط بحقوقها والحفاظ على سمعتها وعفتها وشرفها . إضافة الى حث الأسرة على ضرورة تعليم المرأة وامتهانها للأعمال سواء كانت داخل البيت أو خارجه . كذلك يحث الإسلام على ضرورة زواج المرأة ومنحها حقوقها المادية والاعتبارية كاملة ، ويطلب من الزوج إمساك زوجته بمعروف او تسريحها باحسان . والآية الكريمة توضح ضرورة حسن معاشرة المرأة (**وَعَاشِرُوهُنَّ بِالْمَعْرُوفِ فَإِنْ كَرِهْتُمُوهُنَّ فَعَسَى أَنْ تَكْرَهُوا شَيْئاً وَيَجْعَلَ اللَّهُ فِيهِ خَيْراً**

كَثِيراً) [١١] . أما الآية الكريمة التي تبين بان الزوج مكلف بامساك الزوجة بمعروف او تسريحها باحسان فهي (**فَإِمْسَاكٌ بِمَعْرُوفٍ أَوْ تَسْرِيحٌ بِإِحْسَانٍ**) [١٢] . والآية تعني بان الرجل مطالب بعمل المعروف لزوجته إذا أرادها ، أما إذا لم يردها لسبب أو لآخر فهو مطالب ان يسرحها بإحسان ، أي ان يعاملها معاملة حسنة ويعطف عليها ويمنحها حقوقها المادية والاعتبارية كاملة .

وحسن معاشرة المرأة لاسيما الزوجة تعني فيما تعني الإنفاق عليها وعلى أولادها وتوفير السكن لها وعدم مضايقتها لاسيما إذا كانت حاملة . ويوصي الإسلام بضرورة الإنفاق على الحامل حتى تضع حملها ورعايتها أثناء رضاعة أبنائها وعدم الاساءة لها . علماً بان الإسلام يطلب من الرجل الإنفاق على زوجته وفق امكاناته المادية ، فإذا كانت امكاناته المادية محدودة فهو مطالب ان ينفق ما آته الله ولا يكلف الله نفساً الا وسعها . والآية الكريمة توضح ضرورة الإنفاق على الزوجة والاولاد (**أَسْكِنُوهُنَّ مِنْ حَيْثُ سَكَنْتُمْ مِنْ وُجْدِكُمْ وَلا تُضَارُّوهُنَّ لِتُضَيِّقُوا عَلَيْهِنَّ وَإِنْ كُنَّ أُولاتِ حَمْلٍ فَأَنْفِقُوا عَلَيْهِنَّ حَتَّى يَضَعْنَ حَمْلَهُنَّ فَإِنْ أَرْضَعْنَ لَكُمْ فَآتُوهُنَّ أُجُورَهُنَّ وَأْتَمِرُوا بَيْنَكُمْ بِمَعْرُوفٍ وَإِنْ تَعَاسَرْتُمْ فَسَتُرْضِعُ لَهُ أُخْرَى * لِيُنْفِقْ ذُو سَعَةٍ مِنْ سَعَتِهِ وَمَنْ قُدِرَ عَلَيْهِ رِزْقُهُ فَلْيُنْفِقْ مِمَّا آتَاهُ اللَّهُ لا يُكَلِّفُ اللَّهُ نَفْساً إِلَّا مَا آتَاهَا سَيَجْعَلُ اللَّهُ بَعْدَ عُسْرٍ يُسْراً**) [١٣] .

كما ان الإسلام يكره وقوع الشقاق بين الزوجين ، فإذا وقع فانه يطلب من أهل الزوج وأهل الزوجة التدخل في حل هذا الشقاق حلاً مرضياً عن طريق التحكيم والمصالحة . فالشقاق يسيء الى حرمة المرأة كما يسيء الى حرمة الرجل ، لذا يطلب الله سبحانه وتعالى حل الشقاق وحسمه بالتي هي احسن لضمان سلامة المعاشرة بين الزوجين او الجنسين . والآية الكريمة توضح ضرورة حسم الشقاق بين الزوجين بأسرع وقت ممكن (**وَإِنْ خِفْتُمْ شِقَاقَ بَيْنِهِمَا فَابْعَثُوا حَكَماً مِنْ أَهْلِهِ وَحَكَماً مِنْ أَهْلِهَا إِنْ يُرِيدَا إِصْلاحاً يُوَفِّقِ اللَّهُ بَيْنَهُمَا إِنَّ اللَّهَ كَانَ عَلِيماً خَبِيراً**) [١٤] .

جـ - حث الإسلام على زواج المرأة :

يحث الإسلام الرجال والنساء على الزواج لان الزواج هو أساس الأسرة والأسرة هي أساس المجتمع . فضلاً عن ان الزواج يساعد على زيادة الانجاب وكثرة عدد المسلمين ، وبالتالي قوة المسلمين وقدرتهم على نشر الدعوة الاسلامية في أجزاء المعمورة. والزواج يصون الرجل والمرأة من الانحراف والفساد والدعارة ، ويحافظ على عفة المرأة وشرفها ويمكنها من تكوين الأسرة وتربية الأطفال والاشراف عليهم ورعايتهم . كما ان الإسلام ينهي عن الانقطاع عن الزواج للقادر عليه كما ورد في الآية الكريمة **(يَا أَيُّهَا الَّذِينَ آمَنُوا لا تُحَرِّمُوا طَيِّبَاتِ مَا أَحَلَّ اللَّهُ لَكُمْ وَلا تَعْتَدُوا إِنَّ اللَّهَ لا يُحِبُّ الْمُعْتَدِينَ)** [١٥] . وتفسير هذه الآية ان الله يطلب من الرجال الزواج وفي حالة عزوفهم عن الزواج فانهم قد اعتدوا على الآخرين وان الله لا يحب المعتدين .

يعتقد الإسلام بان الله سبحانه وتعالى قد خلق الذكر والانثى كيما يتم الزواج بينهما ، الزواج الذي ينجب الذرية من كلا الجنسين . علماً بان الحياة تستمر وتزدهر من خلال الزواج والتكاثر الجنسي . وقد برع الإسلام بتنظيم شؤون الزواج فحدد واجبات الزوجة إزاء زوجها وواجبات الزوج إزاء زوجته ، ومنح الرجل حرية الزواج بأكثر من واحدة في آن واحد شريطة ان يعدل الرجل في معاملة زوجته معاملة انسانية واحدة لا تفضل زوجة على زوجة أخرى . ان هناك آيات كثيرة في القرآن الكريم تحث على الزواج وانجاب الذرية كالآية الكريمة **(يَا أَيُّهَا النَّاسُ اتَّقُوا رَبَّكُمُ الَّذِي خَلَقَكُمْ مِنْ نَفْسٍ وَاحِدَةٍ وَخَلَقَ مِنْهَا زَوْجَهَا وَبَثَّ مِنْهُمَا رِجَالاً كَثِيراً وَنِسَاءً)** [١٦] . أما الآية الكريمة التي تمنح الرجل الحق بالزواج بأكثر من واحدة وتمنعه من الزواج بأكثر من أربعة فهي **(وَإِنْ خِفْتُمْ أَلَّا تُقْسِطُوا فِي الْيَتَامَى فَانْكِحُوا مَا طَابَ لَكُمْ مِنَ النِّسَاءِ مَثْنَى وَثُلاثَ وَرُبَاعَ فَإِنْ خِفْتُمْ أَلَّا تَعْدِلُوا فَوَاحِدَةً)** [١٧] .

وقد حرّم الإسلام على الرجل ان يتزوج المرأة سراً ، أي بدون أخذ موافقة أهلها او دون علم المجتمع بزواجه . وزواج الرجل من المرأة سراً يسمى الزواج الخدن الذي حرّمه الإسلام لانه يتناقض مع حرمة المرأة وعفتها وشرفها وربما يعرضها الى ظلم

الرجل وفجوره . زد على ذلك ان مثل هذا النوع من الزواج يتعارض مع حقوق الأطفال وتربيتهم وطبيعتهم ومكانتهم في المجتمع . وتحريم زواج الخدن توضحه الآية الكريمة (**فَانكِحُوهُنَّ بِإِذْنِ أَهْلِهِنَّ وَآتُوهُنَّ أُجُورَهُنَّ بِالْمَعْرُوفِ مُحْصَنَاتٍ غَيْرَ مُسَافِحَاتٍ وَلَا مُتَّخِذَاتِ أَخْدَانٍ**) [18] . كما حرّم الإسلام على الرجال الزواج من المشركات الكافرات وحرّم على النساء الزواج من المشركين والكافرين . ذلك ان المؤمن كما يعتقد الإسلام لا يتزوج الا مؤمنة وان الكافر لا يتزوج الا كافرة ، ولا يمكن للمؤمن ان يتزوج كافرة ولا يمكن للكافرة ان تتزوج مؤمناً . والمؤمن يمكن ان يتزوج كافرة شريطة ان تتخلى عن الكفر وتكون مؤمنة . والآية الكريمة توضح تحريم نكاح المشركة والمشرك (**وَلَا تَنكِحُوا الْمُشْرِكَاتِ حَتَّى يُؤْمِنَّ وَلَأَمَةٌ مُؤْمِنَةٌ خَيْرٌ مِنْ مُشْرِكَةٍ وَلَوْ أَعْجَبَتْكُمْ وَلَا تُنكِحُوا الْمُشْرِكِينَ حَتَّى يُؤْمِنُوا وَلَعَبْدٌ مُؤْمِنٌ خَيْرٌ مِنْ مُشْرِكٍ وَلَوْ أَعْجَبَكُمْ أُولَئِكَ يَدْعُونَ إِلَى النَّارِ وَاللَّهُ يَدْعُو إِلَى الْجَنَّةِ وَالْمَغْفِرَةِ بِإِذْنِهِ وَيُبَيِّنُ آيَاتِهِ لِلنَّاسِ لَعَلَّهُمْ يَتَذَكَّرُونَ**)[19] .

د- الإسلام ونهي المرأة عن التبرج والمنكرات :

ينهي الإسلام المرأة بعدم التبرج أمام الآخرين وعدم ارتكاب المنكرات والأعمال الفاحشة كالزنا والسرقة والقتل والإيذاء والتكبر والكذب والنفاق والغش والتحايل والخيانة الزوجية وغيرها من الأعمال المنكرة . ذلك ان تبرج المرأة أمام الغرباء من الرجال انما يقود الى الإغراء ، والإغراء غالباً ما يكون سبباً من أسباب الانحراف والتفسخ الاجتماعي والاخلاقي والدعارة ، الأعمال التي حرّمها الله سبحانه وتعالى على المؤمنين والمؤمنات . لذا يحث الإسلام المرأة على عدم التبرج والالتزام بفضيلة البساطة في المظهر والملبس والمكوث في البيوت وعدم إظهار مفاتنها أمام الرجال . والآية الكريمة توضح بدقة هذه الأوامر والمطاليب التي أنزلها الله سبحانه وتعالى لتهذيب المرأة وهدايتها (**وَقَرْنَ فِي بُيُوتِكُنَّ وَلَا تَبَرَّجْنَ تَبَرُّجَ الْجَاهِلِيَّةِ الْأُولَى**) [20] . كما ان الله سبحانه وتعالى يطلب من النساء اللواتي لا يجدن زواجاً بان لا يتبرجن ويلتزمن بالوقار والعفة والسلوك الرفيع لان هذا هو خير لهن من التبرج وإظهار المفاتن أمام الآخرين . والآية الكريمة توضح هذا الطلب الإلهي (**وَالْقَوَاعِدُ مِنَ النِّسَاءِ اللَّاتِي لَا**

يَرْجُونَ نِكَاحاً فَلَيْسَ عَلَيْهِنَّ جُنَاحٌ أَنْ يَضَعْنَ ثِيَابَهُنَّ غَيْرَ مُتَبَرِّجَاتٍ بِزِينَةٍ وَأَنْ يَسْتَعْفِفْنَ خَيْرٌ لَهُنَّ وَاللَّهُ سَمِيعٌ عَلِيمٌ) [٢١].

إن الإسلام يحث المرأة على عدم التبرج أمام الغرباء من الرجال، غير أنه يسمح لها بالتبرج وإظهار معالم زينتها أمام أقاربهات كزوجها او ابنائه او والدها أو والد زوجها وابنائه او إخوانها او ابناء إخوانها او الأطفال الذين لم ينضجوا جنسياً ولم يستطيعوا مضاجعة النساء او الرجال المتخلفين عقلياً او المتخنثين الذين لا يهتمون بالنساء . والآية الكريمة توضح هذا القول (وَلا يُبْدِينَ زِينَتَهُنَّ إِلَّا مَا ظَهَرَ مِنْهَا وَلْيَضْرِبْنَ بِخُمُرِهِنَّ عَلَى جُيُوبِهِنَّ وَلا يُبْدِينَ زِينَتَهُنَّ إِلَّا لِبُعُولَتِهِنَّ أَوْ آبَائِهِنَّ أَوْ آبَاءِ بُعُولَتِهِنَّ أَوْ أَبْنَائِهِنَّ أَوْ أَبْنَاءِ بُعُولَتِهِنَّ أَوْ إِخْوَانِهِنَّ أَوْ بَنِي إِخْوَانِهِنَّ أَوْ بَنِي أَخَوَاتِهِنَّ أَوْ نِسَائِهِنَّ أَوْ مَا مَلَكَتْ أَيْمَانُهُنَّ أَوِ التَّابِعِينَ غَيْرِ أُولِي الْإِرْبَةِ مِنَ الرِّجَالِ أَوِ الطِّفْلِ الَّذِينَ لَمْ يَظْهَرُوا عَلَى عَوْرَاتِ النِّسَاءِ وَلا يَضْرِبْنَ بِأَرْجُلِهِنَّ لِيُعْلَمَ مَا يُخْفِينَ مِنْ زِينَتِهِنَّ وَتُوبُوا إِلَى اللَّهِ جَمِيعاً أَيُّهَا الْمُؤْمِنُونَ لَعَلَّكُمْ تُفْلِحُونَ) [٢٢].

كذلك يطلب الإسلام من المرأة عدم التكبر على زوجها واطاعته بما حلل الله، وإذا لم تفعل ذلك فان الإسلام يطلب من زوجها ان ينصحها بالكلام باطاعته والامتثال لمطاليبه ، وإذا لم تجدي النصيحة نفعاً فان الرجل مطالب بعدم جماع زوجته وضربها ضرباً غير مبرح الى ان تطيعه ، فإذا أطاعته فانه يستطيع معاملتها بالحسنى وتكوين العلاقات الطبيعية معها التي يقرها الدين والشرع . وقد ورد هذا الكلام في الآية الكريمة (وَاللَّاتِي تَخَافُونَ نُشُوزَهُنَّ فَعِظُوهُنَّ وَاهْجُرُوهُنَّ فِي الْمَضَاجِعِ وَاضْرِبُوهُنَّ فَإِنْ أَطَعْنَكُمْ فَلا تَبْغُوا عَلَيْهِنَّ سَبِيلاً إِنَّ اللَّهَ كَانَ عَلِيّاً) [٢٣].

وأخيراً يحث الإسلام المرأة على التمسك بالاخلاق القويمة والقيم الفاضلة كالصدق والاخلاص لزوجها والتواضع وعمل الخير والتضحية من أجل الأسرة والاولاد والتفاني في خدمة الأقارب والصالحين من الناس . كما يحثها على الابتعاد عن الرذيلة والشر والفساد والكذب والنفاق والنميمة مع تحاشي الشر والجريمة كالسرقة والقتل والتحايل والتزوير والاختلاس والزنا وشرب الخمر وغيرها من الأعمال الفاحشة التي

يحرّمها الإسلام لانها تؤدي الى تخريب الانسان والاساءة لقيمته وتقويض أركان المجتمع وتصديع عناصر تماسكه ووحدته .

هـ - كراهية الإسلام للطلاق :

الطلاق هو شيء مبغوض ومكروه في الإسلام لانه يـؤدي الى فـك او فصـم عقـد الزواج المقدس وربما تشريد الأسرة وتقويض اركانها الأساسية [٢٤] . والزواج لا يمس بسوء أطرافه فحسب " الزوج والزوجة" وانما يمس أيضاً الأطفال الأبرياء الذين يعدون ضحية الطلاق . فهؤلاء قد يتعرضون للانحراف والزلل والخلل الذي يؤثر في تـربيتهم وسـلوكهم واخلاقهم تأثيراً سلبياً .

وقد يعرض الطلاق الرجل الى الفسق والفجور والانحراف والجريمة لانه يجعلـه يشعر بانه شخص منبوذ وغير مرغوب فيه. كما انه يعرض المـرأة الى الانحراف والفسـاد والارتماء في أحضان الاباحة والدعارة لانه يجعلها تشعر بانها مرفوضة ولا خـير في وجودها . وبالرغم من كراهية الإسلام للطلاق وعدم السماح به الا عند الضـرورة فـان الإسلام يبيح للرجل او المرأة بالطلاق للتحرر من حياة زوجية لا فائدة منها او لتفـادي الأضرار الناجمة عن حياة زوجية عقيمة وسقيمة .

إن الإسلام يبيح الطلاق في حالات ضرورية هـي ارتكاب الخيانة الزوجيـة مـن قبل الزوجة أو الزوج ، والمرض العضـال الـذي قـد يصيب الـزوج أو الزوجـة ويمنعـه أو يمنعها من أداء واجباتها الزوجية ، والهجر او الانفصال لمدة طويلة لسبب أو لآخر كهجر الزوج لزوجته او هجر الزوجة لزوجها لمـدة تـدفع المهجور إلى التحـرر مـن قيـود زواج فاشل لا فائدة منه ، أو النشوز بين الزوج والزوجة نظراً لعـدم اتفاقهما وسوء تكيفهما الواحد للآخر لاسباب ترجع الى المزاج والاخلاق والسلوك والعادات والطبـاع الشخصية ، او استعمال القسوة الجسدية او العقلية من قبل الزوج ازاء زوجته او من قبل الزوجـة إزاء زوجها [٢٥] . واستعمال مثل هذه القسـوة انمـا يحـول الحيـاة الزوجيـة الى جحيـم لا يطاق . هذه هي الاسباب الأساسية التي ترخص الطلاق بين الزوجين .

أما إذا كان الطلاق لاسباب هامشية وثانوية غير الأسباب المحددة أعلاه كالنزوة العابرة التي تسيطر على الرجل وتدفعه الى طلب الطلاق وتدخل الأقارب او تدخل الحساد والمنافقين وأدعياء السوء فان الطلاق يحرمه الإسلام ولا يبيحه مطلقاً لانه يلحق الضرر بأطرافه وبالاسرة والمجتمع الكبير . ومع هذا فان الإسلام يرخص الطلاق إذا تحول الزواج الى جحيم لا يطاق نظراً لتوفر الأسباب التي ذكرناها قبل قليل . وفي حالة حدوث الطلاق فان الإسلام يطلب من الرجل ان يطلق زوجته خارج أوقات العدة كعدة الحمل والولادة والرضاعة ، وان يمنحها أجورها ويحسن اليها ويسرحها بمعروف ولا يعتدي عليها او يظلمها لان الله لا يحب الظالمين . والآية الكريمة توضح هذا الشرح (**وَإِذَا طَلَّقْتُمُ النِّسَاءَ فَبَلَغْنَ أَجَلَهُنَّ فَأَمْسِكُوهُنَّ بِمَعْرُوفٍ أَوْ سَرِّحُوهُنَّ بِمَعْرُوفٍ وَلا تُمْسِكُوهُنَّ ضِرَاراً لِتَعْتَدُوا وَمَنْ يَفْعَلْ ذَلِكَ فَقَدْ ظَلَمَ نَفْسَهُ وَلا تَتَّخِذُوا آيَاتِ اللَّهِ هُزُواً**) (٢٦) .

و- الإسلام وحق المرأة في التملك والميراث :

يوصي الإسلام بحق المرأة في حيازة الملكية او التصرف بها كما تشاء . كما يحث الإسلام على حرية المرأة في العمل والتجارة وتوفير الأموال او استثمارها في المشاريع الاقتصادية ذات النفع العام . كما يحث الإسلام على ضرورة دفع المهر للمرأة قبل زواجها بعد أخذ موافقة أهلها كما هو موضح في الآية الكريمة (**فَانْكِحُوهُنَّ بِإِذْنِ أَهْلِهِنَّ وَآتُوهُنَّ أُجُورَهُنَّ بِالْمَعْرُوفِ**) (٢٧) . والمهر هو اتاوة مالية يدفعها الزوج لزوجته قبل الزواج منها ، ومن حقها ان تتصرف به كما تشاء . فقد تحفظه لنفسها او تمنحه لعائلتها اعترافاً بعنايتهم وتربيتهم لها عندما كانت صغيرة ، أو قد تنفقه على بيت زوجها او تمنح قسماً منه لزوجها . وهذا يعتمد على إرادتها الحرة في التصرف به وفق ميولها واتجاهاتها . والآية الكريمة توضح حق المرأة في مهرها وحرية تصرفها به كما تريد (**وَآتُوا النِّسَاءَ صَدُقَاتِهِنَّ نِحْلَةً فَإِنْ طِبْنَ لَكُمْ عَنْ شَيْءٍ مِنْهُ نَفْساً فَكُلُوهُ هَنِيئاً مَرِيئاً**) (٢٨) .

كذلك يمنح الإسلام الحرية للمرأة باقتراض الأموال أو إقراضها للمحتاجين ، ويجيز لها بإطفاء الديون وتحمل الالتزامات المالية وتحرير الأوراق المالية وتوقيع الصكوك واستلامها وصرفها . إضافة الى منح الحرية للمرأة كاملة بالعمل والكسب المادي واعالة الأسرة والمشاركة في تحمل المسؤوليات المالية للعائلة (٢٩) . كما ان الإسلام يحرّم أعمال السخرة على النساء الا إذا كانت النساء راغبات في مثل هذه الأعمال التي يعود مردودها على المجتمع قاطبة . وهذا يعني بان عمل المرأة يُقيم مادياً ومعنوياً في الإسلام إذ انه لا يختلف عن عمل الرجل مطلقاً من حيث أهميته ومردوده المادي والاعتباري .

ويؤكد الإسلام كذلك على حق المرأة الكامل في الميراث . ذلك ان المرأة ترث ما تركه الأجداد والآباء والاقربون من الأموال وممتلكات منقولة وغير منقولة . كذلك ترث الزوجة زوجها في حالة وفاته وترث البنت أبيها وأمها في حالة وفاتها . ان الإسلام يحفظ حق المرأة في الميراث ولا يفرط به أبداً والآية الكريمة توضح حق المرأة في الميراث **﴿لِلرِّجَالِ نَصِيبٌ مِمَّا تَرَكَ الْوَالِدَانِ وَالْأَقْرَبُونَ وَلِلنِّسَاءِ نَصِيبٌ مِمَّا تَرَكَ الْوَالِدَانِ وَالْأَقْرَبُونَ مِمَّا قَلَّ مِنْهُ أَوْ كَثُرَ نَصِيباً مَفْرُوضاً﴾** (٣٠) . ولعل من المفيد ان نشير هنا الى ان الإسلام لا يؤكد على حق المرأة في الميراث فحسب ، بل يحدد أيضاً حصة المرأة في الميراث بناءاً على طبيعة موقفها في الأسرة ودرجة قربها من المتوفى . فإذا توفي الزوج وترك أبناءاً وبنات فان للذكر مثل حظ الانثيين ، وإذا ترك نساء فوق اثنتين فلهن ثلثاً ما ترك وان كانت واحدة فلها النصف ولابويه لكل واحد منهما السدس ما ترك ان كان له ولد فان لم يكن له ولد وورثه أبواه فلأمه الثلث فان كان له أخوة فلأمه السدس. جميع هذه التفصيلات يشير اليها القرآن الكريم في تحديد الميراث سواء كان للرجل او للمرأة . والآية الكريمة توضح هذه التفصيلات **﴿يُوصِيكُمُ اللَّهُ فِي أَوْلادِكُمْ لِلذَّكَرِ مِثْلُ حَظِّ الأُنْثَيَيْنِ فَإِنْ كُنَّ نِسَاءً فَوْقَ اثْنَتَيْنِ فَلَهُنَّ ثُلُثَا مَا تَرَكَ وَإِنْ كَانَتْ وَاحِدَةً فَلَهَا النِّصْفُ وَلِأَبَوَيْهِ لِكُلِّ وَاحِدٍ مِنْهُمَا السُّدُسُ مِمَّا تَرَكَ إِنْ كَانَ لَهُ وَلَدٌ فَإِنْ لَمْ يَكُنْ لَهُ وَلَدٌ وَوَرِثَهُ أَبَوَاهُ فَلِأُمِّهِ الثُّلُثُ فَإِنْ كَانَ لَهُ إِخْوَةٌ فَلِأُمِّهِ السُّدُسُ﴾** (٣١) .

ز- الإسلام وحق المرأة في طلب العلم :

يحث الإسلام على تعلم المرأة وتعليمها إذ ان تعلم المرأة سيصيب الأسرة خيراً لاسيما وانها محور البيت ومسؤولة عن تربية الأطفال وتقويمهم . فإذا كانت الأم او الزوجة متعلمة فانها ستحسن تربية أولادها وتعرف كيفية التعامل مع زوجها ، وهنا تكون الأسرة فاعلة في تربية أبنائها وتقويمهم بحيث يكونوا نافعين للأمة والمجتمع . أما إذا كانت الأم أمية وجاهلة فانها سوف لا تعرف الطرق القويمة لتربية الأبناء ولا تعرف كيفية التعامل مع الزوج مما يؤثر تأثيراً سلبياً في استقامة الأسرة وقدرتها على تربية الأبناء وهدايتهم لكي يأخذوا طريقهم في تنمية المجتمع واصلاحه وتحريره من المشكلات والادران .

ان طلب العلم والمعرفة انما هو واجب على كل مسلم ومسلمة كا يعلمنا رسولنا العظيم محمد صلى الله عليه وسلم ، وطلب العلم ينبغي ان لا يتوقف عند عمر محدد بل يستمر طيلة حياة الانسان . وحديث الرسول محمد صلى الله عليه وسلم (اطلب العلم من المهد الى اللحد) يشير الى ضرورة استمرار المسلم او المسلمة في طلب العلم والمعرفة مهما يكن عمره أو عمرها .

ولا تستفيد المرأة عند طلبها للعلم وتحررها من الجهل والأمية في تربية أولادها وتقويم سلوكهم فحسب ، بل تستفيد أيضاً من طلب العلم والمعرفة في تحسين أمور حياتها المادية والدنيوية . ذلك ان اكتساب العلم سيمكنها من مزاولة العمل الاقتصادي أو الخدمي الذي يُدر عليها الأموال ويحسن ظروفها المادية والاجتماعية وظروف أسرتها. ناهيك عن دور العلم في تعليم المرأة أصول الدين والاستفادة منه في استيعاب أهمية الدين ودوره في تنمية سلوكية المؤمن وتمتين أواصر علاقته بالآخرين . كما ان اكتساب المرأة للعلم وتخصصها في جانب من جوانبه لا بد ان يمكنها من المشاركة الفاعلة والايجابية في بناء المجتمع وتطويره في المجالات كافة [٣٢] .

وأخيراً ينبغي ان لا ننسى دور العلم الذي تكتسبه المرأة في رفع منزلتها الاجتماعية داخل الأسرة وخارجها . فالعلم الذي تضطلع به المرأة انما يساعدها على

أشغال أكثر من دور وظيفي في آن واحد ، فقد تشغل دور ربة البيت ودور الموظفة أو الخبيرة او المهنية خارج البيت . واشغالها للأدوار المتعددة انما يسهم في رفع منزلتها الاجتماعية او يحقق لها النقلة الاجتماعية التي تجعلها انسانة مقيمة ومؤثرة في المجتمع . وكل هذا هو بسبب التعليم واكتساب المعرفة الذي يحث عليه الدين . ان حث الإسلام للنساء على طلب العلم والمعرفة انما توضحه الآية الكريمة (وَاذْكُرْنَ مَا يُتْلَى فِي بُيُوتِكُنَّ مِنْ آيَاتِ اللَّهِ وَالْحِكْمَةِ إِنَّ اللَّهَ كَانَ لَطِيفاً خَبِيراً) (٣٣).

الهوامش والمصادر

(١)   Westermarch, E. A Short History of Marriage, London, ١٩٤٢, P. ٧.

(٢)   Ibid., P. ٨.

(٣)   المرصفاوي ، جمال . نظام القضاء في الإسلام ، مؤتمر الفقه الإسلامي ، جامعة الإمام محمد بن سعود الإسلامية ، الرياض ، ١٩٧٢، ص ١٣.

(٤)   Weber, Max. Sociology of Religion , Beacon Press, Boston , ١٩٦٣, PP. ٢٦٧-٢٦٩.

(٥)   الحسن، إحسان محمد (الدكتور) . نقد أفكار ماكس فيبر عن الدين الإسلامي ، مجلة الرسالة الإسلامية ، مايس ، ١٩٨٥، ص١٧٣.

(٦)   غندور ، احمد (الدكتور) . الطلاق في الشريعة الإسلامية والقانون ، مصر ١٩٦٧ ، ص ٢٩ـ ٣١.

(٧)   سورة النساء ، آية ١٢٤.

(٨)   سورة غافر ، آية ٤٠.

(٩)   سورة آل عمران، آية ١٩٥.

(١٠)   الهلالي ، ساجدة . المرأة تعادل رجلين، التربية الإسلامية، كانون الثاني، ١٩٧٤، بغداد ، ص ٣٥٩.

(١١)   سورة البقرة ، آية ٢٢٩.

(١٢)   سورة الطلاق ، آية ٦، ٧ .

(١٣)   سورة النساء ، آية ٣٥.

(١٤)   سورة المائدة ، آية ٨٧.

(١٥)   سورة النساء ، آية ١.

(١٦)   سورة النساء ، آية ٣.

(١٧)   سورة النساء، آية ٢٥.

(١٨)   سورة البقرة ، آية ٢٢١.

(١٩)   سورة الأحزاب ، آية ٣٣.

(٢٠)   سورة النور ، آية ٦٠.

(٢١)   سورة النور ، آية ٣١.

(٢٢)   سورة النساء ، آية ٣٤.

(٢٣)   الحسن، إحسان محمد(الدكتور) . محاضرات في المجتمع العربي، مطبعة دار
         السلام ، بغداد، ١٩٧٣، ص ١٢٩.

(٢٤)   المصدر السابق، ص ١٣١.

(٢٥)   سورة البقرة ، آية ٢٣١.

(٢٦)   سورة النساء ، آية ٢٥.

(٢٧)   سورة النساء ، آية ٤.

(٢٨)   عبد الحميد محسن(الدكتور) . الإسلام والتنمية الاجتماعية ، دار الانبار ،
         بغداد، ١٩٨٩، ص ٤٦.

(٢٩)   سورة النساء ، آية ٧.

(٣٠)   سورة النساء ، آية ١١.

(٣١)   عبد الحميد محسن (الدكتور). الإسلام والتنمية الاجتماعية ، ص٧٩.

(٣٢)   سورة الأحزاب ، آية ٣٤.

الفصل العاشر

المرأة البحرينية

شهدت البحرين منذ منتصف القرن العشرين جملة تغيرات حضارية واجتماعية ومادية كان لها الدور الكبير والمباشر في تطوير السمات المجتمعية والمؤسسية للمملكة . ولم تقتصر هذه التغيرات على البنى والمؤسسات الهيكلية لمملكة البحرين بل تعدتها الى بناء السكان واستقراره وتوازنه وداينمكيته ، والعادات والتقاليد والقيم لأهله ، والعلاقات والتفاعلات والسلوك الاجتماعي ، ومركز المرأة في المجتمع البحريني وعلاقته بطبيعة واجباتها وحقوقها الاجتماعية ، والبناء الطبقي والانتقال الاجتماعي ، وأخيراً الوسائل الرسمية وغير الرسمية للضبط الاجتماعي [(١)] .

وقد استأثرت التغيرات التي طرأت على الأحوال الاجتماعية للمرأة البحرينية أهمية خاصة واهتماماً متزايداً من المسؤولين والباحثين والمتخصصين في قضايا الاجتماع والاقتصاد والسياسة والفلسفة لانها كانت تعبّر عن طبيعة التحولات الداينميكية الشاملة التي مرت بها البحرين بعد استثمار الموارد الطبيعية فيها لاسيما البترول ، وبعد دخول معالم التحضر والتنمية الشاملة الى المملكة وبعد انتشار وبلورة الأفكار والمفاهيم والممارسات الحديثة الناجمة عن احتكاك البحرين وتفاعلها الحضاري مع البلدان المتقدمة في العالم [(٢)] .

المبحث الأول : تطور أوضاع المرأة البحرينية لحد عام ٢٠٠٠

كانت المرأة البحرينية قبل منتصف القرن العشرين تضطلع بدور هامشي في المجتمع على الرغم من الواجبات الأسرية والتربوية والانتاجية التي كانت مسؤولة عنها . فالرجل كان لا ينظر اليها نظرة مليئة بالاحترام والتقدير ولا كان يعتبرها مساوية له في الواجبات والحقوق [٣] . فقد كان يشكك في قدراتها وامكاناتها ولا يسمح لها بالمشاركة في اتخاذ القرارات التي تتعلق بمستقبل العائلة والأطفال . كما كان لا يريدها ان تعمل خارج البيت او تطلب التعليم الذي يمكن ان يساعدها في تطوير قدراتها وصقل شخصيتها وتحرير ذاتيتها من القيود الاجتماعية البالية التي فرضت عليها لفترات طويلة من الزمن [٤] .

فضلاً عن انه لم يسمح لها بمشاركة الرجل في أنشطة الفراغ والترويح التي تمكنها من الشعور بذاتيتها وكيانها وفاعليتها في العائلة والمجتمع . بل كان يتوقع منها تقديم الولاء والطاعة له وعدم معارضة أوامره وقراراته حتى إذا كانت هذه بعيدة عن الموضوعية والعقلانية . كما كان يتوقع لها الزواج من أي رجل توافق عليه عائلتها وانجاب الأطفال وتربيتهم والاشراف عليهم وأداء الأعمال المنزلية المختلفة وخدمة العائلة والقرابة وتلبية العديد من متطلباتهم وحاجاتهم [٥] .

وكانت الأمية في ذلك الوقت متفشية بصورة واسعة بين البحرينيات ، فقد تجاوزت نسبتها ٩٠% نظراً لقلة عدد المدارس وانعدام مراكز محو الأمية وضعف رغبة النساء أنفسهن باكتساب التعليم وعدم سماح العوائل البحرينية للبنات والنساء بالدخول الى المدارس [٦] . إضافة الى عدم حاجة المجتمع البحريني آنذاك لخدمات المرأة في الانتاج والبناء والتقدم الاجتماعي ، مع ضعف إدراك المرأة البحرينية أهمية التعليم ودوره في تطوير مركزها ومستواها الاجتماعي والحضاري . ان المرأة البحرينية لم تكن آنذاك تمارس العمل الانتاجي خارج البيت . ذلك ان هذا العمل كان محصوراً بالرجال ، وإذا ما مارسته المرأة فانها تمارسه داخل بيتها [٧] .

الا ان قدرة البحرين على تحقيق الاستقلال السياسي والتحرر من السيطرة الأجنبية ، إضافة الى دخول الأفكار والمفاهيم الجديدة الى المملكة ، وانتشار معالم التحضر والتنمية والتحديث قد أدت الى تغيير الأوضاع المتخلفة التي كانت تعيشها المرأة البحرينية . فالرجل بدأ يغير بالتدريج مواقفه وأفكاره وقيمه القديمة التي كان يحملها إزاء المرأة وراح ينظر اليها نظرة مليئة بالاحترام والتقدير لاسيما بعد إثبات قدرتها على اكتساب التربية والتعليم واشغال المهن المهمة في المجتمع وأداء جميع الأعمال والانشطة العلمية والمهنية التي يقوم بها الرجل في المجتمع المعاصر ^(٨) . إضافة الى تحملها مسؤوليات البيت وتربية الأطفال والاهتمام بالزوج والاقارب . وتغيير الرجل لمواقفه الاجتماعية إزاء المرأة لعب الدور الفعال في رفع مكانة المرأة البحرينية وتحريرها من القيود الاجتماعية التي كبلتها وعرقلت تقدمها الحضاري لفترة طويلة من الزمن .

وخلال المدة الأخيرة استطاعت المرأة البحرينية اكتساب التربية والتعليم في المدارس والمعاهد والكليات جنباً الى جنب مع الرجل . وتمكنت من التحرر من أميتها وتخلفها الثقافي واستطاعت إحراز الشهادات العلمية التي مكنتها من اشغال الوظائف والأعمال التي يحتاجها المجتمع المتحضر ـ . وعن طريق دخول المرأة البحرينية دور ومؤسسات التربية والتعليم وقدرتها على أداء مختلف المهن والأعمال استطاعت رفع منزلتها الاجتماعية وكسب تقييم وتقدير المجتمع لها ، إذ أصبحت في بعض الفئات والشرائح الاجتماعية تقف على صعيد واحد مع الرجل في الواجبات والحقوق . وبالرغم من المكاسب والانجازات الاجتماعية والحضارية التي أحرزتها المرأة البحرينية فانها لا تزال بحاجة الى المزيد من الأنشطة والجهود الحثيثة التي من شأنها ان ترفع مركزها الاجتماعي وتطور قيمتها الحضارية وتعزز دورها الانساني ومسؤولياتها التأريخية .

بعد هذه المقدمة عن ماضي وحاضر المرأة البحرينية نود دراسة أهم التغيرات التي طرأت على الأحوال الاجتماعية للمرأة البحرينية . ودراستنا عن أحوال المرأة في البحرين تدور حول تشخيص ماهية التغيرات التي طرأت على الوضع العام للمرأة في البحرين ، ووضعها في مؤسسات العائلة والقرابة ، وزواجها وتعليمها وثقافتها

واستخدامها وعملها ، وأخيراً الاتحادات والمنظمات النسوية التي تنتمي اليها مع دراسة مكانتها القانونية .

لا تختلف أحوال المرأة في البحرين عن أحوال أختها في الكويت أو العراق خصوصاً خلال النصف الأول من القرن العشرين . فالمرأة البحرينية في ذلك الوقت كانت تشغل مركزاً اجتماعياً منخفضاً ، فهي لا تخضع لأوامر ومطاليب الرجل فحسب ، بل تعتمد عليه اعتماداً كلياً في كسب عيشها وتمشية أمورها وترتيب زواجها وتقرير حاضرها ومستقبلها . لهذا كان الرجل ينظر اليها نظرة متدنية ولا يعترف بقدراتها وقابلياتها في تحمل مسؤولياتها وأداء واجباتها للعائلة والمجتمع [٩] . ومثل هذه النظرة السلبية التي كان يحملها الرجل إزاء المرأة البحرينية أفقدتها الثقة بنفسها وزعزعت شخصيتها وقتلت عندها القابلية والاندفاع نحو خدمة الفرد والمجتمع خدمة صادقة . وتدني المركز الاجتماعي للمرأة البحرينية كان مرتبطاً بالتخلف الاجتماعي الشامل الذي كان يعاني منه المجتمع البحريني . فالمجتمع البحريني في ذلك الوقت كان مجتمعاً نامياً يتكون من قطاعات اجتماعية وانتاجية تفتقر الى صفات التحديث والتنظيم والعقلانية والداينميكية . ومن أهم هذه القطاعات الاجتماعية والانتاجية الوحدات الأسرية الكبيرة التي كانت تعتمد على مبدأ الاكتفا الذاتي في الانتاج والتوزيع والاستهلاك . فالمرأة والرجل والاولاد والأقارب كلهم يسهمون في العملية الانتاجية . وكان الرجل بالضرورة هو الذي يتحمل معظم الأعمال وتسهم المرأة والاولاد في العملية الانتاجية ولكن بشكل أقل [١٠] .

وطبيعة الانتاج التي حتمت ظهور العائلة الممتدة أوجدت تعارفاً مستمراً بين أبناء الجيرة الواحدة . فعن طريق (المفازعة) مساعدة البعض للبعض الآخر من غير أجر كان يتم بناء زوارق صيد الأسماك وحفر الآبار وبناء البيوت . ولم تكن البنية الاجتماعية في المجتمع البحريني التقليدي وقفاً على الوحدة القرابية او القبيلة بل تعدتها الى وحدة الجيرة ، فتعصب الفرد الى أسرته وعشيرته قد يذهب الى تعصبه الى أهل حيه او قريته. لكن المرأة في ظل هذا النظام الاجتماعي التقليدي كانت ملكاً للرجل الذي يتولى استثمارها ويتحكم بمصيرها ومستقبلها [١١] . ويمكن ملاحظة ذلك في تقاليد الزواج

التقليدي ، فبعد الأسبوع الأول من عقد الزواج يتم انتقال المرأة من بيت أبيها الى بيت الرجل في مظاهرة عامة يعترف المجتمع بعدها ان تلك المرأة اصبحت ملكاً لذلك الرجل وملكاً لأهله وعشيرته . ومثل هذه التقاليد الاجتماعية قتلت حرية المرأة وساهمت مساهمة فعالة في تحطيم معنويتها وتدني كيانها ومركزها الاجتماعي وعدم قابليتها على الخلق والابداع والتصرف السليم في أمور وقضايا أولادها وأسرتها (١٢) .

أما زواجها فكان يرتب لها من قبل أهلها دون أخذ موافقتها او الاستئناس بآرائها . وموافقة الأهل على زواج أبنتهم تعتمد على قيمة المهر او الحك او الصداق الذي يدفعه الرجل لهم . ولا ينفق الحك او الصداق على متطلبات الفتاة المتزوجة بل يعطى لعائلتها كي تنفقه كما تشاء . وبعد زواج الفتاة تنتقل من دار أبيها الى دار زوجها لتكون تحت حكم عائلته خصوصاً والدته . والمجتمع البحريني التقليدي يتوقع من الفتاة المتزوجة تقديم الطاعة والولاء الى عائلة زوجها وانجاب الأطفال وتنشئتهم ، وأخيراً خدمة عائلة الزوج خدمة أمينة ومخلصة مع تنفيذ أوامرها دون تردد او تلكؤ (١٣) .

وكانت المرأة البحرينية آنذاك محرومة من اكتساب التربية والتعليم نتيجة عدم انتشار الوعي الثقافي والعلمي بين ابناء الشعب وعدم وجود المدارس والمعاهد العالية التي تتولى تعليم المرأة ، وأخيراً عدم حاجة المجتمع لعمل المرأة البحرينية لاسيما العمل الوظيفي والمهني الذي يتطلب قسطاً من الدراسة والتدريب والكفاءة . لهذا كانت نسب الأمية عالية بين النساء إذ لم تتمكن النساء من الدخول الى المدارس والمعاهد العالية . أما وظائف المرأة في المجتمع فكانت تقتصر ـ على أداء الواجبات المنزلية ومساعدة زوجها في مهنته خصوصاً إذا كانت المهنة تمارس في بيتها (١٤) .

ومنذ فترة الستينيات والسبعينيات من القرن العشرين لاسيما بعد تحسن الأوضاع الاقتصادية في البحرين نتيجة استثمار البترول وزيادة معدلات صادراته وارباحه ونتيجة تغير أنماط وعلاقات الانتاج وتطور المجتمع البحريني في المجالات كافة تغيرت أحوال المرأة البحرينية تغيراً ملحوظاً . فبعد انتشار التعليم والتربية بين أوساط واسعة من

أبناء المجتمع لاسيما الأوساط النسوية ودخول المرأة في المؤسسات الثقافية والتربوية وقدرتها على إثبات امكاناتها وطاقاتها المبدعة والخلاّقة واشغالها لمختلف المهن والأعمال بضمنها المهن التعليمية والطبية والهندسية والادارية بدأ الرجال يغيرون مواقفهم المتحيزة ضد المرأة واخذوا يحترمونها ويثمنون دورها في المجتمع . فالمرأة البحرينية لم تكتفِ باشغال دورها التقليدي الذي شغلته لعصور عديدة ككونها أختاً أو أماً وربة بيت بل أخذت تشغل دوراً آخراً لا يقل أهمية عن دورها التقليدي ، وهذا الدور هو دور العاملة او الموظفة او الخبيرة خارج البيت . وتكامل هذين الدورين الاجتماعيين واستعداد المرأة على اشغالهما في آن واحد أدى الى تغيير المواقف والقيم الاجتماعية السلبية التي كان المجتمع يحملها إزاءها منذ مدة طويلة (١٥) .

ومن مظاهر تغيير أحوال المرأة البحرينية ان زواجها أصبح قضية تهمها أكثر مما تهم عائلتها أو أقربائها . وبالنسبة للمرأة العاملة أو الموظفة فأن زواجها لا يكون بسبب الحاجة الاقتصادية كما كان سابقاً بل بسبب الرغبة في إشباع الحاجات العاطفية وطلب الطمأنينة والاستقرار والسعادة وانجاب الذرية (١٦) . وبالرغم من تغير الأسباب الداعية للزواج فان الحك والصداق لا يزال يدفع من قبل الرجل لزوجته . الا ان الحك في الوقت الحاضر ينفق على متطلبات الزواج وتكوين الأسرة الجديدة . ومما يستلزم إنفاق الحك على العائلة الزواجية ميل الأسرة البحرينية الحديثة نحو تكوين العائلة النووية التي تتكون من الزوج والزوجة والأطفال فقط . وهذه العائلة تتمتع بقسط وافر من الاستقلال والاعتماد على النفس وتتلاءم مع الظروف الحديثة التي يعيشها المجتمع البحريني . وشيوع العوائل الزواجية الحديثة في البحرين قد حرر المرأة البحرينية من الملابسات والضغوط والمضايقات التي كانت تتعرض لها نتيجة زواجها وسكنها في بيت زوجها الأصلي وخضوعها لحكم وأوامر والدته.

ولعل من المفيد ان نشير الى ان ظهور العوائل الزواجية واستقلالها عن سلطة وتدخل الأقارب قد لعب الدور الكبير في تمتين العلاقات الداخلية في العائلة خصوصاً العلاقات بين الزوج والزوجة . وتقوية مثل هذه العلاقات ساعدت على تحسن أحوال المرأة البحرينية لاسيما بعد حصولها على الاحترام والتقدير من قبل زوجها (١٧) . الا ان

المرأة البحرينية تشكو من مشكلة عدم زواجها بسبب ميل رجال البحرين نحو الزواج بالعربيات أو الأجنبيات . لهذا ارتأت الحكومة البحرينية مؤخراً تشريع قانون تعدد الزوجات الذي يتيح للرجل حق الزواج من عدة نساء في آن واحد . غير ان هذا القانون لم يشرع لحد الآن نظراً لوقوفه موقفاً معاكساً لطموحات وحقوق المرأة البحرينية كما تعتقد الحكومة .

ومن المظاهر الأخرى لتطور أحوال المرأة البحرينية فتح المجال أمامها بالتسجيل في المدارس والمعاهد العالية والانضمام للبعثات العلمية التي تسمح لها بالدراسة خارج البلاد . ومثل هذه التسهيلات الثقافية شجعت الآلاف من النساء على الانخراط في المؤسسات الثقافية والتربوية لطلب العلم والمعرفة جنباً الى جنب مع الرجال [١٨] .

ففي عام ٢٠٠٠ بلغت نسبة التعليم في البحرين بين الإناث والذكور ٨ر٤١% ـ ٢ر٥٨% [١٩] على التوالي علماً بأن التعليم إلزامي ويطبق على الجنسين في المرحلتين الابتدائية والاعدادية من سن السادسة حتى الرابعة عشر . وتبلغ نسبة الأمية في البحرين عام ٢٠٠٠ حوالي ١٧% [٢٠] وان التعليم هناك مجاني في جميع مراحله الابتدائية والاعدادية والعالية ، ويمنح الطلبة المتفوقين من الجنسين بعثات دراسية لمواصلة دراستهم العالية في الأقطار العربية أو الأقطار الأجنبية .

في عام ١٩٢٨ افتتحت في البحرين أول مدرسة ابتدائية للبنات ، وفي عام ١٩٥١ افتتحت أول مدرسة ثانوية للبنات ، وفي عام ١٩٦٧ أفتتح المعهد العالي للمعلمات . ومنذ ذلك الحين تهافتت البنات والنساء على التعليم بأعداد كبيرة خصوصاً بعدما أصبح التعليم المقياس الأساسي لتحديد المهن والوظائف التي تشغلها النساء في المجتمع وبالتالي تحديد مقدار الأجور والرواتب والمخصصات التي يحصلن عليها . فقد ازداد عدد طالبات المدارس الابتدائية والاعدادية في البحرين من ٥٤٦٧ طالبة في عام ١٩٦٠ الى ٣٥٦٧٠ طالبة في عام ١٩٨٠ ، واستمر هذا العدد بالزيادة المطردة حتى بلغ ٦٦٣١٢ طالبة في عام ٢٠٠٠ [٢١] .

وازداد عدد طالبات المعاهد العالية من ٦٤ طالبة في عام ١٩٦٠ الى ٤٧٠ طالبة في عام ١٩٨٠ ، واستمر العدد بالزيادة المطردة حتى بلغ في عام ٢٠٠٠ نحو أكثر من ١٠٠٠ طالبة (٢٢) . وهذه الاعداد في طريقها للزيادة المستمرة كل عام نظراً لحاجة المجتمع البحريني لثقافة المرأة واختصاصاتها العلمية وجهودها الانتاجية والوظيفية .

هذه لمحة عن المرأة والتعليم في البحرين ، أما عن المرأة والعمل فان قانون العمل البحريني ينص على تساوي عمل وأجور ورواتب المرأة مع عمل وأجور ورواتب الرجل . ان المرأة البحرينية تعمل في شتى الوظائف والمهن كعملها في المصانع والمنشآت الأهلية وعملها في المدارس والمستشفيات والدوائر الحكومية . وقد عملت مؤخراً في سلك الشرطة وطالبت العمل والمشاركة في تنظيم وإدارة المؤسسات السياسية وكادت تدخل في المجلس التأسيسي لمملكة البحرين لو لا بعض الاحتجاجات التي أثيرت ضدها . وتشير الاحصاءات الاجتماعية الى ان نسبة النساء العاملات الى الرجال في مملكة البحرين قد ارتفعت من ٢ر٤% في عام ١٩٦٠ الى ٨ر١٥% في عام ١٩٨٠ ، واستمرت النسبة بالارتفاع التدريجي حتى بلغت في عام ٢٠٠٠ (١ر٣٥%) (٢٣) .

لقد كان لدخول المرأة البحرينية في سوق العمل ومشاركتها في الانتاج والبناء أثراً ايجابياً في وضعها الاجتماعي حيث ان دخولها مختلف المهن والأعمال ساعد على تحريرها من الكثير من القيود الاجتماعية البالية التي كانت مفروضة عليها ومكنها في الوقت نفسه من التأثير في مسيرة المجتمع وتطوير الأحوال المادية لأسرتها ومجتمعها(٢٤) .

أما الحركات الاجتماعية للمرأة في البحرين فقد تجسدت في الجمعيات النسوية التي كونتها نساء البحرين والتي كانت تعبّر من خلالها عن أنشطتها المختلفة، غير ان انشطة هذه الجمعيات كانت تقتصر على الجوانب الثقافية والاجتماعية والمهنية .ولعل من أهم الجمعيات النسوية البحرينية جمعية رعاية الأمومة والطفولة التي تأسست عام ١٩٦٠ والتي ترأستها الشيخة لؤلؤة آل خليفة . وأهداف هذه الجمعية تدور حول مساعدة الفقراء والمحتاجين ومساعدة الأمهات على الارتفاع بمستواهن المعاشي والثقافي والفكري والأخذ بيد المرأة البحرينية على تطبيق مبدأ التضامن الاجتماعي عملياً

والمشاركة في خدمة الوطن (٢٥). وتضم هذه الجمعية عدة لجان منها لجنة الموارد المالية والنشاطات ولجنة الخدمات الاجتماعية ، واللجنة الفنية واللجنة الثقافية ولجنة دور الحضانة ، ولجنة العلاقات والاعلام . كما تكفلت هذه الجمعية النسوية بواجبات محو الأمية ونشر التعليم والثقافة والتربية بين أبناء الشعب ، إضافة الى جمع التبرعات لغوث اللاجئين الفلسطينيين . أما الجمعيات الأخرى المعروفة في البحرين فهي " جمعية نهضة فتاة البحرين " التي تأسست عام ١٩٥٥، "والجمعية الثقافية الخيرية " التي تأسست عام ١٩٧٣.

أما المكانة الشرعية والقانونية للمرأة البحرينية فلا وجود لها قبل عقد الخمسينيات من القرن العشرين ، إذ كانت غامضة ومشوشة ولا تعترف بها القوانين ولا المحاكم . فقد كان من حق الزوج تطليق زوجته وحرمانها من الأطفال ومن حصتها في بيت الزوجية . زد على ذلك ان قوانين الميراث والوصية والتعاقد كانت لا تنصفها ولا تعترف بحقوقها القانونية (٢٦) . في حين تحسنت المكانة الشرعية والقانونية للمرأة البحرينية في عقد الستينيات من القرن العشرين ، إذ أصبحت المرأة البحرينية تتمتع بقسط لا بأس به من الحقوق الشرعية والقانونية . فالقوانين الجديدة المشرعة في البحرين في النصف الثاني من القرن العشرين أنصفت حق المرأة في الزواج والطلاق ورعاية الأطفال . فالمرأة البحرينية تستشار اليوم في قضايا زواجها واستقرارها البيتي (٢٧) .

إن التغيرات التي طرأت على القوانين الخاصة بالمرأة البحرينية قد عززت مكانتها الاجتماعية ومكنتها من احتلال المنزلة القانونية المناسبة لاسيما بعد اكتساب المرأة للثقافة والتربية والتعليم وبعد دخولها أنواع الأعمال والمهن ومشاركتها الفاعلة في عملية التحول الاجتماعي ، إضافة الى مسؤولياتها الأسرية والتربوية . ان هذا يعني بأن الظروف الجديدة للمجتمع أدت دورها الفاعل والمؤثر في تحرير المرأة البحرينية ورفع مكانتها الاجتماعية والاعتبارية ورفع المظالم الاجتماعية التي كانت تتعرض لها في النصف الأول من القرن العشرين ، مع رفع منزلتها وتمكينها من احتلال مركزها

المرموق في المجتمع والمشاركة الفاعلة في العملية الانتاجية وفي عملية البناء واعادة البناء الحضاري للمجتمع البحريني [٢٨].

وأخيراً علينا تناول موضوع الدور المزدوج الذي راحت المرأة البحرينية تشغله في المجتمع البحريني الجديد . فالمرأة البحرينية في الوقت الحاضر تشغل دورين اجتماعيين متكاملين هما دور ربة البيت في الأسرة ودور الموظفة أو العاملة أو المهنية خارج البيت ، واشغال المرأة البحرينية لهذين الدورين الاجتماعيين المتكاملين قد رفع مكانتها في المجتمع وعزز مواقعها عند الجميع لاسيما بنظر زوجها أو أخيها أو أبيها [٢٩].

ومن الجدير بالذكر ان المرأة البحرينية أخذت تؤدي مهمتين أساسيتين هما مهمة انجاب الأطفال وتربيتهم والعناية بهم وتنشئتهم الاجتماعية ، ومهمة العمل خارج البيت والمساهمة مع الرجل أو الزوج في كسب متطلبات العيش للأسرة . ومساهمة المرأة في أداء هذه الوظائف الحيوية قد عرضتها الى التعب والاعياء لانها راحت تقوم بأعباء وتتحمل مسؤوليات جسام أكثر من تلك التي يتحملها الرجل . لذا على الرجل اتخاذ ما يلزم بمساعدتها في أداء أعمالها وتحمل مسؤولياتها. ذلك ان مثل هذه المساعدة لا بد ان تقوي العلاقات الاجتماعية الداخلية وسط الأسرة مما ينتج عن ذلك بروز ظاهرة التضامن العائلي في البحرين [٣٠].

المبحث الثاني : الاستنتاجات

مما ذكر من معلومات عن الأوضاع المتغيرة التي تعيشها المرأة البحرينية والتي جاءت نتيجة حتمية لتغير الظروف والمعطيات الاجتماعية التي تشهدها مملكة البحرين نستطيع استخلاص الاستنتاجات الآتية :

١- التغير التدريجي الذي طرأ على المواقف والقيم الهامشية التي كان يحملها المجتمع البحريني إزاء قدرات وامكانات المرأة البحرينية في اكتساب الثقافة والمعرفة واشغال مختلف الأعمال والمهن والمشاركة الفاعلة في بناء وإعادة بناء الصرح الحضاري للمجتمع .

٢- هناك تغيير محسوس في طبيعة الأدوار الاجتماعية التي تشغلها المرأة البحرينية . فبعد ان كانت المرأة تشغل دوراً اجتماعياً تقليدياً واحداً وهو دور ربة البيت ، أصبحت الآن تشغل دورين اجتماعيين متكاملين هما دور ربة البيت ودور العاملة أو الموظفة أو الخبيرة خارج البيت . ومثل هذا التغير ساعد على رفع منزلة المرأة ودعم كيانها الاجتماعي .

٣- هناك زيادة كبيرة وشاملة في عدد النسوة العاملات في القطاعات الانتاجية والخدمية في المجتمع البحريني . وقد ظهرت هذه الزيادة بعد تعاظم أعداد الطالبات في المدارس والمعاهد والكليات البحرينية وبعد تخرج أفواج كبيرة من الطالبات .

٤- تغير مواقف المرأة البحرينية حول إمكاناتها ومواهبها وما تستطيع ان تقدمه للمجتمع . فبعد ان كانت المرأة البحرينية تركز جل انتباهها على مسألة زواجها وانجابها للأطفال والعناية بهم ، أصبحت الآن تركز على اكتساب التربية والتعليم واشغال مختلف الأعمال الادارية والمهنية والانتاجية مع التركيز على الزواج وانجاب الذرية معاً .

مصادر البحث

١- الحسن ، إحسان محمد (الدكتور) . تغير الأحوال الاجتماعيـة للمـرأة في بعـض أقطار الخليج العربي ، مجلة العلوم الاجتماعية ، العدد ١٢، ١٩٩٧ ، ص ٧٣- ٧٤.

٢- المصدر السابق ، ص ٧٥.

٣- Macfarlane, N. S. Social Change in Bahrain, lowa, Littlewood Press, ٩٩٢, P. ١١.

٤- Ibid., P. ١٥.

٥- Ibid., P. ٢١.

٦- Derek, T. M. Woman , Education and Society , London, The Thames Press, ١٩٩٠ , P. ١٥.

٧- Ibid., P. ٢٩.

٨- الرميحي ، محمد غانم (الدكتور) . البترول والتغير الاجتماعي في الخليج العـربي ، القاهرة ، ١٩٧٥، ص ١١٢- ١١٥.

٩- الحسن، إحسان محمد (الدكتور) . التصنيع وتغير المجتمع ، ١٩٨٦، بيروت، دار الطليعة للطباعة والنشر ، ص ٩٦.

١٠- المصدر السابق، ص ٩٧.

١١- Patrick , S. Woman and Social Structure of Arab Gulf States, John Wiley and Sons, New York, ١٩٩٤, P. ٣٣.

١٢- Ibid., P. ٣٥.

١٣- Ibid., P. ٤١.

١٤- Ibid., P. ٤٥.

١٥- Ibid., P. ١١٢.

١٦- Smith , F. I. Woman Liberation Movement in Some Arab Countries, The Crescent Press , Paris, ١٩٩٣, P. ١٧.

١٧- Ibid., P. ٢٤.

١٨- Taki, Ali . The Changing Status of Bahraini Woman, New Delhi, ١٩٧٢, P. ١٢.

١٩- Annual Abstract of Statistics , United Nations , New York , ٢٠٠١ , See the Section on Asia.

٢٠- Ibid., See the Section on Asian Countries Regarding Education .

٢١- Ibid., See the Section on Bahrain's Education Statistics in ٢٠٠٠.

٢٢- Ibid., See the Section on Bahrain's Higher Education in ٢٠٠٠.

٢٣- Demographic Year Book, United Nations, New York, ٢٠٠١, See Section on Asia.

٢٤- Baer, G. Population and Society in the Arab East, Routledge and Kegan Paul ,London, ١٩٧٤, P. ٣٨.

٢٥- مجلة النضال ، البحرين ،أنظر الى العدد الصادر في ٦ أيلول ، ١٩٧٧ .

٢٦- Thomas, D. F.The Contemporary Social Status of Woman in Some Arab Gulf States, New York , The University Press, ١٩٩١, PP. ٣٨-٣٩.

٢٧- Ibid., P. ٤٣.

٢٨- Ibid., P. ٥١.

٢٩- Macfarlane , N. S. Social Change in Bahrain, P. ٦٣.

٣٠- Ibid.,P. ٧٢.

الفصل الحادي عشر

أثر التصنيع في المنزلة الاجتماعية للمرأة اليابانية

تحتل المرأة ركناً مهماً وبارزاً من أركان المجتمع الياباني فهي الأم المسؤولة عن تربية الأطفال ورعايتهم وتحضيرهم على أشغال الأدوار الوظيفية التي من خلالها يخدمون المجتمع ويعملون من أجل تحقيق أهدافه القريبة والبعيدة ، وهي الزوجة التي تهتم بأمور زوجها وتمكنه من أداء واجباته الأسرية والمهنية وتحافظ على أسراره وسمعته وتعمل على رقيه وتقدمه في المجتمع ، وهي الأخت التي تعتني بقضايا العائلة وتؤدي مهام البيت المتعلقة بالصغار والكبار وتعمل ما في أستطاعتها على تحقيق وحدة الأسرة ورفاهيتها . إضافة الى انها العاملة أو الموظفة أو الخبيرة التي تعمل جنباً الى جنب مع الرجل في خدمة المجتمع والمشاركة في بناء صرحه الحضاري . وأخيراً أنها المربية والمعلمة والممرضة والطبيبة التي من خلال خدماتها التربوية والصحية يتمكن المجتمع من بلوغ درجات متقدمة في التربية والثقافة والتعليم واحراز الصحة والحيوية اللتان هما عماد فاعلية المجتمع ونهوضه وتقدمه . لهذه الأعباء والواجبات المهمة التي تؤديها المرأة اليابانية ارتفعت مكانتها الاجتماعية وازدادت قوتها في المجتمع وأصبحت مكملة للرجل في تحمل الأعباء والمسؤوليات التي يتطلبها المجتمع الحديث [1] .

وقد أيقن المجتمع الياباني أهمية المرأة والدور الفاعل الذي يمكن أن تؤديه للمجتمع الداينميكي المتحول وماهية الأعباء التي يمكن أن تنهض بها داخل وخارج البيت بعد تقدمه ورقيه الصناعي والعلمي والتكنولوجي وبعد تحضره وتحديثه الشامل وبعد أحتكاكه وتفاعله مع المجتمعات الصناعية الغربية كبريطانيا والمانيا وفرنسا والولايات المتحدة الأمريكية وايطاليا والسويد وبعد أنتشار الثقافة والتربية والتعليم في أركانه الحضرية والريفية . ويمكننا القول بأنه لولا مشاركة المرأة اليابانية في الأعمال الصناعية والخدمية والتربوية خارج البيت لما أستطاعت اليابان من أحراز التقدم

الصناعي والتكنولوجي المطرد ولما تمكنت من تحويل مؤسساتها البنيوية من شكل جامد ومتخلف وبسيط الى شكل فاعل ومتقدم ومعقد . فمنذ بداية تصنيع اليابان عملت آلاف النساء في مصانع المنسوجات القطنية والحريرية وفي المناجم وصناعة القاطرات وبناء السفن . وخلال الحرب العالمية الثانية أستخدمت مئات الآلاف من النساء في مصانع الأعتدة والذخيرة والاسلحة الخفيفة والثقيلة. وفي الوقت الحاضر أستطاعت النساء اليابانيات الدخول الى كافة المصانع والمهن والخدمات بعدما برهن قدرتهن على أداء مثل هذه الأعمال وبعد اكتسابهن للتربية والتعليم والحصول على الخبرات والمهارات والتدريبات المتعلقة بالأعمال والحرف والمهن التي يعملن فيها (٢) . فقد بلغ مجموع النساء العاملات في اليابان أكثر من ٢٥ مليون امرأة في عام ٢٠٠٠ . وهذا العدد يشكل ٤٨% من مجموع نساء اليابان وحوالي ٤٠% من مجموع القوى العاملة في اليابان (٣) .

ومثل هذا الانجاز الذي حققته المرأة اليابانية لنفسها أدى الى رفع مكانتها في المجتمع والعائلة خصوصاً بعد قيام الرجال بتغيير المواقف السلبية التي كانوا يحملونها أزاء المرأة والتي كانت تقلل من قيمتها وتشكك بقدراتها ولا تفسح لها المجال بالمشاركة في بناء وتقدم المجتمع . ومثل هذه الأمور أدت الى زيادة حرية المرأة عن طريق تخلصها من القيود الاجتماعية والمظالم القانونية العتيقة التي عملت على تجميد نشاطاتها وغمط حقوقها وكسر معنوياتها لفترات زمنية طويلة . فاللمرأة اليابانية الآن حق الميراث والوصايا وحق قيادة وتوجيه العائلة في حالة غياب الرجل أو وفاته وحق التصويت السياسي وحق تطليق زوجها إذا كان هناك مبرر لذلك وحق امتلاك الملكية والتصرف بها وحق الثقافة والتربية والتعليم وحق أمتهان العمل مهما يكن نوعه ومستواه وحق أدلاء الشهادة في المحاكم الشرعية ... الخ .

وقد حصلت المرأة اليابانية على هذه الحقوق بعد الحرب العالمية الثانية . وعلى الرغم من التغير الملحوظ الذي طرأ على حرية المرأة ومركزها الاجتماعي الا ان أوضاعها الاجتماعية والثقافية والسياسية العامة لا ترقى الى أوضاع نظيراتها في المجتمع الغربي . فالمرأة اليابانية لا زالت تعاني من بعض الضغوط والمضايقات القانونية

والدستورية والسياسية التي سنتكلم عنها بالتفصيل فيما بعد . ولكن ما أستطاعت المرأة اليابانية تحقيقه من مكاسب ومنجزات يعتبر طفرة نوعية بالنسبة لأوضاعها المتردية والسلبية التي عاشتها خلال فترة التكاكاوا ، أي فترة ما قبل التصنيع . فالمرأة اليابانية خلال فترة التكاكاوا بل وحتى خلال مطلع فترة الميجي كانت حبيسة بيتها لا تعرف عن العالم الخارجي شيئاً ولا تمارس العمل خارج البيت ولا تحمل الثقافة والتربية والتعليم ولا تتمتع بأية حقوق اجتماعية وقانونية داخل بيتها وخارجه [٤]. وكانت تعاني من التخلف والتحجر والجمود أكثر من أي شخص آخر في المجتمع الياباني .

في هذا الفصل ينبغي علينا دراسة الأوضاع المتخلفة للمرأة اليابانية خلال فترة التكاكاوا مع تحليل آثار التصنيع في مركز المرأة في المجتمع وفي تعليمها وعملها وحريتها ومركزها في العائلة . إذن يهتم هذا الفصل بمحورين أساسيين هما أوضاع المرأة اليابانية في المجتمع التقليدي واوضاعها في المجتمع الصناعي المتقدم .

أ. الأوضاع الاجتماعية للمرأة اليابانية خلال فترة التكاكاوا:

بالرغم من الواجبات المهمة التي تؤديها المرأة في العائلة والمجتمع فأن اليابانيين خلال فترة التكاكاوا لم ينظروا الى المرأة نظرة مليئة بالاحترام والتقدير ولم يعترفوا بقدراتها وامكاناتها المبدعة والخلاّقة ولم يساووها في الحقوق والواجبات مع الرجل ولم يمنحوها أية حريات يمكن من خلالها أن تثبت كفاءتها وتسهم في بناء الصرح الحضاري للمجتمع الياباني . بل على العكس كانوا يشككون بأمكاناتها الكامنة وقدرتها على خدمة المجتمع والنهوض به ويغمطون أبسط حقوقها ويقللون من مكانتها ويتعسفون ضدها ويفرضون عليها الذل والهوان حتى أنها أخذت تحط من مكانتها وتقلل من قيمتها ولا تريد الوقوف على صعيد واحد مع الرجل . فبنظر المجتمع كان الرجل يتفوق عليها في كل شيء ويعتبرها مأمورة له وتابعة اليه يتصرف بها كما يشاء ويعاملها المعاملة التي تنطبق مع منزلتها المتردية في المجتمع دون وجود أية جهة أو هيئة تدافع عن حقوقها وتتحدى المظالم والاحقاد المسلطة ضدها وترفع من شأنها وتضعها في المكان المناسب الذي يتلاءم مع أهميتها ودورها في المجتمع .

إن المجتمع الياباني الكلاسيكي كان يتوقع من المرأة الخضوع الى والدها قبل زواجها وتقديم الطاعة والولاء الى من يتزوجها والانصياع الى ارادة وأوامر أولادها بعد وفاة زوجها . فقبل زواجها تتسمى بأسم أبيها وبعد زواجها تتسمى بأسم زوجها وبعد وفاة زوجها تتسمى بأسم أبنها الكبير (٦) . وليس للمرأة في تلك الفترة الحق بامتلاك الأراضي والعقارات والتصرف بها ورئاسة الأسرة في حالة غياب أو موت زوجها. فالزوج هو رب الأسرة وفي حالة غيابه أو وفاته يتولى الأبن الكبير رئاستها واتخاذ القرارات نيابة عنها . والعائلة اليابانية كانت تفضل الأبناء على البنات في كل شيء ، وفي حالة عدم وجود ولد لها فأنها يمكن ان تتبنى الولد الذي يتعهد فيما بعد بالزواج من أحد بناتها خصوصاً إذا نجح في التدريب على المهنة التي مارسها الأب المتبنى للولد (٧) .

ومما يشير الى تدني المرأة اليابانية تعدد الأسباب التي تقود الى طلاقها علماً بأن توافر الأسباب عند الزوج لا تقود الى طلاقه من قبل زوجته . فالمرأة اليابانية في مجتمع التكاكاوا لا تستطيع تطليق زوجها بل زوجها يستطيع تطليقها إذا توفرت الأسباب المؤدية للطلاق . وهذه الأسباب هي عدم أطاعتها لوالدي زوجها وعدم انجابها الأطفال وتكوينها علاقات غرامية وجنسية مشبوهة مع الرجال والغيرة والحسد والمرض العضال وكثرة الكلام والثرثرة وتبذير أموال العائلة (٨) . كما لا تتمتع المرأة بحق الأرث والوصايا والتبني حيث أن هذه الحقوق تعطى لأبيها أو زوجها أو أبنها الكبير ، وهؤلاء يتصرفون نيابة عنها ، كذلك لا تتمتع المرأة اليابانية في ذلك الوقت بحق التصويت السياسي وليس من حقها التزود بالعلم والمعرفة كما يفعل الرجال . ويمنعها المجتمع عن أشغال الأعمال والمهن خارج البيت حيث ان مكانها الطبيعي انما هو البيت وواجبها الرئيسي- انجاب الأطفال وتربيتهم والاهتمام بالزوج وعائلته الأصلية .

أما مكانة المرأة في العائلة فقد كانت متردية ومنحطة . فالرجل هو الذي يترأس البيت وينفرد باتخاذ القرارات المتعلقة بمصير العائلة ومستقبل الأطفال وليس من واجب المرأة التدخل في القرارات التي يتخذها رب العائلة . وزواج المرأة اليابانية في ذلك الوقت كان يرتب لها من قبل أهلها وذويها وليس من حقها الاعتراض على الزوج الذي يتقدم لزواجها . كما لا تستطيع اختيار زوجها بنفسها أو تكوين العلاقات الغرامية مع

الرجال قبل الزواج . وبعد زواجها تـذهب الى عائلـة زوجهـا لتسـكن معهـم في دارهـم الأصلي وهناك تكون تحت أمرة ووصاية والدة زوجها أكثر مما تكون تحت أمرة ووصاية زوجها حيـث أن علاقـة زوجهـا بهـا تـأتي بالمرتبـة الثانيـة بعـد علاقـة زوجهـا بأمـه [٩] . وتستطيع أم الزوج الايعاز الى ولدها بتطليق زوجته إذا كانـت غـير مقتنعـة بهـا أو غـير مرتاحة لها لسبب أو لآخر .

وخلال عصر التكاكاوا كانت الأمية متفشية بين النساء وكـان التعلـيم محصـوراً بالرجال حيث من خلاله يستطيعون تبوء المهن والأعمال الادارية والاقتصـادية والدينيـة والعسكرية التي يحتاجها المجتمع. وعندما كانت المرأة اليابانيـة في تلـك الفـترة حبيسـة بيتها وكانت واجباتها لا تتعدى انجـاب الأطفـال وتـربيتهم وأداء المهـام المنزليـة فلـيس هناك ثمة حاجة لتعليمها وتـدريبها عـلى القيـام بـالمهن والأعـمال . وهنـا بقيـت المـرأة لأجيال عديدة محرومة من كسب الثقافة والتربية . وقد أثر هـذا عـلى شخصـيتها تـأثيراً سـلبياً بحيـث تجمـدت قواهـا وامكاناتهـا المبدعـة والخلاّقـة وقتلـت رغبتهـا في خدمـة المجتمع والمساهمة في انمائه وتطويره. ولم تشارك المرأة في ذلـك العصرـ في أداء الأعـمال الوظيفية ما عدا الأعمال الزراعية التي كان يقوم بها زوجها أو الأعمال الحرفيـة الأخـرى التي كانت تمارس في البيـوت [١٠] . فالصـناعات المنزليـة كـان يشـارك بهـا جميـع أعضـاء العائلة النساء منهم والرجال وارباح الصناعة كانت تذهب الى رب العائلة التـي يصرـفها بدوره على سد متطلبات عائلته ومهنته .

ب- أوضاع المرأة اليابانية في المجتمع الصناعي :

عند شيوع وبلورة معالم التحضر والتصنيع والتنمية الشاملة في ربوع المجتمـع الياباني تغيرت أوضاع المرأة تغيراً جذرياً وبدأ المجتمع يحترمها ويقدرها ويثق بامكاناتهـا وقدراتها الخلاّقة . لذا فسح لها المجال بالمشاركة في عملية بناء وتطـوير المجتمـع وذلـك من خلال أشغالها دوريـن اجتماعيـين ووظيفيـين متكـاملين هـما دور ربـة البيـت ودور العاملة أو الموظفة أو المهنية خارج البيت . ومثـل هـذه التطـورات والمسـتجدات التـي شهدتها المرأة اليابانية خلال النصف الأول من القرن العشرين أثرت تأثيراً ايجابياً

في سمعتها ومكانتها الاجتماعية بحيث أخذت تحتل منزلة اجتماعية مرموقة مما شجعها على المشاركة الفاعلة في تنمية وتطوير المجتمع نحو الأحسن والأفضل . ولكن كيف أثر التصنيع في منزلة المرأة الاجتماعية وغيّر الأدوار التقليدية التي كانت تحتلها في فترة التكاكاوا ؟

إن تصنيع المجتمع يعني توسيع القاعدة المادية للصناعة عن طريق بناء المصانع الكبيرة والمتوسطة والصغيرة الحجم في كل مكان وتوفير المستلزمات المادية لفاعليتها واستمراريتها ونهوضها وتقدمها وتهيئة الموارد البشرية للعمل فيها وأدامة زخمها والاستفادة منها الى أبعد الحدود (١١) . إضافة الى تهيئة المستلزمات الخدمية للعمال والمهندسين وبقية المهنيين العاملين في الصناعة بصورة مباشرة أو غير مباشرة . فالتصنيع يحتاج الى الأسواق التجارية لبيع الموارد الأولية والبضائع الصناعية الجاهزة ويحتاج الى المؤسسات المصرفية والنقدية والتأمينية ويحتاج الى الخدمات السكنية والصحية والاجتماعية والثقافية والترويحية. إضافة الى احتياجاته لتسهيلات النقل والمواصلات وخدمات المنفعة العامة كالماء والكهرباء والمجاري والطرق والجسور والقنوات ووسائط النقل العامة ٠٠٠الخ . ومثل هذه المؤسسات والدوائر الانتاجية والخدمية والترويحية تحتاج الى شتى أنواع الأيدي العاملة الخبيرة منها وغير الخبيرة المدربة وغير المدربة الماهرة وغير الماهرة . ولما كانت القوى العاملة الرجالية تشكل نصف القوى العاملة التي يمتلكها المجتمع الياباني ، وهذا النصف غير كافٍ لمقابلة كافة احتياجات اليابان للقوى العاملة ، فأن المجتمع لا بد أن يستعين بالنصف الآخر من القوى العاملة في المجتمع الا وهو القوى العاملة النسوية .

فمنذ بداية تصنيع اليابان .أي في السبعينيات من القرن الماضي بدأ المجتمع يطلب الأيدي العاملة النسوية التي أستخدمها في مصانع القطن والحرير والجواريب النسائية والمناجم وصناعة السفن والقاطرات. وبعد استقرار الصناعة وتوسع مجالاتها الانتاجية والتسويقية وتنوع أغراضها وتعقد طبيعتها أخذ المجتمع يعتمد أكثر فأكثر على القوى العاملة النسوية الى درجة أنها دخلت في كافة الصناعات اليابانية خصوصاً صناعة الأسلحة والذخيرة والعتاد قبل وخلال الحرب العالمية الثانية . وعندما أزداد

الطلب على الأيدي العاملة النسوية وكانت المدن غير قادرة على سد الطلب على النساء العاملات فأن الكثير من نساء القرى والارياف هاجرن الى المدن لاستغلال فرص العمل والكسب هناك. إن طموح المرأة في عصر التكاكاوا لم يتعد الزواج والانتقال الى عائلة زوجها وخدمتها والتضحية في سبيلها كلما أستطاعت اليه سبيلا. ولكن خلال عصر التصنيع والتحضر غيّرت المرأة طموحها هذا، فأخذت تعمل في المصانع منذ بلوغها الخامسة عشر أو السادسة عشر من العمر. وعملها قد يستغرق أربع أو خمس سنوات قبل زواجها(١٢). وعند زواجها وانجابها للأطفال تتوقف عن العمل لفترة معينة، بعدها تعود الى العمل والخدمة لغاية أحالتها على التقاعد في سن الخمس والخمسين سنة.

ولم تشغل المرأة الأعمال الانتاجية في المصانع فقط، بل شغلت أيضاً الأعمال الخدمية والمهمية والادارية والفنية واثبتت كفاءتها وقدرتها المتميزة على أداء مثل هذه الأعمال. وعمل المرأة حقق لها الاستقلال الاقتصادي وأدى الى رفاهيتها المادية والاجتماعية ورفاهية أسرتها سواء كانت متزوجة أو غير متزوجة. إن التصنيع مكن المرأة من مساعدة زوجها أو والدها في كسب موارد العيش وبالتالي رفع المستوى المعاشي للعائلة. كما ان المرأة مكنت المجتمع الياباني من ضمان الأيدي العاملة التي يحتاجها في صناعاته ومؤسساته الخدمية وهنا أدت المرأة الدور الكبير في تقدم اليابان وتحسن أوضاعه المعاشية والمجتمعية. لذا أخذ المجتمع الصناعي يحترمها ويثمن جهودها ويحقق لها المكاسب والمنجزات. كما بدأ الرجل يعتز بدورها الجديد ويفتخر بها ويعتبرها مساعدة له في تحمل الأعباء والمسؤوليات الأسرية والمهنية. لذا غيّر مواقفه السلبية تجاهها وأخذ يؤمن بالمواقف الايجابية نحوها، هذه المواقف التي تدعم منزلتها المتغيرة في المجتمع وتثق بها وتعترف بالمكانة المتميزة التي تحتلها وتدافع عن حقوقها وتطمح الى زيادة مشاركتها في بناء المجتمع الياباني وتحقيق طموحاته القريبة والبعيدة.

أما الدولة اليابانية فهي الأخرى التي أخذت تؤمن بأمكانات وقابليات المرأة وضرورة الاستفادة منها في اعادة بناء الصرح الحضاري للمجتمع خصوصاً بعد قيام المرأة اليابانية بأشغال دورها الجديد على أحسن صورة ممكنة. فعندما شعرت الدولة

بأهمية وفاعلية المرأة في العائلة والمجتمع من خلال مهامها الأسرية والانتاجية والخدمية المتميزة بادرت الى تحقيق المكاسب تلو المكاسب لها عن طريق التشريع أو تبديل نظم المجتمع القديمة المتعلقة بالمرأة . وهنا ارتفعت مكانة المرأة اليابانية بحيث أصبحت تقريباً مساوية لتلك التي يتمتع بها الرجل خصوصاً على الصعيد الرسمي .

في هذا الجزء من الفصل ينبغي علينا دراسة أثر التصنيع في تغير مركز المرأة في المجتمع والعائلة وأثر التصنيع في تعلمها وثقافتها والحريات الممنوحة لها .

١- أثر التصنيع في تغير مركز المرأة في المجتمع الياباني:

تغير مركز المرأة اليابانية بعد شيوع مظاهر التصنيع والتحضر ـ في كافة أرجاء المجتمع وبعد أحتلال المرأة للكثير من الأعمال والأدوار المهنية والانتاجية والخدمية وبعد الأحتكاك الحضاري الذي حصل بين اليابان والبلدان الصناعية المتقدمة التي استعارت منها اليابان معالم نهضتها الصناعية وتقدمها التكنولوجي . وقد استطاعت المرأة اليابانية كسر الحواجز الاجتماعية التي فرضت عليها وتحطيم القيود والأغلال التي كبلت حرياتها بعد سقوط اليابان في الحرب العالمية الثانية ودخول قوى الاحتلال الى اليابان (١٣) . هذه القوى التي وقفت موقفاً حازماً من النظام الياباني السلطوي الذي كان يترأسه الامبراطور وتدعمه التقاليد والعادات والقيم اليابانية التراثية المستمدة من البوذية والكنفوشية والشنتوية . فالنظام الياباني السلطوي كرس نظام مجتمع الذكور وفرض حصاراً على المرأة أدى الى قتل طموحاتها وأعاقة مسيرتها الحضارية ووضعها في مركز لا يحسد عليه. ولكن بعد أنهيار هذا النظام الاجتماعي المركزي بدأت عدة جهات يابانية وأجنبية تطالب بضرورة منح المرأة حرياتها وترجمة الصيغ الديمقراطية للصناعة والتصنيع الى واقع عمل ملموس لاسيما وأن المرأة اليابانية تسلحت بسلاح العلم والمعرفة ودخلت ميادين العمل الصناعي والتكنولوجي وتحررت من بعض المظالم الاجتماعية المفروضة عليها من قبل العائلة وأخذت تحتل مكاناً مرموقاً في المجتمع والدولة (١٤) .

ونتيجة لهذه الظروف والمعطيات التي أحاطت بالمرأة بعد الحرب جاءت اصلاحات عام ١٩٤٧ التي أعترفت بمكانة المرأة اليابانية في المجتمع الجديد وأزالت عنها الكثير من المظالم والقيود التي أعاقت تقدمها وأساءت الى سمعتها ومنزلتها ومكانتها في المجتمع ووفرت لها أجواءً اجتماعية وحضارية شجعتها على أحتلال مكانها الطبيعي في المجتمع باعتبارها المحور الأساسي في العائلة وعماد النهضة الصناعية والعمرانية والتكنولوجية لليابان المعاصر (١٥) . لقد أكدت اصلاحات عام ١٩٤٧ عى ضرورة مشاركة المرأة في العمل السياسي وذلك من خلال منح المرأة حرية الانتماء الى الاحزاب السياسية وأعطائها حرية الترشيح للانتخابات العامة وحرية التصويت السياسي وحرية المناقشة وابداء الرأي . وهنا أستطاعت المرأة اليابانية أن تقف على صعيد واحد مع الرجل في الترشيح للانتخابات وفي التصويت السياسي . كما منحت المرأة بموجب هذه الاصلاحات حق أختيار الزوج المناسب لها وحق الاعتراض على الزوج غير المناسب . إضافة الى منحها حرية تطليق زوجها إذا كانت هناك أسباب تدعو الى طلب الطلاق . لهذا أستطاعت المرأة اليابانية التي تتساوى مع الرجل في موضوع الزواج والطلاق واتخاذ القرارات المتعلقة بمصير العائلة ومستقبل الأطفال . ومثل هذه الحريات العائلية التي تمتعت بها المرأة اليابانية بعد الحرب أدت الى زيادة العوائل النووية في اليابان وتقلص العوائل الممتدة . وفي أجواء العائلة النووية تتعزز العلاقات الاجتماعية بين الزوج والزوجة وفي ذات الوقت تضعف العلاقات القرابية بين العائلة الممتدة والأقارب(١٦) .

وبعد الحرب العالمية الثانية منحت المرأة الحرية بالدخول الى كافة المدارس والمعاهد والكليات والجامعات والدراسة جنباً الى جنب مع الرجل . وهنا تم تحقيق مبدأ تكافؤ الفرص الثقافية والعلمية بين الرجال والنساء . ومن الجدير بالذكر ان ثقافة المرأة واكتسابها للعلم والمعرفة شاركا مشاركة مجدية في دخولها الى كافة المهن والوظائف وممارستها الأعمال الانتاجية والخدمية التي يمارسها الرجل . كما ان اصلاحات عام ١٩٤٧ سمحت للمرأة برئاسة العائلة في حالة غياب الزوج أو وفاته وسمحت لها باتخاذ القرارات المتعلقة بادارة شؤون البيت وتربية الأطفال وتحديد

العلاقات الاجتماعية مع الأقارب والجيران . كذلك منحت المرأة حق التصرف بالملكية وحق الميراث والوصايا وتوقيع العقود والصكوك والمستندات وحق الشهادة في المحاكم الشرعية . وأخيراً منعت الاصلاحات هذا التمييز ضد عمل المرأة والتقليل من شأنها ومكانتها في المجتمع (١٧) .

ومثل هذه الاصلاحات والتغيرات التي طرأت على واقع المرأة في المجتمع حفزتها على خدمة العائلة والمجتمع بكل حرص ودقة ومكنتها من زيادة فاعليتها وأنشطتها في بناء الصرح الحضاري لليابان. لكن فاعلية المرأة اليابانية في خدمة المجتمع والانتاج له لم تكن بالدرجة والمستوى المطلوب لولا مبادرتها الى التدريب والتأهيل واكتساب العلم والثقافة والمهارة ولولا اندفاعها الجدي نحو العمل ورغبتها الصادقة في أحتلال الدور المؤثر في المجتمع . وعلى الرغم من المكاسب والمنجزات الحضارية والاجتماعية التي حققتها المرأة لذاتها فأنها لا تزال تعاني من بعض الصعوبات والتحديات . فأجورها ورواتبها لا تصل الى مستوى أجور ورواتب الرجل . وأن الوظائف والمهن التي أحتلتها في المجتمع لا تتميز بالحساسية والقوة السياسية كالوظائف والمهن والمراكز التي يحتلها الرجل الياباني . وأن نفوذها ومركزها في العائلة يقل عن نفوذ ومركز الرجل . إضافة الى ضعف وهامشية الحركة النسوية في اليابان التي تدافع عن حقوقها وتثبت مواقعها في المجتمع الجديد .

٢- أثر التصنيع في تعلم وثقافة المرأة اليابانية :

إن زيادة طلب اليابان على مختلف المهن والأعمال والخبرات والمهارات والكفاءات بعد عمليات التصنيع والتحضر التي شملت كافة مرافقه ومؤسساته الانتاجية والمهنية دفعت المرأة اليابانية الى التربية والتعليم والتخصص بمختلف المهن الانتاجية والخدمية . واندفاع المرأة تجاه التربية والتعليم والتدريب والتأهيل حفز الحكومة اليابانية على زيادة عدد المدارس والمعاهد والكليات والجامعات بحيث تفي بالحاجة المطلوبة. كما أن الدولة اليابانية فتحت أبواب المؤسسات الثقافية والتربوية أمام الذكور والاناث دون تمييز . أما العوائل اليابانية فقد شجعت بناتها على الذهاب

الى المدارس والمعاهد العليا باعتبارها وسيلة من وسائل الانتقال الاجتماعي والطريق الشرعي الوحيد الذي يؤهل البنت على أشغال المهن والوظائف الادارية والانتاجية والتكنولويجة التي تحتاج الى قسط كبير من الدراسة والتحصيل العلمي [١٨] . ونتيجة لتشجيع الاناث على الأستفادة من التسهيلات الثقافية والتربوية من قبل الدولة والعائلة أندفعت الآلاف من اليابانيات منذ بداية حياتهن الى الذهاب الى المدارس ومواصلة الدراسة المتخصصة والحصول على التأهيل العلمي والتقني الذي يساعدهن على أشغال مختلف المهن والأعمال التي يحتاجها المجتمع الصناعي .

ففي عام ١٨٩٢ نفذ قانون الزامية تعلم المرأة اليابانية بينما تم تنفيذ قانون الزامية تعلم الرجل الياباني في عام ١٨٧٢ [١٩] . وفي العشرينيات من هذا القرن أزداد عدد الفتيات اللواتي أكملن مرحلة الدراسة المتوسطة . أما في الخمسينيات فقد وصلت نسبة الفتيات اللواتي أكملن مرحلة الدراسة الثانوية حوالي ٤٠% ونسبة البنين الذين أكملوا الدراسة الثانوية ٦٠% . أما خلال فترة السبعينيات من القرن الماضي فقد تساوت نسبة البنات مع نسبة البنين في الكليات والجامعات اليابانية [٢٠] . وقد تمخض عن زيادة عدد الطالبات والخريجات من المدارس الثانوية والكليات والجامعات زيادة عدد اليابانيات المؤهلات على أشغال الوظائف البيروقراطية والأعمال المهنية التي تحتاج الى درجة متطورة من الثقافة والتحصيل العلمي . وفعلاً دخلت اليابانيات شتى صنوف العمل وبرهنت على كفاءتها وقدرتها في أداء متطلباتها وتحمل مسؤولياتها . وهذا ما عزز موقعها الاجتماعي ورفع منزلتها ومكنها من الانتقال الاجتماعي الى الشرائح والطبقات التي يقيمها المجتمع .

وأدت المرأة اليابانية دوراً آخراً في ميادين الثقافة والتعليم . فقد شجعت الأمهات أولادهن الصغار وبناتهن على الأستمرار بالدراسة والأستفادة من ميادين العلم والمعرفة . وقدمن لهم الحوافز التي تقودهم الى السعي والاجتهاد والحصول على النتائج المدرسية والعلمية الباهرة . والجهود التي قدمتها الأمهات أزاء دراسة الأبناء وتحصيلهم العلمي تتلخص بمتابعة أنشطتهم الاكاديمية والعلمية وتوفير الأجواء الدراسية لهم داخل البيت والأتصال بمعلميهم وأساتذتهم للتعرف على مشكلاتهم الدراسية . إضافة الى تهيئة

كافة المستلزمات التربوية التي يحتاجونها خلال فترة دراستهم وتحصيلهم العلمي . أما أهتمام الآباء بدراسة وتعليم أبنائهم فلم يصل الى مستوى أهتمام الأمهات . ذلك أن الامهات دائماً متواجدات في البيوت ، بينما الآباء مشغولون في أعمالهم وشؤونهم الخاصة خار ج البيوت وليس لديهم الوقت الكافي للاشراف على دراسة الأبناء وتحصيلهم العلمي .

أما العوامل السببية التي شجعت المرأة اليابانية على اكتساب الثقافة والتربية والتعليم ومنافسة الرجل في الميادين العلمية والاكاديمية فيمكن تلخيصها بالنقاط الآتية :

١- رغبة الدولة اليابانية بزيادة القابليات والكفاءات والمؤهلات العلمية والتكنولوجية من خلال الاستفادة من الطاقات النسوية [٢١] .

٢- زيادة الطلب الفعال على المهن والأعمال الماهرة التي تحتاج الى درجة متميزة من الكفاءة والاختصاص . ولما كانت الكفاءات البشرية من العنصر الرجالي محدودة فأن المجتمع الياباني لجأ الى القوى العاملة النسوية التي أتاح لها فرص التدريب على المهن والأعمال الفنية والبيروقراطية التي يحتاجها المجتمع الصناعي .

٣- الاحتكاك الحضاري المتنامي بين اليابان والدول الصناعية المتقدمة في الغرب، هذا الاحتكاك الذي ساعد اليابان على نقل القيم الحضارية بثقافة وعمل المرأة ودورها المتميز في بناء الحضارة الحديثة .

٤- التسهيلات الثقافية والعلمية التي وفرتها الدولة اليابانية للمرأة خصوصاً بعد الرفاهية المادية التي حققتها اليابان بعد نجاح تجربتها الصناعية والتنموية .

٥- تغير الدولة والعائلة اليابانية للقيم السلبية التي كانت تحملها أزاء المرأة وامكاناتها الفكرية والابداعية خصوصاً بعد سقوط النظام السلطوي للدولة اليابانية بعد الحرب العالمية الثانية وتحوله الى نظام يتميز بالمرونة والانفتاح والديمقراطية .

أما نتائج ثقافة المرأة وتعلمها وتأهيلها على مختلف الفنون والعلوم النظرية والتطبيقية فيمكن تلخيصها بالنقاط الآتية :

١- نجاح المرأة بالدخول الى كافة المهن والأعمال التي تتطلب درجة من التدريب والتحصيل العلمي مع اثبات كفاءتها وقدرتها على أشغال هذه المهن والأعمال .

٢- قدرة اليابان على توفير الأيدي العاملة الخبيرة والمختصة التي أحتاجتها القطاعات الصناعية والادارية والتكنولوجية .

٣- ارتفاع المنزلة الاجتماعية للمرأة اليابانية بعد قطعها أشواط متميزة في مجالات التربية والتعليم .

٤- نمو وتوسع المؤسسات الثقافية والتربوية لليابان خصوصاً بعد تزايد الطاقة الاستيعابية للمدارس والمعاهد والكليات والجامعات لكي تفي بحجم الطلب الفعال عليها والقادم من عنصري الذكور والاناث على حدٍ سواء .

٣- أثر التصنيع في عمل المرأة اليابانية :

خلال عصر التكاكاوا كانت المرأة اليابانية تشغل دورها التقليدي كربة بيت وكانت تشارك بصورة مباشرة أو غير مباشرة بالصناعة المنزلية التي كان يمارسها زوجها مع بقية أفراد العائلة . ونادراً ما كانت تخرج خارج البيت لممارسة العمل الاقتصادي ما عدا قيام بعض النساء بممارسة مهنة الخياطة ومهنة جني الورود وبيعها في الأسواق والمشاركة في حفلات الشاي التي تقام في مناسبات معينة . وعدم ممارسة المرأة للعمل الاقتصادي خارج البيت وتركيزها على الأعمال المنزلية التي تطرقنا اليها في الفصل أدت الى هبوط قيمتها الاجتماعية وتردي أوضاعها العامة وتعطيل طاقاتها المبدعة والخلاّقة واغترابها عن حقول العلم والمعرفة وتحجرها وتقوقعها في المحيط الضيق الذي كانت تعيش فيه وتتفاعل معه .

الا أن شيوع وبلورة مظاهر التصنيع والتحضر والتنمية الشاملة في ربوع المجتمع الياباني أدت دورها الفاعل في زيادة الطلب الفعال على الأيدي العاملة من عنصري

الرجال والنساء . فبادرت النساء الى العمل خارج البيت خصوصاً بعد حاجة المجتمع الى خدماتها وعملها الانتاجي وبعد تدريبها وتعلمها ورغبتها في تحقيق الاستقلال الاقتصادي والرفاهية المادية لعائلتها . كما أن بعض النساء هاجرن مناطقهن القروية والريفية الى المدن لتبوء العمل الانتاجي والخدمي الذي أصبح مفتوحاً أمامهن لاسيما وأن القوى العاملة من العنصر الرجالي غير كافية لسد الطلب الفعال على الأيدي العاملة في المدن الصناعية . وعمل المرأة خارج البيت قد أضيف الى عملها المنزلي فأصبحت المرأة اليابانية في منتصف القرن العشرين تشغل دورين اجتماعيين متكاملين هما دور ربة البيت ودور العاملة والموظفة والمهنية خارج البيت . ومثل هذه الحالة الجديدة أدت الى ارتفاع منزلتها الاجتماعية وتعاظم سمعتها في المجتمع الصناعي .

خلال المراحل الأولى لتصنيع اليابان عملت المرأة في المصانع القطنية والحريرية وفي المناجم والصناعات الحديدية . وقبيل وخلال فترة الحرب العالمية الثانية عملت المرأة في مصانع الأسلحة والذخيرة . فحوالي ثلثي العمال المستخدمين في المصانع القطنية والحريرية وأكثر من نصف العمال المستخدمين في مصانع الأسلحة والذخيرة هم من العنصر النسوي [٢٢] . وبعد فترة الحرب استخدمت الآلاف من النساء في الصناعات الالكترونية والكهربائية والبتروكيمياوية وفي صناعة الحاسبات الالكترونية والسيارات ولعب الأطفال والاجهزة الدقيقة . كما استخدمت النساء في الدوائر البيروقراطية العامة منها والخاصة ، ودخلن شتى أنواع المهن كالطب والمحاماة والصيدلة والكيمياء والتمريض وطب الأسنان والهندسة والفيزياء والاقتصاد والمحاسبة والخدمة الاجتماعية ... الخ . ومن الجدير بالذكر أن النساء أبدعن أكثر من الرجال في أعمال الموسيقى والتمثيل والتلفزيون والأزياء والفنون الجميلة والأدب[٢٣] .

تشير الاحصاءات الى أن عدد النساء العاملات في اليابان يزيد على الـ ٢٥ مليون امرأة ، وثلثين هذا العدد من النساء المتزوجات [٢٤] . علماً بأن نسبة القوى العاملة النسوية في اليابان تشكل حوالي ٣٩% من مجموع القوى العاملة اليابانية لعام ٢٠٠٠ . وعدد النساء العاملات في طريقه الى الزيادة والتضخم كل عام . كما تشير الاحصاءات الى ان معظم النساء العاملات يعملن في المصانع المتوسطة والصغيرة الحجم ، ومعظم

الموظفات والمهنيات يعملن في الدوائر البيروقراطية والدوائر الحكومية المتخصصة . يقول البروفسور جارلس مكملان في كتابه الموسوم " النظام الصناعي الياباني " أن معظم النساء يعملن في حقل الانتاج ، ذلك أن ٦ر١% منهم يعملن في المهن الحرفية والفنية، ٦ر٤٢% منهن يعملن في الأعمال الكتابية [٢٥] . كما أن هناك عدداً غير قليل من الاناث يعملن في الأعمال الزراعية في المناطق الريفية خصوصاً بعد هجرة الرجال الى المدن لتبوء الأعمال الصناعية هناك . والجدول المذكور أدناه يوضح التوزيع المهني للعاملات اليابانيات بالألف حسب الاحصاءات العمالية لعام ٢٠٠٠ .

المهنة	عدد العمال	نسبة العاملات	نسبة الاناث مقارنة بالنسبة الكلية للقوى العاملة
مهنية وفنية	٤٢٧٠	٦ر٢١	٦ر٥١
ادارية	١٢٠	٦ر٠	٦ر٥
كتابية	١٦٢٠	٢ر٨	٦ر٤٢
مبيعات	٢٨٢٠	٣ر١٤	٤ر٧٣
مزارعات	٣١٤٠	٩ر١٥	٥ر٤٩
النقل والمواصلات	١٧٠	٩ر٠	٠ر٧
الانتاج	٤٥٢٠	٨ر٢٢	٣ر٢٨
عاملات غير ماهرات	٥٨٠	٩ر٢	٤ر٣٨
عاملات خدميات	٢٥٢٠	٨ر١٢	١ر٥٥
المجموع	١٩٧٦٠	١٠٠%	

Source: Labour office Survey, Prime Minister office, Japan, ٢٠٠١.

غير أن النساء لا يحتلن في اليابان المراكز العليا والحساسة ما عدا بعض الأعمال الخدمية التي منحتهن بعض المراكز القيادية كأعمال الموسيقى والأدب وعرض الأزياء . وتشير احصاءات العمل الى أن حجم القوى العاملة الكلي في اليابان قد بلغ ٦٥ر٧٨٠ر٠٠٠ في عام ٢٠٠٠، علماً بأن حجم القوى العاملة من الرجال بلغت ٤٠ر٦٨٠ر٠٠٠، وحجم القوى العاملة من النساء بلغت ٢٥ر١٠٠ر٠٠٠ . والجدول المذكور أدناه يوضح حجم القوى العاملة من الذكور والاناث بالألف موزعة حسب متغير العمر لعام ٢٠٠٠.

فئات الأعمار	الحجم الكلي للقوى العاملة في اليابان	القوى العاملة من الرجال	القوى العاملة من النساء
١٥ـ ١٩	١٥١٠	٧٧٠	٧٤٠
٢٠ـ ٢٤	٦١٦٠	٣٢٩٠	٢٨٧٠
٢٥ـ ٣٤	١٤٣٢٠	٩٨٧٠	٤٤٥٠
٣٥ـ ٤٤	١٣٠٨٠	٨١٥٠	٤٨٣٠
٤٥ـ ٥٤	١٠٥٥٠	٦٣٤٠	٤٢١٠
٥٥ـ ٥٩	٣٢٢٠	١٩٠٠	١٣٢٠
٦٠ـ ٦٤	٢٤٥٠	١٥٦٠	٨٩٠
٦٥ فأكثر	٢٤٩٠	١٧٠٠	٧٩٠

Source: Labour Force Survey , Japan, ٢٠٠٠.

من الجدول أعلاه نستنتج بأن عدد الرجال العاملين في الصناعة يزيد على عدد النساء ما عدا الفئة العمرية ١٥ـ ١٩ سنة . في حين نرى بأن الفئة العمرية ٢٥ـ ٣٤ تضم أقل نسبة من النساء العاملات وذلك بسبب عامل الحمل والولادة الذي تتعرض له النساء خلال هذا العمر .

ومن الجدير بالذكر أن معظم النساء اليابانيات يرجعن الى العمل بعد سن الـ ٣٥ سنة . غير أنهن لا يرجعن الى نفس العمل الذي كن يزاولنه قبل الانقطاع عن العمل نتيجة الحمل والـولادة . وهنـاك بعـض النسـاء يـرجعن الى العمل كشبه متفرغـات ويستلمن أجوراً واطئة نوعما .

وعلينا أن نذكر هنا الاصلاحات التي أدخلت الى المواقـع الانتاجيـة والمؤسسـات الخدمية والهادفة الى تحسين ظروف عمل المرأة . فقد منعت المرأة عن مزاولة الأعمال الخطرة والمضرة بالصحة وجهزت أماكن العمل التي تشتغل فيها المرأة خصوصاً المصانع بمستلزمات الأمن الصناعي . وأعفيت عن مزاولة العمل بعد منتصف الليل ومنعت عـن العمل في المناجم . كذلك قلصت ساعات العمل الى سبع ساعات يومياً وبواقع خمسة أيام في الأسبوع . كما رفعت معدلات أجورها ومرتباتها لكي تتلاءم مع ارتفاع مستويات المعيشة . ومنحت المرأة العاملة اليابانية أجازة الحمل والـولادة وأصدرت التعليمـات القاضية بعدم فصل المرأة عن العمل وقت تمتعها بأجازة الحمل والـولادة . وسمح لهـا بالتمتع بأجـازتين في اليـوم الواحد كل أجازة تستغرق نصف سـاعة لرضاعة ورعايـة أطفالها الصغار [٢٦] . كما منحت أجازة مدتها يومين في الشهر للتغلـب على المشكلات الصحية الناجمة عن عادتها الشهرية . وأخيراً قدمت تسهيلات النقل والمواصلات للنساء العاملات وفتحت مئات الحضانات ورياض الأطفال لاستقبال صغارهن وقت فترة العمل . وتم تأسيس المطاعم والحوانيت التعاونية في أماكن العمـل لكي تستثمرها النسـوة وتستفيد من تسهيلاتها التي أعدت خصيصاً لخدمة المرأة العاملة .

وبالرغم من تشجيع المرأة على العمل مـن قبل الدولة والمسؤولين الا أنها لم تفلح بعد بأحتلال المراكز الحساسة في الدولة والمجتمع ولم تنجح بالسيطرة على الأعمال الحساسة واحتكار أداؤها كما يفعل الرجال .

٤- **أثر التصنيع في تغير مركز المرأة في العائلة اليابانية:**

أشرنا في الفصل السابق الى أن منزلة المرأة اليابانية في مجتمع التكاكاوا كانت واطئة ومتدنية . فكانت حبيسة بيتها وتابعة للرجل سواء كانت بنتاً أو زوجة أو أرملة . فهي لا تصل الى منزلة الرجل في الواجبات والحقوق الاجتماعية . وليس من حقها أن تتدخل في القرارات التي تتخذ من قبل الرجل أزاء تنظيم شؤون العائلة وتربية الأطفال . وكانت تلزم على الزواج من الرجل الذي توافق عليه عائلتها كزوج لها . وفي حالة زواجها تترك بيتها الأصلي وتذهب الى بيت زوجها لتكون تحت أمرة ووصاية والدة زوجها وأخواته . وإذا عارضت أوامر ووصاية والدة الزوج عليها فأنها تطلق حالاً . كما ليس من حقها قيادة العائلة وتمشية أمورها . أما واجباتها في الأسرة فهي انجاب الذرية وتربية الأطفال وتلبية مطاليب الزوج ووالدته والقيام بالواجبات المنزلية كالطبخ والتنظيف وغسل الملابس وخدمة عائلة زوجها .

وخلال عصر التصنيع والتحضر الذي شهدته اليابان تغيّرت منزلة المرأة اليابانية في العائلة تغيّراً جذرياً . والتغير هذا كان يرجع الى عدة عوامل موضوعية وذاتية أهمها تحررها ووعيها وثقافتها وعملها خارج البيت ومشاركتها في كسب موارد العيش للعائلة واشغالها لدورين اجتماعيين متكاملين هما دور ربة البيت ودور العاملة أو الموظفة خارج البيت . إضافة الى تغيير المواقف السلبية التي كان يحملها المجتمع وخاصة الرجل نحوها . وقد تجسد التغير الذي طرأ على منزلة المرأة اليابانية في العائلة في عدة مظاهر وممارسات اجتماعية شاخصة أهمها تغير طبيعة العائلة اليابانية من عائلة ممتدة الى عائلة نووية . ففي العائلة النووية اليابانية يقف الرجل على صعيد واحد مع المرأة في الواجبات والحقوق الاجتماعية [٢٧] . فكلا الرجل والمرأة يشاركان سوية في اتخاذ القرارات البناءة أزاء العائلة والأطفال ويساهمان في تربية الأطفال تربية اجتماعية ووطنية وخلقية ويتحملان مسؤولية مصاريف العائلة خصوصاً بعد مشاركة الزوجة لزوجها في العمل الاقتصادي خارج البيت . إضافة الى مبادرة الزوج بمساعدة زوجته في أداء الواجبات المنزلية ، ومشاركة الزوجين في أنشطة الفراغ والترويح داخل وخارج البيت [٢٨] . كما حددت العائلة النووية علاقتها مع الأقارب ، فالأقارب تحت ظروف

التصنيع والتحضر لا يتدخلون في شؤون العائلة النووية والعائلة الأخيرة لا تتدخل في شؤون الأقارب . وهنا تحررت الزوجة اليابانية من المظالم الاجتماعية والقيود اللاعقلانية التي كانت تفرض عليها من قبل والدة زوجها أو خواته .

وفي عصر التحضر والتصنيع سمح للمرأة بالتعرف على الرجل الذي يطلب الزواج منها ومنحت حرية الخروج معه قبل الزواج . غير أن زواجها لا يتم دون الحصول على موافقتها . وبعد الاتفاق على الزواج وتكوين العائلة الزواجية لا تشارك هذه العائلة السكن في بيت الزوج الأصلي كما كانت تفعل العائلة الزواجية في فترة التكاكاوا بل تسكن في بيت جديد (Neolocal Residence) خاص بالزوجين والأطفال . ولا يحق للأقارب عادة السكن في بيت العائلة النووية.[٢٩] أما الطلاق فيتعلق بالزوجين معاً ، بينما كان يرجع للزوج فقط خلال فترة ما قبل التصنيع . فالزوجة اليابانية الآن تستطيع طلاق زوجها إذا كانت هناك أسباباً داعية للطلاق كأرتكاب الزوج الخيانة الزوجية أو مرضه العضال أو استعماله القسوة ضد زوجته أو هجرته للزوجة لفترة طويلة من الزمن أو حدوث المشاحنات الزوجية التي يتعذر حلها والقضاء على أسبابها أو عدم انسجام الزوجة مع الزوج في الميول والاتجاهات والقيم والممارسات السلوكية . وبعد حدوث الطلاق تذهب الزوجة المطلقة عادة الى عائلة أبيها . كما يحق للزوج طلاق زوجته إذا توفرت الأسباب المذكورة أعلاه .

أعطي الحق للمرأة اليابانية بقيادة أسرتها في حالة غياب أو وفاة زوجها . فمن حقها في هذه الظروف أن تربي أطفالها وتسهر على متطلباتهم وتنفق الأموال عليهم وتعتني بدراستهم وتحصيلهم العلمي . ومن حقها أن تمتلك الملكية وتتصرف بها كما تشاء ومن حقها استثمار أموال العائلة في المشاريع الاقتصادية المثمرة . إضافة الى حقوقها الثابتة في الميراث والوصية وتوقيع العقود والمستندات .

ومن الجدير بالذكر الى أنه بالرغم من المكاسب والمنجزات التي أستطاعت المرأة تحقيقها في العائلة والتي أدت الى رفع مكانتها في المجتمع الياباني الا أنها من الناحية العملية لم تتساوى مع الزوج في الكثير من القضايا والاعتبارات الاجتماعية

والانسانية . فهي لا زالت غير قادرة على اتخاذ أي قرار يتعلق بالعائلة والأطفال دون الحصول على موافقة زوجها مقدماً ، كما أنها تخدم زوجها وتطيعه طاعة عمياء ولا تقف ضده حتى إذا كان على خطأ [٣٠] . كذلك لا تزال العائلة اليابانية تفضّل الأبناء الذكور على البنات . إضافة الى أن الزوجة اليابانية تريد زوجها أن يقود ويوجه البيت ويسيطر على أفرادها وهي من ضمنهم . ولعل هذه الصفات الاستسلامية التي تتميز بها الزوجة اليابانية ما هي الا أمتداد للظروف الاجتماعية والحضارية القاسية التي مرّت بها عبر العصور السلطوية والدكتاتورية والعنجهية التي كان فيها الرجل الآمر والحاكم والموجه وكانت فيها المرأة المأمورة والمحكومة والتابعة .

هوامش ومصادر الفصل الحادي عشر

(١) McMillan , C. The Japanese Industrial System, New York, de Gruyter, ١٩٨٤, P. ١٣٥.

(٢) Dore, R. City Life in Japan , London, Routledge and Kegan Paul , ١٩٩٣, P. ١١٧.

(٣) McMillan , C. The Japanese Industrial System,PP.١٣٥-١٣٦.

(٤) Ibid., P. ١٣٧.

(٥) Ishida, T. Japanese Society, New York, Raudom House , ١٩٩١, P. ٣٠.

(٦) McMillan,C.The Japanese Industrial System,P.١٣٧.

(٧) Embree , J. A Japanese Village, London, Kegan Paul, ١٩٨٦, PP. ٦٢-٦٣.

(٨) McMillan,C.The Japanese Industrial System,P.١٣٧.

(٩) Dore, R. City Life in Japan, P. ١٠٩.

(١٠) Vogel, E. Japan's New Middle Class, Berkeley, University of Valifornia Press, ١٩٩١, P. ١٨١.

(١١) Reiscjauer, E. Japan: The story of a Nation, London, Thomas Nelson, ١٩٩٩, PP. ٢٩٢-٢٩٣.

(١٢) McMillan , C. The Japanese Industrial System,PP. ١٣٦-١٣٧.

(١٣) Okochi, K. Workers and Employers in Japan, Tokyo, Univ. of Tokyo Press, ١٩٩٣, P. ٤٩.

(١٤) McMillan,C.The Japanese Industrial System,P.١٩٣.

(١٥) Ibid., P. ١٤١.

(١٦) Vogel, E. Japan's New Middle Class, PP.١٨٢-١٨٣.

(١٧) Haring, D. Japan's prospect, Cambridge, Harvard University Press, ١٩٨٦, PP. ٧٩-٨٨.

(١٨) McMillan,C.The Japanese Industrial System,P.١٣٩.

(١٩)   Ibid., P. ١٢٣.

(٢٠)   Ibid., P. ١٢٥.

(٢١)   Kahn, H. The Emerging Japanese Super state, Englewood cliffs, Prentic-Hall, ١٩٩٠ , P. ٩٥.

(٢٢)   McMillan,C.The Japanese Industrial System,P.١٣٧.

(٢٣)   Ibid., P. ١٣٩.

(٢٤)   Labour office survey, Prime Minister office, Japan, ٢٠٠١.

(٢٥)   McMillan, C. P. ١٣٩.

(٢٦)   Cook, A. And H. Hayashi Working Women in Japan, New York , Cornell University Press, ١٩٨٠.

(٢٧)   Dore, P. City Life in Japan, P. ١٥٧.

(٢٨)   Vogel, E. Japan's New Middle Class, PP.١٨١-١٨٢.

(٢٩)   Dore, P. City Life in Japan, PP. ١٢٥-١٢٦.

(٣٠)   Ibid., P. ١٨٥.

الفصل الثاني عشر

المرأة والصحـــة

المقدمـــة :

تعد الصحة والحيوية التي تتمتع بها المرأة من أهم العوامـل التـي تمكنهـا مـن التكيف للمحـيط الاجتماعـي الـذي تعـيش فيـه وتتفاعـل معـه ، ومـن الاوليـات التـي تساعدها في أداء المهام المنزلية ومهام العمل الانتاجي أو الخدمي خـارج البيـت ، فضـلاً عن دورها الفاعل في تمكين المرأة من الدراسة والتحصيل العلمي ومن ثم احتلال مواقـع العمل في المجتمع . أما اعتلال صحة المرأة وتعرضها للمرض فانه يحول دون قدرتها على التكيف للمحيط وعجزها عن أداء المسؤوليات والأعمال داخل البيـت وخارجـه وفشـلها في الدراسة وطلب العلم والمعرفة وبالتالي عدم قدرتها عـلى احـتلال الوظـائف والأعـمال المرموقة والحساسة التي يثمنها المجتمع .

لهذا كان لزاماً على المرأة اتخاذ كل ما مـن شـأنه مـن اجـراءات وتـدابير تـؤمن تمتعها بالصحة والنشاط والفاعلية . غير ان المرأة وحدها لا تستطيع بلـوغ هـذا الهـدف دون مساعدتها من قبل أجهزة الدولـة والمجتمـع المـدني عـن طريـق تقـديم الخـدمات الصحية والاجتماعية والتربوية لها، هذه الخدمات التي تجعلها نشـطة ومنتجـة وفاعلـة في المجتمع الذي تعيش فيه [1] . ذلك ان صحة المـرأة وسـلامتها مـن الأمـراض الانتقاليـة والمزمنة هو العامل الأساس الذي يمكنها مـن احـتلال دورهـا الطبيعـي في المجتمـع كـأم وزوجة وأخت وبنت لها أهميتها في الكل الاجتماعي .

إن ما تحتاجه المرأة لكي تكون ذا صحة وحيويـة ونشـاط مميـز هـو الخـدمات الاجتماعية والصحية والتربوية التي يمكن ان تُقدم لها طيلة فصـول وأشـهر السـنة ، مـع البرامج الوقائية والعلاجية التي تساعدها على تجنب المـرض والتمتـع بالصـحة الدائمـة . فالبرامج الوقائية هذه تؤدي دورها الفاعل في تجنب الأمراض النفسية والعقلية

والجنسية التي قد تتعرض لها المرأة نتيجة تفاعلها مع الآخرين واتصالاتها الجنسية مع الرجال. ذلك ان البرامج الوقائية هذه تؤمن الصحة الجنسية والانجابية للمرأة وتقلل اخطار الاصابات بالامراض الانتقالية والمزمنة وتمكن المرأة من أداء دورها التربوي والاجتماعي والتنشيئي في المجتمع [٢]. ناهيك عن دور البحوث والدراسات والمطبوعات في تعميق الثقافة الصحية بين النساء ودرء اخطار الاصابة بالامراض عن طريق الاساليب الوقائية والعلاجية التي يمكن ان تنتشر بين النساء عبر وسائل الاعلام الجماهيرية [٣].

بيد ان هذه الخدمات التي يمكن تقديمها للنساء المتزوجات وغير المتزوجات لا يمكن القيام بها دون توظيف الأموال وتخصيص الطاقات البشرية من قبل اجهزة الدولة والمجتمع المدني لان شحة الأموال والتخصيصات المالية وندرة الموارد البشرية العاملة في مشاريع تنمية المرأة لا بد ان تعرقل الجهد المبذول صوب صحة المرأة وسلامتها من الأمراض الجسمية والنفسية والاجتماعية [٤].

إن هذا البحث يتكون من خمسة مباحث رئيسية هي ما يأتي :

المبحث الأول : الخدمات الصحية والاجتماعية والتربوية التي تحتاجها المرأة لتتمكن من بناء شخصيتها وتفجير طاقاتها المبدعة والخلاّقة .

المبحث الثاني : ضرورة رسم البرامج الوقائية التي تحتاجها المرأة .

المبحث الثالث : ضرورة العمل من أجل الصحة الجنسية والانجابية للمرأة والتصدي للامراض التي قد تصيبها عن طريق الاتصال الجنسي.

المبحث الرابع : نشر الثقافة الصحية بين النساء وتعميق الوعي الصحي والطبي عندهن.

المبحث الخامس : رصد الأموال والطاقات البشرية التي تضمن صحة المرأة وفاعليتها في المجتمع .

المبحث السادس: التوصيات والمعالجات لتعزيز الاوضاع الصحية والانجابية للمرأة في المجتمع .

والآن علينا دراسة هذه المباحث مفصلاً .

المبحث الأول: الخدمات الصحية والاجتماعية والتربوية التي تحتاجها المرأة لتتمكن من بناء شخصيتها وتفجر طاقاتها المبدعة والخلاّقة

لكي تتمتع المرأة بالحيوية والنشاط والصحة والفاعلية على الدولة والمسؤولين ومنظمات المجتمع المدني تقديم الخدمات الصحية والاجتماعية والتربوية التي تحتاجها المرأة لكي تتمكن من بناء شخصيتها وتفجير طاقاتها المبدعة والخلاّقة (٥) . فالمرأة تحتاج الى العديد من الخدمات التي في مقدمتها الخدمات الصحية ، وهذه الخدمات يمكن أجمالها بالنقاط الآتية :

١- الخدمات الطبية في مختلف الاختصاصات الصدرية والباطنية والحمل والولادة والكسور والامراض البولية والانف والأذن والحنجرة والعيون والامراض الجنسية وامراض الدورة الدموية ... الخ . مع تيسير هذه الخدمات للنساء كافة بغية الاستفادة منها شريطة ان تكون هذه الخدمات بنوعية عالية وتلبي اذواق جموع النساء .

٢- خدمات الطب النفسي والامراض العقلية والعصبية التي يمكن ان تستفيد منها النساء في التحرر من الامراض النفسية والعقلية والعصبية التي يعانين منها .

٣- خدمات الطب الاجتماعي التي تعالج الأمراض الاجتماعية التي تعاني منها النساء كامراض الكذب والحسد والنفاق وانفصام الشخصية والخوف والقلق والتوتر والهيستيريا ... الخ (٦) .

٤- الخدمات الصيدلانية والدوائية التي يمكن ان تقدم للنساء والتي تزودهن بالعقاقير والادوية المطلوبة تخلصاً من الأمراض التي تعاني منها النساء . علماً بأن انواع هذه الخدمات المفتوحة للنساء لا بد ان تعالجهن وتحررهن من الأمراض المختلفة التي تعانين منها .

٥- الخدمات الاجتماعية التي تحتاجها النساء ، وهذه الخدمات تتعلق بخدمات رعاية الأسرة وخدمات رعاية المعوقين وخدمات رعاية المسنين والمسنات ،

وخدمات التقاعد والضمان الاجتماعي وخدمات كيفية قضاء وقت الفراغ والخدمات الترويحية [7] . إضافة الى الخدمات السكنية وخدمات النقل والمواصلات وخدمات الامومة والطفولة وخدمات رعاية الأحداث والخدمات الامنية ... الخ .

٦- الخدمات التربوية والتعليمية التي تحتاجها النساء ، وهذه الخدمات تتعلق بفتح المدارس الابتدائية ورياض الأطفال للصغار وفتح المدارس المتوسطة والاعدادية للبنات ، مع اتاحة المجال للطالبات بالدراسة في المعاهد والكليات والجامعات . فضلاً عن تأسيس المتاحف والمختبرات والمكتبات والنوادي الثقافية والاجتماعية مع تيسير استعمالها من قبل النساء والرجال على حدٍ سواء دون تمييز جنسي في القبول والدراسة .

علماً بأن الخدمات الصحية والاجتماعية والتربوية والتعليمية التي تفتحها الدولة للنساء يجب ان تتميز باربعة شروط أساسية هي ما يأتي :

١- ان تكون الخدمات المقدمة للنساء متنوعة ومتاحة للنساء كافة دون تمييز أو تحيز .

٢- ان تكون الخدمات براغماتيكية ، أي قادرة على تلبية الحاجات الطبية والاجتماعية والنفسية للنساء كافة [8] .

٣- ان تكون الخدمات شمولية ، أي تشمل جميع أبناء وبنات المجتمع وبدون استثناء .

٤- ان تكون الخدمات عمومية ، أي ان تتعلق بعامة الشعب دون تمييز بين فرد وفرد أو بين طائفة وطائفة [9] .

إن هذه الخدمات التي تقدمها الدولة للنساء لا بد ان تصقل وتنمي شخصية المرأة وتجعلها شخصية فاعلة ومؤثرة وقادرة على تغيير الوسط الذي تعيش فيه المرأة . وهنا تكون المرأة حقاً مساوية للرجل في الحقوق والواجبات وتحظى باحترام وتقدير

وتقييم الرجل . علماً بأن الشخصية الفاعلة والمؤثرة هي التي تميز المرأة وتجعلها قـادرة على اشغال ادوارها الاجتماعية التي تحدد منزلتها ومكانتها الاجتماعية .

بيد ان الدولة تكون قادرة على عرض هذه الخدمات لجموع النساء إذا تـوفرت لديها الأموال التي يمكن ان تصرفها على المؤسسات الخدمية النسوية وإذا توفرت لـديها الملاكات البشرية المؤهلة والمدربـة عـلى التعامـل مـع النسـاء وخـدمتهن عـلى الصـعيد الصحي ، وهنا تكون الدولة قد أدت التزاماتها تجاه صحة النساء وحيويتهن .

المبحث الثاني : ضرورة رسم البرامج الوقائية التي تحتاجها المرأة

تتعرض المرأة أكثر من غيرها من أفراد المجتمع الى عدد غير محدود من الأمراض الانتقالية والمعدية نتيجة تكوينها البايولوجي ووظيفتها الانجابية التي تعد العامل الأساس في حفاظ المجتمع على سكانه من التناقص والانقراض [١٠] . ومثل هذه الأمراض الانتقالية التي تتعرض لها المرأة كمرض نقص المناعة أو ما يسمى بمرض الايدز الذي ينتقل اليها عن طريق الاتصال الجنسي أو الاحتكاك المباشر بالمصابين بهذا المرض ، ومرض التدرن الرئوي والكوليرا والانفلونزا والطاعون والحصبة وانواع الحميات وبخاصة حمة مالطة ، إضافة الى الأمراض الجلدية والتناسلية وامراض الدم المختلفة التي لا شك انها تعيق نشاط المرأة وتعطلها كلية عن العمل وتمنعها من أداء واجباتها الزوجية والمنزلية والتربوية والتنشيئية وتخل بالتزاماتها أزاء المجتمع [١١] .

لهذا والحالة هذه ينبغي على القادة والمسؤولين الصحيين والمربين ورجال الاجتماع وضع برامج وقائية تحمي المرأة وتحصنها من الأمراض السارية التي قد تتعرض اليها والتي من شأنها ان تعطل نشاطها وجهودها أزاء افراد أسرتها وعملها خارج البيت . والبرامج الوقائية التي يمكن وضعها وجعلها بمتناول المرأة تكون على أشكال متعددة وفقاً لطبيعة الأمراض التي تتعرض لها المرأة في المجتمع . ان البرامج الوقائية التي يمكن وضعها للمرأة هي ما ياتي :

١- البرامج الوقائية التي تصون المرأة من أمراض السرطان .

٢- البرامج الوقائية التي تبعد مرض نقص المناعة (الايدز) عن المرأة وتحميها من شروره [١٢] .

٣- البرامج الوقائية التي تحمي المرأة من العديد من الأمراض المزمنة كامراض القلب والضغط الدموي العالي ومرض السكري ومرض الفقرات والمفاصل ومرض البدانة أي زيادة الوزن [١٣] .

٤- البرامج الوقائية التي تحمي المرأة من الأمراض المتوطنة كالانفلونزا والربو وانفلونزا الطيور والسعال الديكي والتهاب القصبات والسعال المستمر وامراض الانف والأذن والحنجرة .

٥- البرامج الوقائية التي تحافظ على اسنان المرأة وعيونها من الأمراض التي غالباً ما تتعرض اليها .

والجهة أو الجهات التي ترسم البرامج الوقائية للمرأة وتجعل هذه البرامج متيسرة لها هي الأطباء المتخصصين والباحثون الاجتماعيون والاعلاميون ومنظمات المجتمع المدني التي تعنى بصحة المرأة وحيويتها في المجتمع . إضافة الى السياسيين لاسيما هؤلاء المتخصصين بالسياسة الاجتماعية والخدمات الاجتماعية وطب المجتمع وطب الأسرة[١٤] . والبرانج تعد بمثابة الوسيلة أو الواسطة المعتمدة في ابعاد الأمراض الانتقالية عن المرأة لكي تكون الأخيرة بمنأى عنها .

أما الشروط التي ينبغي توفرها في البرنامج الوقائي لحماية المرأة من الأمراض الانتقالية والمزمنة المشار اليها أعلاه فهي كما يأتي :

١- تحديد أهداف البرنامج القريبة والبعيدة والوسائل والسبل التي يعتمدها والتي تؤمن تحقيق الأهداف .

٢- ان يتسم البرنامج بالواقعية والموضوعية والعلمية ، أي ان يكون البرنامج متأتياً من واقع المرأة والظروف والمعطيات المحيطة بها وان يكون علمياً في اطاره ومحتواه وفلسفته .

٣- ان يكون البرنامج براغماتيكياً أي علمياً وتطبيقياً عند معالجته للمشكلة الصحية التي تعاني منها المرأة .

٤- ان يكون البرنامج شمولياً ، أي يشمل جميع النساء بغض النظر عن الخلفية الاجتماعية والطبقية والاثنية والثقافية والعنصرية الخاصة بالنساء [١٥] .

٥- ان يتسم البرنامج بالخصوصية ، أي يعالج مرض أو مجموعة أمراض تعاني منها النساء في المجتمع .

٦- ان يكون البرنامج عمومياً ، أي يعالج جميع النساء بدون استثناء ولا يتحيز لجماعة أو زمرة من النساء دون معالجة الجماعات أو الزمر الأخرى .س

٧- ان يعتمد البرنامج على ثالوث خدمة الفرد وهو المرأة المستهدفة بالمعالجة والطبيب المعالج ، والموقف ، أي المرض أو الحالة المرضية المشخصة التي تتطلب المعالجة [١٦] .

ويمكن هنا التحدث عن عدد من البرامج الوقائية التي يمكن اعتمادها في الوقاية من بعض الأمراض التي غالباً ما تتعرض لها النساء في المجتمع العراقي . ولعل من أهم هذه البرامج ما يأتي :

أولاً: البرامج الوقائية التي تصون المرأة من أمراض السرطان

١- ضرورة تأسيس مراكز صحية في المناطق المزدحمة بالسكان تتولى مهمة التشخيص المبكر لحالات السرطان عند المرأة وبخاصة سرطان الثدي وسرطان الرحم .

٢- حث المرأة عن طريق وسائل الاعلام على ضرورة اجراء الفحوص المختبرية المبكرة لحالات السرطان التي تتعرض لها المرأة في أي جزء من اجزاء جسمها إذ ان التشخيص المبكر للحالة السرطانية من شأنه ان يعالج الحالة ويقضي عليها، بينما التأخر في تشخيص المرض يؤدي الى انتشار السرطان في المنطقة أو المناطق المصابة بالمرض الى سائر انحاء جسم المرأة[١٧] .

٣- تحذير المرأة عن طريق وسائل الاعلام والزيارات الاجتماعية والصحية التي يمكن ان تقوم بها الزائرات والباحثات الصحيات الى المساكن من اخطار التدخين والمشروبات الكحولية وبقية العقاقير والمخدرات على صحة المرأة

واحتمالية اصابتها بالامراض السرطانية ، نتيجة الافراط في التدخين أو الافراط في تناول المشروبات الكحولية والادمان على العقاقير والمخدرات .

٤- حث المرأة على الامتناع عن تناول بعض الاغذية التي تقود الى السمنة عند المرأة كتناول الـدهون والشحوم والحلويات والفطائر والخبز والرز بكميات كبيرة حيث ان الطب الحديث قد اثبت بان سمنة المرأة نتيجة تناولها السكريات والشحوم والدهون والخبز والفطائر بكميات كبيرة قد تكون سبباً مهماً من أسباب الاصابة بانواع السرطانات ^(١٨) .

٥- ضرورة نشر الثقافة الصحية بين النساء ، هـذه الثقافـة التـي تمكـن المرأة مـن تفادي أسباب الاصابة بالسرطان .

٦- ضرورة المام المرأة بالعوامل والمعطيات التي تجنبها اخطار الاصابة بالسرطان كالابتعاد عن الهموم وحالات الخوف والقلق التي تنتابها ، وممارسة الانشطة الرياضية والترويحية التي تجلب حالات السرور عند المرأة ، وتناول الاغذية التي تبعد اخطار الاصابة بالسرطان عند المرأة وتجنب الاغذية والعادات الغذائية التي تسبب ظهور حالات السرطان عند المرأة وهكذا .

ثانياً: البرامج الوقائية التي تحمي المرأة من العديد من الأمراض المتوطنة كالانفلونزا وانفلونزا الطيور والربو والسعال والتهاب القصبات وامراض الانف والأذن والحنجرة وامراض العيون

يمكن وضع البرامج لحماية المرأة من الامراض المتوطنة المعروفة. وهذه البرامج الوقائية تتخذ الاجراءات الآتية :

١- بناء معاهد ومؤسسات صحية للوقاية من الأمراض المتوطنة وتجهيزها باللوازم والمعدات والاجهزة الضرورية مع تزويدها بالكوادر والملاكات البشرية المتدربة.

٢- حـث النسـاء عن طريق وسـائل الاعلام الجماهيرية او الزيارات الصحية أو عـن طريق منظمات المجتمع المدني لاسيما المنظمات النسوية والمدارس والمؤسسـات التربويـة والعلميـة عـلى ضرورة تجنـب الامـاكن المزدحمـة بالسكان وتجنب الاختلاط والتفاعل مع المريض الذي يحمل فايروس المرض حيـث ان المناطق المكتظة بالسكان مع التماس مع المرضى الذين يحملون فيروسات المـرض تكون أسباباً للاصابة بهذه الأمراض السارية والمتوطنة [١٩].

٣- حـث المـرأة عـلى مراجعـة الاطبـاء المتخصصـين حين الاصابة بالمرض لـكي لا يستحكم المرض في جسم المرأة وبالتالي لا تستطيع معالجته والتحرر من قبضته .

٤- تقديم النصائح والارشادات للمرأة بتناول الاغذية الغنيـة بالفيتامينـات التي تبني جهاز المناعة ضد الأمراض المتوطنة عند المرأة لـكي لا تكون المـرأة ضحية هذه الأمراض التي تنتهك جسم المرأة وتعطل المرأة عن العمل وتشل قدراتها الجسمية والتفكيرية.

٥- اتباع العـادات الصحية في الغذاء والسكن والعمـل والترويح والراحـة والنـوم حيـث ان مثل هذه العادات الصحية تجنب تعرض المرأة للمرض . ومثل هـذه العـادات الصحية هي الاعتدال في تناول الطعام والاعتدال في العمـل والموازنـة بين اوقات العمل واوقات الفراغ والترويح وممارسة التمارين الرياضية اليوميـة وتجنب السهر والاعياء وقلة ساعات النوم ٠٠٠ الخ [٢٠].

٦- تزويد المرأة بالثقافة الصحية التي تمكنها من معرفة أسباب الأمراض المتوطنـة وآثارها وكيفية وقايتها والتحرر من سلبياتها. وهذه الثقافة الصحية يمكن رفد المـرأة بهـا عـن طريـق وسـائل الاعلام الجماهيريـة كالفضائيات والتلفزيون والصحف والمجلات والكتب والافلام الوثائقية . فضلاً عـن الزيارات والبحـث الاجتماعي والصحي .

المبحث الثالث: تأمين الصحة الجنسية والانجابية للمرأة والتصدي للأمراض التي قد تصيبها عن طريق الاتصال الجنسي

من أهم واخطر الامراض التي غالباً ما تصيب المرأة وتعكر صفو حياتها في الأسرة والمجتمع الامراض الجنسية التي قد تصاب بها نتيجة اتصالها الجنسي بالشخص المصاب بالمرض الزهري والجنسي ومرض نقص المناعة المكتسب (مرض الايدز) [٢١] . ويمكن تفادي الاصابة بهذه الأمراض من قبل المرأة عن طريق اتخاذ الاجراءات الآتية فيما يتعلق بصحتها الجنسية :

١- اتخاذ الحيطة والحذر فيما يتعلق بالاتصالات الجنسية مع الاشخاص الذين يحملون فيروسات الامراض الجنسية والزهرية والايدز. فالمرأة حين معرفتها باصابة شخص ما بهذه الأمراض المعدية ينبغي تجنب الاتصال الجنسي معه حتى ولو كان زوجها، كما ينبغي الابتعاد عنه كلما استطاعت الى ذلك سبيلاً تفادياً للاصابة بالمرض .

٢- ضرورة تعمد المرأة بتقليل عدد المرات التي تتصل فيها جنسياً مع الرجل ، إذ كلما كانت الاتصالات الجنسية مع المرأة كثيرة كلما كانت هدفاً للاصابة بالمرض الجنسي الذي قد ينتقل الى جنينها ، وكلما كانت الاتصالات الجنسية قليلة كلما حفظت المرأة نفسها من الاصابة بالمرض الجنسي [٢٢] .

٣- ضرورة تأكد المرأة من نظافة شريكها الذي تتصل به جنسياً ، وإذا لم تتأكد من ذلك فانها ينبغي ان تمانع الممارسة الجنسية معه أو تلزمه على استعمال العازل الذكري الذي يحول دون انتقال السبيرمات المعدية اليها من الرجل وبالتالي يحافظ على سلامتها من الأمراض الجنسية والزهرية المعدية[٢٣] .

٤- اصرار المرأة عند اتصالها الجنسي ـ مع الرجل عـلى نظافتـه ونظافة اعضائه التناسلية مع الالتزام بنظافتها ونظافة اعضائها التناسلية لـكي تتفادى الاصابة بالامراض الجنسية وبخاصة مرض الايدز .

٥- ضرورة قيام المرأة بالفحوصات الدورية لحياتها الجنسية لكي تتأكد من سلامتها من الامراض الجنسية وبالتالي قدرتها على انجاب الذرية [٢٤] .

٦- على المرأة اكتساب المعلومات والثقافة الجنسية الضرورية من الكتب والمجلات والصحف ووسائل الاعلام الجماهيرية الأخرى وبخاصة الفضائيات والتلفزيـون والفديو والافلام التلفزيونية الأخرى حيـث ان مثل هـذه المعلومـات والثقافة الجنسية من شأنها ان تجعلها ذي دراية كاملة باسباب الصحة الجنسية والمرض الجنسي لكي تأخذ باسباب الصحة وتتفادى اسباب المرض .

٧- في حالة اصابة المرأة بالمرض الجنسي عليها مراجعة الطبيب المختص بهذا المرض حالاً للتعرف على أسباب الاصابة وآثارها وكيفيـة تفاديهـا والطبيب المختص يمكن ان يعالج المرأة المصابة ويحررها من المرض أو الامراض الجنسية المعدية التي تعاني منها .

٨- ضرورة فتح أو تأسيس عيادات طبية جنسية يمكن ان تراجعها النساء البالغـات سواء كن متزوجات او غير متزوجـات . ومثل هـذه العيـادة تستطيع تزويـد النساء بالمعلومات والدرايات والخبر عن طبيعة الاتصالات الجنسية السليمة والمشروعة والاتصالات الجنسية المحظورة وغير المشروعة لـكي يمكـن بعد ذلك تجاوزها وفرض الحظر عليها .

ومن الجدير بالملاحظة بان الصحة الجنسية عند المرأة يمكن بلوغها عند مراجعة العيـادة الطبية الجنسية باستمرار لـكي تشخص الامراض بصورة مبكرة وتتم عملية علاجها والوقاية منها .

أما الصحة الانجابية عند المرأة فيمكن بلوغها عند التقيد بالتوصيات والمعالجات الآتية :

١- ضرورة ان يكون الانجاب في ظل السلامة الجنسية لكل من المرأة والرجل ، أي عدم اصابتها بالامراض الجنسية والزهرية التي غالباً ما تنتقل الى الاجنة قبل ولادتها .

٢- عند الحمل على المرأة مراجعة العيادة الانجابية عدة مرات للتأكد من سلامة الحمل ومن سلامة صحة المرأة وجنينها، فضلاً عن تشخيص ومعالجة الامراض الجنسية وغير الجنسية التي قد تصيب المرأة اثناء الحمل والولادة [٢٥] .

٣- ان تكون هناك فترة زمنية بين انجاب وانجاب آخر ، وهذه الفترة يمكن ان تكون بحدود ٢-٣ سنة لكي تعطي درجة من الراحة للمرأة الوالدة تمكنها من تربية ابنها والحفاظ على صحته قبل الحمل والولادة ثانية [٢٦] .

٤- على العيادة الانجابية أو المستشفى منح معلومات كافية للمرأة الحامل تمكنها من الحفاظ على الحمل والممارسات التي يمكن ان تقوم بها لغاية ولادة الجنين ، وبعد الولادة على العيادة الانجابية تزويد المرأة بمعلومات قيمة عن كيفية التعامل مع الطفل حديث الولادة والعناية به ورعايته وتنشئته والحفاظ عليه من الأخطار والتحديات الخارجية المحيطة به .

٥- ضرورة منح العيادة الانجابية للأم والحامل الادوية والعقاقير بل وحتى الحليب والمواد الغذائية الأخرى والملابس التي تحافظ على الطفل الوليد من الأخطار والتحديات وتمده بمقومات الصحة وتبعده عن شرور المرض وويلاته .

٦- يتطلب الحمل والانجاب وجود بيئة سكنية هادئة وآمنة يمكن ان تحافظ على مقومات الحمل وتحافظ على نجاح عملية الانجاب لكي ينشيء الطفل في كنف الرعاية والصحة والحنان والشفقة التي تمكنه من العيش السليم وسط اجواء ايجابية وفاعلة [٢٧] . علماً بأن هذه البيئة الملائمة للحمل والانجاب لا يمكن ان تتوفر للأسرة الانجابية الا إذا توفرت تسهيلات السكن للعائلة

الزواجية . وهذه التسهيلات لا يمكن ان تتواجد بدون بناء مشاريع سكنية كبيرة تضمن توزيع المساكن الصحية المريحة للأسر الزواجية حديثة التكوين كافة بغض النظر عن ظروفها ومعطياتها البيئية والاجتماعية والصحية .

مما ذكر أعلاه من معلومات نخلص الى القول بان الصحة الانجابية تعتمد على الصحة والسلامة الجنسية من الأمراض الجنسية المعروفة . لذا يؤكد البحث على ضرورة وقاية المرأة من الأمراض الجنسية السائدة وبخاصة مرض الايدز لكي تتمكن بعد ذلك من انجاب الابناء الاصحاء الذين هم عماد مستقبل الأمة ورفاهيتها وازدهارها.

المبحث الرابع : نشر الثقافة الصحية بين النساء وتعميق الوعي الصحي والطبي عندهن

الثقافة الصحية هي وسيلة من وسائل الوقاية ضد الامراض الانتقالية والمزمنة التي غالباً ما تتعرض لها المرأة مهما تكن فئتها العمرية [٢٨] . والثقافة الصحية بمفهومها العلمي الدقيق هي منظومة المعرفة الصحية التي يمكن ان يكتسبها الافراد عبر وسائل وطرق مختلفة ، وعند اكتسابها تكون لديهم ثروة من المعلومات الصحية العامة التي تمكنهم من فهم قواعد الصحة والمرض والتعامل معها وفقاً لهدف صحتهم وحيويتهم في المجتمع الذي يعيشون فيه ويتفاعلون معه [٢٩] . علماً بان الثقافة الصحية تخدم الأهداف الصحية القريبة والبعيدة للرجال والنساء على حدٍ سواء .

ولما كانت المرأة بحكم سماتها البايولوجية ومحدودية قدرتها على مواجهة المرض عرضة لمختلف الاوبئة والامراض فان الثقافة الصحية تعد من الوسائل الوقائية المهمة التي يمكن ان تتسلح بها لدرء اخطار وتحديات الاوبئة والامراض عنها توخياً لصحتها وسلامتها الجسمية والعقلية التي تساعدها في أداء مهامها وتحمل مسؤولياتها الجسيمة في المجتمع ، إذ انها تشغل دورين اجتماعيين متلازمين هما دور ربة البيت في الأسرة ودور الموظفة أو العاملة أو الخبيرة خارج البيت [٣٠] . واشغال مثل هذين الدورين لا يمكن ان يكون فاعلاً ودقيقاً دون تمتع المرأة بالصحة الجسمية والعقلية التي تساعدها على النهوض باعمالها ومسؤولياتها في التربية والتقويم والعمل وادارة شؤون المنزل وتنظيم الحياة الزوجية بما يضمن رفاهية الأسرة والمجتمع وتقدمهما في الميادين كافة .

والثقافة الصحية المطلوبة من المرأة اكتسابها ينبغي ان تمرر اليها وتستدخلها في ذاتيتها منذ بداية حياتها وليس في سن متأخرة من عمرها [٣١] . فالاسرة كأول جماعة اجتماعية تنتمي اليها البنت يجب ان تضطلع بمهمة تمرير الثقافة الصحية الى بناتها وابنائها عن طريق التنشئة الاسرية والتربية الاجتماعية . بعد ذلك تتعهد المدرسة بغرس مبادىء الثقافة الصحية عند البنات عن طريق الدراسة والتدريب والمران. فضلاً عن دور

وسائل الاعلام الجماهيرية التي تتجسد في الفضائيات والتلفزيون والراديو والصحافة والمجلات والكتب في نشر الثقافة الصحية بين البنات والنساء . ناهيك عن الدور الفاعل الذي يمكن ان تقوم به المنظمات النسوية والمنظمات المهنية والجماهيرية والشعبية ومنظمات المجتمع المدني في نشر وبلورة المعارف الصحية الأساسية بين النساء لاسيما المعارف الصحية المتعلقة بالوقاية من الأمراض الوبائية والانتقالية وطرق معالجتها والتصدي لها [٣٢] . ولا يمكن ان ننسى الدور الفاعل الذي يمكن ان تلعبه الاجهزة الصحية بأنواعها ومستوياتها المختلفة في تمرير الثقافة الصحية الى جموع النساء والتي تعمق عندهن الوعي الصحي والاجتماعي وتزيد من كمية معارفهن في أمور الوقاية من الامراض ومعالجتها وكيفية التعامل والتعايش معها توخياً لهدف نشر الصحة والحيوية بين النساء والتصدي للمرض ومواجهته وحسره في مناطق ضيقة .

أما تفاصيل ومفردات الثقافة الصحية التي يمكن تزويد النساء بها عبر الوسائل والقنوات المحدودة أعلاه فهي ما يأتي :

١- معلومات تفصيلية عن طبيعة جسم الانسان من حيث مركباته واجهزته وخلاياه . فالتركيب العضوي لجسم الانسان يمكن تحليله الى الأجهزة والاعضاء العضوية كالجهاز العظمي والجهاز العضلي وجهاز الدوران والجهاز الهضمي والجهاز التنفسي والجهاز العصبي والحسي والجهاز الجنسي ... الخ . أما الأعضاء العضوية في الجسم فهي القلب والرئتين والمعدة والعين واللسان والأذن والكبد والكليتين والاطراف العليا والاطراف السفلى ... الخ . وان الأجهزة والاعضاء يمكن تحليلها الى الخلايا العضوية التي لكل منها واجباتها وحقوقها [٣٣] . فضلاً عن دراسة وظائف الأجهزة والاعضاء والتكامل العضوي بينها ، إذ ان كل جهاز أو عضو مكمل للجهاز أو العضو الآخر وان الجهاز أو العضو الواحد لا يمكن ان يعمل بعيداً عن الأجهزة والاعضاء الأخرى .

الامراض التي يمكن ان تصيب الأجهزة والاعضاء العضوية في جسم الانسان من حيث انواعها وخطورتها وكيفية مواجهتها وتطويق مسبباتها . فالامراض قد تظهر نتيجة عوامل عضوية داخلية تتعلق بطبيعة ومركبات الجسم ووظائفه وقد تظهر نتيجة مؤثرات وقوى خارجية وعوامل بيئية لا علاقة لها بالتكوين العضوي أو البايولوجي للجسم كالعوامل المناخية والاجتماعية والاقتصادية والنفسية والتربوية والايكولوجية أو البيئية (٣٤) .

٢- الاغذية وانواعها وتصنيفاتها وما هو مفيد منها للجسم وما هو مضر- وكيفية تناولها وكميات استهلاكها مع تحديد اوقات تناول الوجبات . فضلاً عن طرق تحضير الاطعمة وحفظها وحمايتها من الفساد والتفسخ .

٣- طرق الوقاية من الامراض المزمنة كالضغط الدموي العالي والضغط الدموي الواطيء وامراض القلب والسكري والسرطان مع طرق الوقاية من الامراض الانتقالية كالملاريا والحصبة والتيفوئيد والتدرن الرئوي والانفلونزا وانفلونزا الطيور ... الخ. علماً بان طرق الوقاية لبعض هذه الامراض قد تطرقنا اليها في المباحث السابقة .

٤- طرق العلاج لبعض الامراض المتوطنة والانتقالية والمزمنة كالتدرن الرئوي والانفلونزا والضغط الدموي العالي ... الخ. فمن الطرق العامة لمعالجة الانفلونزا والتي تشكل جزءاً من الثقافة الصحية للنساء ما يأتي :

.١ الراحة والنوم لمدة تتراوح ٣ـ ٥ أيام .

.٢ تناول السوائل والخضر والفواكه والابتعاد عن تناول الوجبات الثقيلة من الطعام .

.٣ تناول الحبوب التي تخفف من وطأة المرض كالاسبرين والفلو آوت والبارستول والابتعاد عن أخذ البنسلين ومضادات الجراثيم الأخرى دون استشارة الطبيب .

٤٠ عند الاصابة بالانفلونزا ينصح المريض بعدم زيارة الاصدقاء والأقارب في بيوتهم خوفاً من انتقال فايروس المرض اليهم [٣٥] .

٥٠ الابتعـاد عـن القيـام بـالاعمال والواجبـات الثقيلـة مـع الابتعـاد عـن الانفعالات النفسية والتشنجات والنرفزة ٠٠٠ الخ .

أما الطرق العامة لمعالجة الضغط الدموي العالي التي تشكل جزءاً مهماً مـن الثقافة الصحية للنساء فهي ما يأتي :

١٠ الابتعـاد عـن القيـام بـالاعمال العضـلية والفكريـة المرهقـة وتجنب الانفعالات والتشنجات والنرفزة التي عادةً ما ترفع مسـتويات الضغط الدموي .

٢٠ الابتعاد عن تناول الاغذية الغنية بالدهون والاملاح والتوابل لانها هـي السبب في تضييق الشرايين وبالتالي حدوث الضغط الدموي العـالي . فضلاً عن كونها سبباً من أسباب ترسب مادة الكوسترول عـلى جـدران الاوردة والشرايين .

٣٠ ضرورة أخذ قسط كافٍ من الراحة والنوم مع تجنب السـهر لسـاعات متأخرة من الليل [٣٩] .

٤٠ كثرة استهلاك الالبان والفواكه والخضر ـ لانها تسبب تدني معدلات الضغط الدموي العالي شريطة عدم إضافة الاملاح اليها .

٥٠ تجنب استهلاك اللحـوم الحمـراء وتعويضها بـاللحوم البيضاء كلحـوم الدجاج والاسماك .

٦٠ تجنب التدخين والمشروبات الكحولية لانها تسبب ارتفاع الضغط الدموي .

٧٠ ممارسة التمارين الرياضية الخفيفة والمشي السريع لمسافات طويلة كل يوم .

٠٨ ضرورة تعاطي العقاقير الطبية كالحبوب المخففة للضغط الدموي العالي والمدررات الطاردة للاملاح المتراكمة في الجسم . واخذ هذه العقاقير يكون بعد استشارة الطبيب المختص .

٠٩ الموازنة بين انشطة العمل والفراغ والترويح لان هذا يقلل من درجة الاجهاد التي يصاب بها الفرد (٣٧) .

١٠ ممارسة الانشطة الترويحية التي تخفف من وطأة وضغوط الحياة على الفرد كالانشطة الرياضية والفنية والثقافية والابداعية.

المبحث الخامس : رصد الأموال والطاقات البشرية التي تضمن صحة المرأة وفاعليتها في المجتمع

لا يمكن تأسيس وادارة الخدمات الصحية والاجتماعية والتربوية التي تحتاجها المرأة في الحفاظ على صحتها وحيويتها في المجتمع ، ولا يمكن تصميم البرامج الوقائية لحماية المرأة من الامراض الانتقالية والمزمنة ولا يمكن نشر الثقافة وتعميق الوعي الصحي عند المرأة دون رصد المبالغ المالية وتوظيف الكوادر والملاكات الطبية للدوائر والمؤسسات التي تعنى بالشؤون الصحية للمرأة [٣٨] والتس سبق وان اشرنا اليها في المباحث السابقة . ذلك ان مشاريع الخدمات الوقائية والعلاجية الخاصة بصحة المرأة تتطلب تكريس الأموال الطائلة والملاكات البشرية المؤهلة والمدربة لاداء المهمة المطلوبة.

أما المؤسسات والمراكز التي تضطلع بالحفاظ على صحة المرأة ووقايتها من الأمراض الانتقالية والمزمنة وحماية حياتها الجنسية من الامراض والاخطار التي قد تلحق بها وتهدد كيانها وكيان أسرتها فهي ما يأتي :

١- مؤسسات دوائر وقاية المرأة من الأمراض الانتقالية والمزمنة والسارية كمؤسسات الوقاية من امراض ضعف المناعة المكتسب (امراض الايدز) والوقاية من امراض التدرن الرئوي والانفلونزا وانفلونزا الطيور والتيفوئيد والملاريا والحصبة والخناق والربو ... الخ [٣٩] .

٢- مؤسسات ودوائر علاج الامراض المزمنة التي قد تصاب بها المرأة كمؤسسات امراض السرطان ، وامراض الضغط الدموي العالي وامراض السكري ، وامراض المفاصل والفقرات والامراض البولية والتناسلية وامراض الجلد ... الخ .

٣- مؤسسات الثقافة الصحية التي تضطلع بمهمة نشر وبلورة الثقافة الصحية بين النساء على اختلاف اعمارهن ومستوياتهن الثقافة والعلمية وانحداراتهن الفئوية والطبقية والمهنية .

٤- مؤسسات الرعاية الاجتماعية التي تضطلع باسعاف المحتاجات مادياً والترفيه عنهن اقتصادياً واجتماعياً عن طريق تقديم بعض الخدمات الاجتماعية لهن كالخدمات السكنية والطبية والتربوية والتعليمية والامنية ، فضلاً عن الخدمات الترويحية والابداعية (٤٠).

٥- مؤسسات الصحة الجنسية والانجابية للنساء التي تسدي النساء نصائح تتعلق بالممارسات الجنسية الصحية والسليمة ونظافة الاعضاء التناسلية عند الجنسين وسلامتها من فيروسات الايدز . فضلاً عن اتباع الممارسات السليمة الخاصة بالحمل والانجاب وتربية الأطفال حديثي الولادة والفترة المثالية بين انجاب وانجاب آخر . وأخيراً تأسيس دوائر اجتماعية صحية تتعلق باختيار الشريك وتنظيم العلاقات الجنسية بين الزوجين ومنع مثل هذه العلاقات في حالة اصابة أي طرف من اطراف الزواج بالامراض الجنسية والتناسلية وبخاصة مرض الايدز .

هذه هي أهم الدوائر الصحية التي تحتاجها المرأة لضمان صحتها الجسمية والانجابية والجنسية ، علماً بان كل مؤسسة صحية من المؤسسات المذكورة أعلاه تحتاج الى المستلزمات المادية والبشرية التي تؤمن فاعليتها واستمراريتها وتحقيق اهدافها القريبة والبعيدة . وهذه المستلزمات هي على النحو الآتي :

١- عدد من الاختصاصيين في ميادين الطب وطب المجتمع وطب الأسرة وعلم الاجتماع وعلم النفس وعلم الاجتماع الطبي وعلم النفس الطبي . وهؤلاء يوزعون حسب تخصصاتهم على الدوائر والمؤسسات الصحية التي تعنى بالشؤون الوقائية والعلاجية والجنسية والاجتماعية للمرأة (٤١).

٢- ابنية خاصة بالمؤسسات الوقائية والعلاجية والصحية والجنسية للمرأة تتكون من عدد من الغرف والقاعات التي تستوعب الملاكات الطبية والادارية والتنسيقية لهذه الدوائر الصحية والاجتماعية .

٣- شعب متخصصة في الدراسات والبحوث التطبيقية التي تهتم بالصحة الجسمية والنفسية والاجتماعية والجنسية للمرأة .

٤- تخصيص وسائط نقل لكل مؤسسة أو منظمة صحية لنقل كوادرها وموظفيها من بيوتهم الى اماكن العل والعكس بالعكس مع الذهاب الى مواطن المرض والاصابة بغية التعرف عليها أولاً ثم معالجتها ثانياً ^(٤٢) .

٥- استحداث دائرة حسابات في كل مؤسسة من هذه المؤسسات تهتم بوظيفة الانفاق على تكاليف وصيغ العمل المتبعة في الدائرة أو المؤسسة ، شريطة ان تنفق الأموال على المشاريع التي تهتم بالجوانب الصحية والنفسية والاجتماعية والجنسية والانجابية للمرأة سواء كانت متزوجة أو غير متزوجة .

هذه هي أهم المستلزمات التي تحتاجها دوائر الرعاية الاجتماعية والصحية والنفسية والجنسية والانجابية للمرأة . أما الجهات المسؤولة عن تمويل هذه المؤسسات بالموارد المالية والبشرية فهي كما يأتي :س

١- الدولة عن طريق وزارة المالية ووزارة الدولة لشؤون المرأة والجمعية الوطنية ومجلس رئاسة الوزراء التي يمكن ان تخصص الأموال الكافية للكوادر والملاكات البشرية التي تحتاجها هذه الدوائر والمؤسسات .

٢- الجمعيات النسوية والمنظمات غير الحكومية (منظمات المجتمع المدني) التي تعنى برعاية شؤون المرأة الصحية والاجتماعية والنفسية والجنسية والانجابية ^(٤٣) .

٣- القطاع الخاص والمختلط وما يمكن ان يتبرع به من أموال تساعد على تطوير صيغ العمل التي تقوم بها الدوائر والمؤسسات التي تضطلع بتنمية شؤون المرأة الصحية والاجتماعية والجنسية والانجابية .

٤- المنظمات الدولية لاسيما اليونسكو واليونسيف والاكوا التابعة للأمم المتحدة وما يمكن ان تجود به من أموال وتبرعات وخبرات من شأنها ان تضاعف كفاءة المؤسسات التي تعنى بشؤون المرأة الصحية والاجتماعية والجنسية والانجابية .

٥- المصارف والمؤسسات المالية الوطنية والعربية والدولية التي قد تتبرع بالاموال التي تسهل وتطو ر اعمال الدوائر والمؤسسات التي تهتم بشؤون المرأة الصحية والاجتماعية والنفسية والجنسية والانجابية .

٦- الجوامع والكنائس المحلية والوطنية والعربية والدولية وما يمكن ان تقدمه من مساعدات وتبرعات تدعم قضية تنمية المرأة وازالة المشكلات التي تتعرض لها وتحسين ظروفها الاجتماعية والصحية والانجابية لتكون بمنأى عن الاخطار والتحديات التي تهدد كيانها ومركزها في الدولة والأسرة والمجتمع .

المبحث السادس : التوصيات والمعالجات لدعم وتعزيز الاوضاع الصحية والاجتماعية والانجابية للمرأة في المجتمع العراقي

١- لكي تتمتع المرأة بالحيوية والنشاط والصحة والفاعلية على الدولة والمسؤولين ومنظمات المجتمع المدني تقديم الخدمات الصحية والاجتماعية والتربوية التي تحتاجها المرأة لكي تتمكن من بناء شخصيتها وتفجر طاقاتها المبدعة والخلاّقة . فالمرأة تحتاج الى الخدمات الصحية والاجتماعية والتربوية والترويحية . فمن الخدمات التي تحتاجها المرأة الخدمات الطبية وخدمات الطب النفسي والطب الاجتماعي والخدمات الصيدلانية والدوائية .

٢- على القادة والمسؤولين الصحيين والمربين ورجال الاجتماع وضع برامج وقائية تحمي المرأة وتحصنها من الامراض السارية التي قد تتعرض اليها مع وضع برامج علاجية تمكن المرأة من معالجة امراضها المزمنة والتعايش معها .

٣- ضرورة العمل من أجل الصحة الجنسية والانجابية للمرأة والتصدي للامراض التي قد تصيبها عن طريق الاتصال الجنسي. وهذه التوصية يمكن تنفيذها من قبل المرأة نفسها وشريكها والمؤسسة الصحية التي تعنى بالصحة الجنسية والانجابية للمرأة .

٤- ضرورة نشر الثقافة الصحية وبلورتها عند النساء مع تعميق الوعي الصحي والطبي عندهن . والتوصية هذه تتحملها عدة مؤسسات منها الأسرة والمدرسة والمنظمات النسوية ومنظمات المجتمع المدني واجهزة الدولة وبخاصة وزارة الدولة لشؤون المرأة .

٥- رصد الأموال والطاقات البشرية التي تضمن صحة المرأة وفاعليتها في المجتمع . علماً بان الجهات المسؤولة عن هذه التوصية هي الدولة عن طريق وزارة المالية ووزارة الدولة لشؤون المرأة والجمعية الوطنية ومجلس رئاسة الوزراء ، والجمعيات النسوية والمنظمات غير الحكومية وبخاصة منظمات المجتمع

المدني التي تعنى برعاية شؤون المرأة الصحية والاجتماعية والنفسية والجنسية والانجابية ، والقطاع الخاص والمختلط ، والمنظمات الدولية ، والمصارف والمؤسسات المالية الوطنية والعربية والدولية ، وأخيراً الجوامع والمساجد المحلية والوطنية والعربية والدولية .

٦- ضرورة احترام المرأة وتقديرها ووضعها في المكان الصحيح الذي تستحقه مع مساواتها بالرجل في الحقوق والواجبات . وحالة كهذه انما تدعم مكانة المرأة في المجتمع وتعززها ، وهذا الدعم لا بد وان يؤثر بصورة ايجابية على صحة المرأة وهويتها ونشاطها بحيث تكون الوسيلة الفاعلة في بناء واعادة بناء المجتمع على قواعد سليمة من شأنها ان تضمن تقدمه وتطوره ونموه المتصاعد نحو المستويات التي يصبو اليها. وهذه التوصية يمكن ان ينفذها الرجال والقادة والمسؤولون السياسيون والمربون والمصلحون الاجتماعيون .

خلاصة البحـث

لكي تتمتع المرأة بالصحة والحيوية والنشاط ينبغي توفير الخدمات الاجتماعية والصحية والتربوية والترويحية لها طيلة فصول وأشهر السنة، مع وضع البرامج الوقائية والعلاجيـة التـي تساعدها عـلى تجنب الامراض والتمتع بالصحة الدائمة . فالبرامج الوقائية هذه تؤدي دورها الفاعل في تفادي الأمراض النفسية والعقلية والجنسية التي قد تتعرض لها المرأة نتيجة تفاعلها مع الآخرين واتصالاتها الجنسية مع الذكور . ذلك ان البرامج الوقائية هذه تؤمن الصحة الجنسية والانجابية للمرأة وتقلل اخطار الاصابات بالامراض الانتقالية والمزمنة وتمكن المرأة من أداء دورها التربوي والاجتماعي والتنشيئي في المجتمع . ناهيك عن دور البحوث والدراسات والنشريات في تعميق الثقافة الصحية بين النساء ودرء اخطار الاصابة بالامراض عن طريق الاساليب الوقائية والعلاجية التي يمكن ان تنتشر بين النساء عبر وسائل الاعلام الجماهيرية .

بيد ان هذه الخدمات التي يمكن تقديمها للنساء المتزوجات وغير المتزوجات لا يمكن القيام بها دون تخصيص الأموال وتوظيف الطاقات البشرية من قبل أجهزة الدولة والمجتمع المدني لان شحة الأموال والتخصيصات المالية وندرة الموارد البشرية العاملة في مشاريع تنمية المرأة لا بد ان تعرقل الجهد المبذول صوب صحة المرأة وسلامتها من الأمراض الجسمية والنفسية والاجتماعية .

يهدف البحث الى تحقيق اربعة اغراض رئيسية هي ما يأتي :

١- توضيح ماهية المستلزمات والخدمات التي تحتاجها المرأة لضمان تحسين أحوالها الصحية لكي تكون قادرة على المشاركة في عملية بناء واعادة بناء المجتمع .

٢- تحديد ماهية البرامج الوقائية والعلاجية التي تتطلبها المرأة لكي تتمتع بالصحة التي تمكنها من أداء ادوارها الأسرية والانتاجية والخدمية والمجتمعية.

٣- توفير الصحة الجنسية والانجابية للمرأة والتصدي للامراض التي قد تصيبها عن طريق الاتصال الجنسي .

٤- توفير الأموال والطاقات البشرية التي تعين المسؤولين على ما تحتاجه المرأة من خدمات وحماية ضد الامراض الجنسية التي قد تصيبها لاسيما وانها العنصر الحيوي في عملية الانجاب والتكاثر السكاني .

يتكون البحث من ستة مباحث رئيسية هي :

المبحث الأول : الخدمات الصحية والاجتماعية والتربوية التي تحتاجها المرأة لتتمكن من بناء شخصيتها وتفجير طاقاتها المبدعة والخلاّقة .

المبحث الثاني : ضرورة رسم البرامج الوقائية التي تحتاجها المرأة .

المبحث الثالث : ضرورة العمل من أجل الصحة الجنسية والانجابية للمرأة والتصدي للامراض التي قد تصيبها عن طريق الاتصال الجنسي.

المبحث الرابع : نشر الثقافة الصحية بين النساء وتعميق الوعي الصحي والطبي عندهن.

المبحث الخامس : رصد الأموال والطاقات البشرية التي تضمن صحة المرأة وفاعليتها في المجتمع .

المبحث السادس: التوصيات والمعالجات لتعزيز الاوضاع الصحية والانجابية للمرأة في المجتمع .

مصادر البحث

(١)   علي ، صباح الدين . الخدمة الاجتماعية ، القاهرة، مؤسسة المطبوعات الحديثة ،
        ١٩٨١، ص ٣٣١.

(٢)   Jones , K. A. Medicine Woman and Society, London, The Western
        Press, ١٩٩٢, P. ١٤.

(٣)   Cedrics, F. W. Influence of Health Education on the Activities of
        Woman in Modern Society, London, The view Press , ٢٠٠٢, P. ٣٩.

(٤)   Riddle, F.M. Investment of Finance in Social Development Schemes.
        Glasgow. The Old Press, ٢٠٠٠, P. ٢١.

(٥)   Kegan, F. Woman and Modern Social Services, London, Nacdonald
        Press, ١٩٦٤, P. ٢٩١.

(٦)   الحسن، إحسان محمد (الدكتور) . مهام العيادة الاجتماعية ، مجلة الصيدلي ، العدد العاشر ،
        السنة الثالثة ، حزيران، ٢٠٠١، ص ٥٦.

(٧)   الحسن،إحسان محمد (الدكتور) . تنظيم المجتمع ، دار الحكمة للطباعة والنشر ، بغداد،
        ١٩٩٢، ص ١٨٨.

(٨)   Marshall , T. H. Social Policy, Hutchinson University Library, London,
        ١٩٨٥, P. ٧.

(٩)   Ibid., P. ٩.

(١٠)   Joseph, A. W. Woman and Sustained Development, London , the
        Modern Press, ١٩٩٦, PP. ٣٨-٣٩.

(١١)   Allywan , M. Female Diseases and Woman's Activities .
        Budapest, Allami Press, ٢٠٠٠, P. ٢٤.

(١٢)   Sultan, Vas Peter. Preventive Medicine Concerning
        Famale Population in Hungary. Budapest, Academy Press,
        P. ٢٩٢.

(١٣)   Ibid., P. ٢٩٤.

(١٤)   Ibid., P. ٣٠١.

(١٥)   Marshall , T. H. Social Policy, P. ١١.

(١٦)   علي، صباح الدين . الخدمة الاجتماعية ، ص ٨٣.

(١٧)   Walter, J. How to Combat Cancer , London, The University Press , ١٩٩٩, P. ٢٣.

(١٨)   Ibid., P. ٢٥.

(١٩)   كوبلاند ، اف . الف باء المرض والشفاء ، تعريب منير البعلبكي، دار العلم للملايين ، بيروت ، ١٩٨٩ ، ص ١٠٩.

(٢٠)   المصدر السابق ، ص ١٠٣.

(٢١)   Potter , W. M. Woman Sexual and Maternal Diseases, London, The Snny Press, ١٩٩٣, P. ٨٨.

(٢٢)   Ibid., P. ٩٠.

(٢٣)   Ibid., P. ٩٢.

(٢٤)   Ibid., P. ٩٥.

(٢٥)   Court, F. M. Maternal Health , Principles and Perspectives , Edinburgh , The River Press, ٢٠٠١, P. ٤٤.

(٢٦)   Ibid., P. ٤٥.

(٢٧)   Ibid., P. ٥١.

(٢٨)   Chadwick , E. Health and Public Education, London, the City Press, Eighth Edition, ١٩٧٢,P.١٠٥.

(٢٩)   Ibid., P. ١١٠.

(٣٠)   AL-Hassan, Ihsan M. The Impact of Industrialization on Woman's Status. Baghdad , Iraqi Woman's Federation, ١٩٩١, P. ١٣-١٤.

(٣١)   Ibid., P. ١٨.

(٣٢)   AL-Hassan , Ihsan M. The Impact of Industrialization on Woman's Status ,P. ١٦.

(٣٣)   Andry . R. G. The concise of Medical Guide, New York ,Modern Promotions, ١٩٨٨, P. ١٠٠.

(٣٤) Ibid., P. ١٠٦.

(٣٥) Hill ,F. W. How to Combat Cold and Influenza, London, Shudders field Press, ١٩٩٩, P. ٥٤.

(٣٦) Ibid., P. ٥٧.

(٣٧) Ibid., P. ٦١.

(٣٨) Healey, M. N. Economic Costs of Health and Medication , Glasgow , the Clyde Press, ١٩٨٨, P.٢٣.

(٣٩) Ibid., P. ٢٧.

(٤٠) الحسن، إحسان محمد (الدكتور). تنظيم المجتمع ، ص ٢٧٧ـ ٢٧٨.

(٤١) المصدر السابق، ص ٢١٨.

(٤٢) المصدر السابق، ص ٢٨٢.

(٤٣) حنا، أحلام عزيز . دور منظمات المجتمع المدني في الحفاظ على صحة المرأة في مصر ، القاهرة ، المطبعة الحديثة ، ٢٠٠١، ص٣٢ـ ٣٣.

Printed in the United States
By Bookmasters

T0157527